"十四五"职业教育国家规划教材

"十二五"职业教育国家规划教材
经全国职业教育教材审定委员会审定 修订版

U0737962

液压与气压传动

第5版

主编　刘建明　孙　杰
参编　何伟利　陈　珩　李国强　王永红
主审　王志刚

机械工业出版社
CHINA MACHINE PRESS

本书是"十四五"职业教育国家规划教材，是在《液压与气压传动》第 4 版的基础上根据教育部颁布的《高等职业学校专业教学标准》，参考相关职业资格标准修订而成的。

本书内容以液压传动为主、气压传动为辅，主要包括液压传动基本知识、液压元件、液压基本回路、液压传动系统，气动元件、气动基本回路及其在典型设备中的应用，液压与气压传动常见故障分析及排除等。本书在内容选取上充分体现了"加强针对性，注重实际应用，适当拓宽知识面"的特点，理论知识以"必需、够用"为度。书中介绍了行业内常用的新型液压与气动元件，并采用现行国家标准。

本书可作为高等职业院校机电一体化、机械设计与制造等专业的教材，也可作为机电行业技术人员的岗位培训教材。

为便于教学，本书配有视频动画，并以二维码的形式链接于各章节。另外，本书还配有电子教案、助教课件、考试试卷、习题答案等教学资源，选择本书作为教材的教师可登录 www.cmpedu.com 网站，注册并免费下载。

图书在版编目（CIP）数据

液压与气压传动/刘建明，孙杰主编. —5 版. —北京：机械工业出版社，2023.11（2025.8 重印）

"十四五"职业教育国家规划教材：修订版

ISBN 978-7-111-74140-4

Ⅰ.①液… Ⅱ.①刘… ②孙… Ⅲ.①液压传动-职业教育-教材②气压传动-职业教育-教材 Ⅳ.①TH137②TH138

中国国家版本馆 CIP 数据核字（2023）第 204270 号

机械工业出版社（北京市百万庄大街 22 号 邮政编码 100037）
策划编辑：赵红梅 责任编辑：赵红梅 王宗锋
责任校对：丁梦卓 闫 焱 封面设计：张 静
责任印制：张 博
北京机工印刷厂有限公司印刷
2025 年 8 月第 5 版第 8 次印刷
184mm×260mm·14 印张·345 千字
标准书号：ISBN 978-7-111-74140-4
定价：45.00 元

电话服务 网络服务
客服电话：010-88361066 机 工 官 网：www.cmpbook.com
010-88379833 机 工 官 博：weibo.com/cmp1952
010-68326294 金 书 网：www.golden-book.com
封底无防伪标均为盗版 机工教育服务网：www.cmpedu.com

关于"十四五"职业教育
国家规划教材的出版说明

为贯彻落实《中共中央关于认真学习宣传贯彻党的二十大精神的决定》《习近平新时代中国特色社会主义思想进课程教材指南》《职业院校教材管理办法》等文件精神，机械工业出版社与教材编写团队一道，认真执行思政内容进教材、进课堂、进头脑要求，尊重教育规律，遵循学科特点，对教材内容进行了更新，着力落实以下要求：

1. 提升教材铸魂育人功能，培育、践行社会主义核心价值观，教育引导学生树立共产主义远大理想和中国特色社会主义共同理想，坚定"四个自信"，厚植爱国主义情怀，把爱国情、强国志、报国行自觉融入建设社会主义现代化强国、实现中华民族伟大复兴的奋斗之中。同时，弘扬中华优秀传统文化，深入开展宪法法治教育。

2. 注重科学思维方法训练和科学伦理教育，培养学生探索未知、追求真理、勇攀科学高峰的责任感和使命感；强化学生工程伦理教育，培养学生精益求精的大国工匠精神，激发学生科技报国的家国情怀和使命担当。加快构建中国特色哲学社会科学学科体系、学术体系、话语体系。帮助学生了解相关专业和行业领域的国家战略、法律法规和相关政策，引导学生深入社会实践、关注现实问题，培育学生经世济民、诚信服务、德法兼修的职业素养。

3. 教育引导学生深刻理解并自觉实践各行业的职业精神、职业规范，增强职业责任感，培养遵纪守法、爱岗敬业、无私奉献、诚实守信、公道办事、开拓创新的职业品格和行为习惯。

在此基础上，及时更新教材知识内容，体现产业发展的新技术、新工艺、新规范、新标准。加强教材数字化建设，丰富配套资源，形成可听、可视、可练、可互动的融媒体教材。

教材建设需要各方的共同努力，也欢迎相关教材使用院校的师生及时反馈意见和建议，我们将认真组织力量进行研究，在后续重印及再版时吸纳改进，不断推动高质量教材出版。

机械工业出版社

第5版前言

本书第 4 版自 2019 年出版以来，深受全国各职业院校师生的欢迎，并被遴选为"2019—2022 年度机械工业出版社职业教育畅销教材。"编者近年来注重收集采用本书授课的教师的反馈，为本次修订积累了一定的知识和经验，在本次修订过程中予以采纳和吸收。党的二十大报告中指出，"办好人民满意的教育"。"全面贯彻党的教育方针，落实立德树人根本任务，培养德智体美劳全面发展的社会主义建设者和接班人。"本次修订深入贯彻党的二十大精神，以培养素质高、专业技术全面、技能熟练的大国工匠、高技能人才为目标，坚持职教特色，突出质量为先，遵循技术技能人才成长规律，知识传授与技术技能培养并重，强化学生职业素养养成和专业技术积累，将专业精神、职业精神和工匠精神融入教材内容。

本书具有以下特点：

（1）执行现行国家标准，按照 GB/T 786.1—2021《流体传动系统及元件　图形符号和回路图　第 1 部分：图形符号》，对液压与气动元件符号进行规范，对不符合现行国家标准的符号进行了修改。

（2）基本保留上一版教材结构，注重配套教学资源建设，采用"互联网+"新形态立体化资源，将液压和气动元件的结构和原理、液压与气压传动系统的原理等动画以二维码形式链接于各章节，方便学生学习，也为职业培训、企业员工自学提供一种新途径。

（3）配备了教学大纲、电子课件、Word 版教案、习题答案、考试试卷及答案等资源，增加了微课视频，并以二维码形式穿插于内容中，供任课教师选用。

本书由刘建明、孙杰任主编。具体分工如下：河南机电职业学院刘建明编写第一章和附录，并负责全书统稿，包头钢铁职业技术学院孙杰编写第三章和第六章，河南牧业经济学院何伟利编写第二章和第四章，广西工业职业技术学院陈珩编写第五章，浙江机电职业技术大学李国强编写第七～九章，广州市信息工程职业学校王永红编写第十章和第十一章。郑州机械研究所有限公司教授级高级工程师王志刚任主审。

在本书编写过程中，编者查阅了相关标准和资料，同时得到各参编单位领导的大力支持，郑州机械研究所有限公司教授级高级工程师袁和相对本书的修订提出了宝贵的意见，在此一并表示感谢！

由于编者水平和掌握的资料有限，书中欠妥之处在所难免，恳请读者批评指正。

编　者

第4版前言

本书第 3 版自 2014 年出版以来，深受全国各职业院校师生的欢迎，编著经过几年教材的使用和配套资源的建设，积累了一定的知识和经验，为本次修订打下了基础。本次修订突出职教特色，坚持质量为先，遵循技术技能人才成长规律，强调知识传授与技术培养并重，注重学生职业素养养成和专业技术积累，将专业精神、职业精神和工匠精神融入教材中，并坚持产教融合、校企双元开发，强化行业指导、企业参与。本次修订基本保留第 3 版教材的结构，具有以下特点：

（1）执行现行国家标准，本书按照 GB/T 786.1—2009《流体传动系统及元件　图形符号和回路图　第 1 部分：用于常规用途和数据处理的图形符号》、GB/T 786.2—2018《流体传动系统及元件　图形符号和回路图　第 2 部分：回路图》对液压与气动元件符号进行规范，按照 GB/T 17446—2012《流体传动系统及元件　词汇》对书中的名词和术语进行规范。

（2）采用互联网+新形态立体化资源配套，将原理动画以二维码形式穿插于各章节，方便学生学习，也为职业培训、企业员工自学提供了一种新的学习途径。同时为使用教材的教师配备了助教课件、电子教案、考试试卷、习题答案等教学资源。

（3）本次修订在第三章加入了数字液压缸的内容，删除液压缸设计与计算的内容，第四章删除压力表和压力表开关，第六章增加工程机械液压系统，让学生能够分析一个由多张图组成的复杂液压系统。

本书由刘建明、何伟利担任主编并统稿。具体编写分工如下：河南机电职业学院刘建明编写第一章和附录，河南牧业经济学院何伟利编写第二章和第四章，包头钢铁职业技术学院孙杰编写第三章和第六章，广西工业职业技术学院陈珩编写第五章，浙江机电职业技术大学李国强编写第七章至第九章，广州市信息工程职业学校王永红编写第十章和第十一章。全书由郑州机械研究所有限公司高级工程师、研究员王志刚主审。

编写过程中，编者阅读了相关标准和资料，同时得到各参编单位领导的大力支持，在此对相关人员一并表示感谢！

由于编者水平有限，书中不妥之处在所难免，恳请读者批评指正。

编　者

二维码索引

页码	名称	二维码	页码	名称	二维码	页码	名称	二维码
2	液压千斤顶的工作原理		43	单活塞杆缸		75	电液动换向阀	
3	机床工作台液压系统		44	单活塞杆三种连接		76	手动换向阀	
22	单柱塞泵工作原理		45	单作用单杆柱塞缸		77	锁紧回路	
25	齿轮泵工作原理		47	伸缩缸		79	直动式溢流阀	
26	外啮合齿轮泵		57	纸芯式过滤器		80	高压先导式溢流阀	
28	内啮合定量齿轮泵		58	烧结式过滤器		80	中压先导式溢流阀	
29	双作用定量叶片泵		67	液控单向阀		82	溢流阀卸荷	
30	变量叶片泵		72	机动换向阀		83	减压阀	
34	轴向柱塞泵原理		72	二位三通电磁阀		84	单级减压回路	
35	斜盘式直轴柱塞泵		73	三位四通电磁阀		84	二级减压回路	

（续）

页码	名称	二维码	页码	名称	二维码	页码	名称	二维码
85	直动式顺序阀		101	采用蓄能器的快速运动回路		120	机床滑台的液压系统	
87	压力继电器		102	行程阀控制快慢速转换回路		123	数控车床液压系统1	
89	中位机能卸荷		102	调速阀串联换接回路		123	数控车床液压系统2	
89	蓄能器保压泵卸荷回路		102	调速阀并联换接回路		126	汽车起重机液压系统1	
90	单作用增压回路		104	行程开关控制的顺序动作回路		126	汽车起重机液压系统2	
95	进油路节流调速回路		104	顺序阀控制的顺序动作回路		133	专用装配设备控制回路	
96	回油路节流调速回路		105	压力继电器控制的顺序动作回路		141	空气压缩机	
98	变量泵和定量马达容积调速回路		106	带补偿装置的串联液压缸同步回路		146	油雾器	
99	定量泵和变量马达容积调速回路		106	采用调速阀的同步回路		153	单作用薄膜式气缸	
99	变量泵和变量马达容积调速回路		106	多缸快慢速互不干扰回路		154	冲击气缸	
101	差动连接快速回路		110	插装单向阀		157	叶片式气马达	
101	双泵快速回路		110	插装式二位四通阀		161	单向阀	

（续）

页码	名称	二维码	页码	名称	二维码	页码	名称	二维码
161	梭阀		167	直动式减压阀		173	互锁回路	
161	梭阀应用回路		171	排气节流阀		173	过载保护回路	
162	双压阀		171	单向节流阀控制		174	行程阀控制	
162	双压阀应用		172	排气节流阀控制		178	气动机械手气动系统	
162	快速排气阀		172	双作用气缸调速回路		180	数控加工中心气动换刀系统	
164	先导式双电控二位五通阀		172	缓冲回路		181	气液动力滑台气动系统	
166	单作用气缸换向回路		172	气液调速回路				

目　录

第一章 液压传动基础

知识目标

掌握：1. 液压传动的工作原理、液压传动系统的组成和各部分的功用。
2. 液体静压力基本方程、帕斯卡原理。
3. 流量连续性方程、伯努利方程。

理解：1. 液压系统压力的形成与传递。
2. 理想液体和实际液体的伯努利方程。

了解：1. 液压传动的特点及应用。
2. 流动损失。
3. 液体流经小孔和间隙的流量。

技能目标

1. 会用伯努利方程分析生产实际问题。
2. 能正确地选择液压油，控制液压油的污染。

你知道吗？

什么是液压传动？液压传动是以液体为工作介质，利用密闭系统中的液体压力能来传递运动和动力的一种传动方式。如在各类建筑工地上，我们见到的自行卸货的汽车，在汽车货厢的下部就安装了液压缸，液压泵输送的液压油进入液压缸，液压油推动缸的活塞向上顶起货厢，使货厢倾斜，这就完成了液压能与机械能的转换。与机械传动、电气传动相比，液压传动有许多独特的优点，被广泛地应用于机械制造、工程机械、建筑、航天航空、军事、冶金等领域。尤其随着计算机技术的发展，控制技术，机、电、液技术紧密结合，液压传动技术显得越来越重要。

第一节　液压传动的基本知识

一、液压传动的工作原理

1. 液压千斤顶的工作原理

液压千斤顶是以液体为工作介质实现动力传递的典型装置，下面以它为例来说明液压传动的工作原理。图1-1所示为液压千斤顶的工作原理图，液压缸2、8中分别装有活塞3、9，并形成密封腔 A 和 B。当提升杠杆1时，活塞3上移，密封腔 A 容积增大，腔内压力下降，形成局部真空。这时，单向阀4打开，油箱12中的油液在大气压力作用下，通过油管5进入 A 腔，实现吸油。当压下杠杆1时，活塞3下移，密封腔 A 容积减小，腔内压力升高，单向阀4关闭，单向阀7开启，油液进入 B 腔，推动活塞9上移，将重物顶出一段距离。如果反复提升和压下杠杆1，就能使油液不断地被压入液压缸8，使重物不断升高，达到起重的目的。如打开放油阀11使 B 腔与油箱接通时，B 腔内的油液流回油箱，活塞9在外力作用下向下运动。

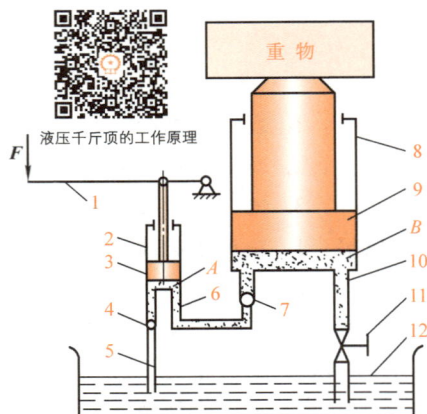

图1-1　液压千斤顶的工作原理

1—杠杆　2、8—液压缸
3、9—活塞　4、7—单向阀
5、6、10—油管　11—放油阀　12—油箱

> **提示**
>
> 从液压千斤顶的工作原理可知，它是通过密封腔 A 容积的变化把机械能转换为液体的压力能，再经密封腔 B 容积的变化，把液体的压力能转换为机械能输出，也就是依靠液体在密封容积变化中的压力能来实现能量传递。

2. 机床工作台液压传动工作原理

图1-2所示为机床工作台液压传动系统，液压泵10由电动机驱动旋转，从油箱12中吸油，经过过滤器11进入液压泵10，经换向阀8、节流阀6、换向阀5进入液压缸2的左腔，推动活塞及工作台向右移动，这时液压缸右腔的油液经换向阀5排回油箱。当换向阀5处于图1-2b所示状态时，油液经换向阀进入液压缸右腔，推动活塞及工作台向左移动，此时液压缸左腔的油液经换向阀5排回油箱。通过换向阀改变油液的通路，便能实现工作台液压缸的运动换向。

调节节流阀6的开口大小可改变进入液压缸的油液体积，从而调节工作台的移动速度。开口大，进入液压缸的流量大，工作台运动速度就高；开口小，则运动速度低。工作台在运动时，要求油液具有一定的压力，通过溢流阀9可调定液压泵输出油液的压力。

在图 1-2 中，组成液压系统的各个元件的图是用半结构式图形画出来的，称为结构原理图。这种图直观性强、容易理解，但图形比较复杂，较难绘制。通常用国家标准规定的图形符号来绘制液压系统原理图，使系统图简化，便于阅读、分析、设计和绘制。附录中摘录了我国目前采用的液压与气压元件图形符号（GB/T 786.1—2021）。

二、液压传动系统的组成

从机床工作台液压传动系统可知，液压传动系统一般由以下 5 个部分组成。

（1）动力元件　功能是把机械能转换成流体压力能，动力元件就是液压泵。

（2）执行元件　功能是把液体的压力能转换成机械能，执行元件指做直线运动的液压缸和做回转运动的液压马达。

（3）控制调节元件　功能是控制和调节液压系统中流体的压力、流量和流动方向，如溢流阀、节流阀、换向阀等。

（4）辅助元件　各种油管、油箱、过滤器等元件，它们是保证系统正常工作不可缺少的组成部分。

（5）工作介质　传递能量的液体，通常指液压油。

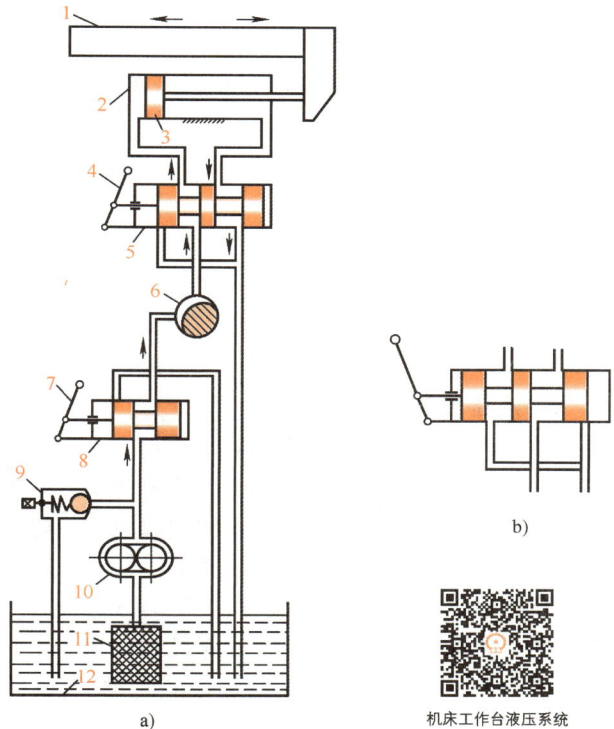

图 1-2　机床工作台液压传动系统

1—工作台　2—液压缸　3—活塞　4、7—换向手柄
5、8—换向阀　6—节流阀　9—溢流阀
10—液压泵　11—过滤器　12—油箱

机床工作台液压系统

想一想

1. 在图 1-1 所示的液压千斤顶中，动力元件、执行元件、控制调节元件、辅助元件分别是哪些？

2. 在日常生活中，你还见过哪些机械中采用了液压传动，请举例说明。

三、液压传动的优缺点及应用

液压传动与机械传动、电气传动相比有以下优缺点：

1. 液压传动的优点

1）能方便地实现无级调速，且调速范围大，调速比最高可达 2000 以上。

2）容易实现较大的力和转矩的传递。在输出功率相同时，液压传动装置的体积小、质量轻、运动惯性小。

3）液压传动装置工作平稳，反应速度快，换向冲击小，便于实现频繁换向，液压马达的换向频率可达 500 次/min，液压缸的换向频率可达 100 次/min。

4）易于实现过载保护，而且工作油液能实现自行润滑，从而提高元件的使用寿命。

5）操作简单，易于实现自动化，尤其是和电气控制相结合，能方便地实现复杂的自动工作循环。

6）液压元件易于实现标准化、系列化和通用化，便于设计、制造和推广应用。

2. 液压传动的缺点

1）液体的泄漏和可压缩性使液压传动难以保证严格的传动比。

2）在工作过程中经过两次能量形式的转换，能量损失较大，传动效率较低。

3）对油温变化比较敏感，不宜在很高或很低的温度下工作。

4）液压传动出现故障时，不易诊断。

3. 液压传动的应用与发展

20 世纪 60 年代以来，随着原子能、空间技术、计算机技术的发展，液压传动技术得到了很大的发展，并渗透到了各个工业领域中。各种液压元件的迅速发展和性能的日趋完善，特别是精度高及响应快的伺服阀和伺服控制系统的出现，以及电子技术和计算机技术进入液压技术领域后，使它得到了更蓬勃的发展。当前，液压技术正向高压、高速、大功率、高效、低噪声、经久耐用、高度集成化的方向发展。同时，新型液压元件和液压系统的计算机辅助设计、机电一体化技术、计算机仿真和优化设计技术等也是当前液压传动及控制发展的研究方向。表 1-1 是液压与气压传动在各类机械行业中的应用举例。

表 1-1　液压与气压传动在各类机械行业中的应用情况

行业名称	应用举例	行业名称	应用举例
工程机械	挖掘机、装载机、推土机	灌装机械	食品包装机、化肥包装机
矿山机械	凿石机、开掘机、提升机、液压支架	汽车工业	自卸式汽车、汽车起重机
建筑机械	打桩机、液压千斤顶、平地机	铸造机械	砂型压实机、加料机、压铸机
冶金机械	轧钢机、压力机、步进加热炉	纺织机械	织布机、抛砂机、印染机
锻压机械	压力机、横锻机、空气锤	智能机械	折臂式小汽车装卸器、数字式体育锻炼
机械制造	组合机床、压力机、自动线		机、模拟驾驶舱、机器人等
轻工机械	打包机、注塑机		

【小节习题】

（1）图 1-1 中液压千斤顶的小缸将_____转换_____。

（2）液压系统由_____、_____、_____、_____和_____5 部分组成。

（3）液压泵在液压系统中属于_____元件。

（4）液压缸是将液体的压力能转变为_____的能量转换元件，液压马达是将液体的压力能转变为_____的能量转换元件。

（5）液压阀的功用是控制液压系统中液体的_____、_____和_____。

（6）液压传动有哪些优缺点？

第二节 液 压 油

一、液压油的主要性质

液压系统中一般使用矿物油作为工作介质，它的基本性质可在有关资料中查到，如矿物油在 15℃ 时的密度为 900kg/m³。液压油最重要的性质为黏性和可压缩性。

液压油主要作用是传递能量，对相对运动的液压元件起润滑和冷却作用，减少泄漏，防止各种金属部件锈蚀。

1. 液体的黏性

液体在外力的作用下流动时，由于液体分子间内聚力（称为内摩擦力）的作用，而产生阻止液层间的相对滑动，液体的这种性质称为黏性。液体只有在流动时才呈现黏性，静止液体不呈现黏性。黏性大的液体看上去"稠"，黏性小的液体看上去"稀"。黏性的大小用黏度来表示，常用的黏度有动力黏度、运动黏度和相对黏度。

（1）动力黏度 μ 它是表示液体黏性的内摩擦系数，由实验得出。流动液体液层间的内摩擦力的大小与液层间的接触面积、液体的动力黏度 μ、液层间相对速度成正比，而与液层间的相对距离成反比，即动力黏度越大，流动的液体内摩擦力也越大。

（2）运动黏度 ν 动力黏度与该液体密度的比值称为运动黏度，即

$$\nu = \mu/\rho \tag{1-1}$$

在国际单位制（SI）中运动黏度的单位为 m^2/s。液压油的牌号就是以 40℃ 时运动黏度（mm^2/s）的平均值来标号的。例如，L-HL32 普通液压油在 40℃ 时运动黏度的平均值为 $32mm^2/s$，则 L-HL32 普通液压油的牌号就是 32。

（3）相对黏度 又称条件黏度，是采用特定黏度计在规定的条件下测量出来的黏度。由于测量仪器和条件不同，各国采用的相对黏度单位也不同，我国及欧洲部分国家采用恩氏黏度（°E）、美国采用赛氏黏度（SSU）、英国采用雷氏黏度（R）。

恩氏黏度（°E）用恩氏黏度计测定，其方法是：将 200cm³ 被测液体装入黏度计的容器内，容器周围充水，电热器通过加热水使液体均匀升温到温度 t，测出液体由容器底部 $\phi 2.8mm$ 的小孔流尽所需的时间 t_1，再测出同体积蒸馏水在 20℃ 时流过同一小孔所需时间 t_2（通常 t_2 平均值为 51s），这两个时间的比值即为被测液体在温度 t 的恩氏黏度 $°E_t$，即

$$°E_t = \frac{t_1}{t_2} \tag{1-2}$$

恩氏黏度与运动黏度之间可用下面经验公式换算

$$\nu = \left(7.31°E - \frac{6.31}{°E}\right) \times 10^{-6} m^2/s \tag{1-3}$$

液压油的黏度对温度变化十分敏感，温度升高，黏度将显著降低；温度降低，黏度升高。液压油的黏度随温度变化的性质称为黏温特性，不同种类的液压油具有不同的黏温特性。当液体所受压力增大时，其分子间距离减小，内聚力增大，黏度也随之增大。但在一般的中、低压系统中，液压油的黏度受压力变化的影响甚微，可忽略不计。

2. 液体的可压缩性

液体受到压力作用后其容积发生变化的性质，称为液体的可压缩性。对一般的中、低压

液压系统，其液体的可压缩性是很小的，通常可以认为液体是不可压缩的。而在压力变化很大的高压系统中，就需要考虑液体可压缩性的影响。当液体混入空气时，其可压缩性将增大，从而影响液压系统的工作性能。

二、液压油的分类和选用

1. 液压油的分类

液压油主要有石油型、乳化型和合成型三大类。石油型液压油又分为：抗氧防锈液压油、抗磨液压油、低温液压油、超低温液压油、液压导轨油等。石油型液压油具有润滑性能好、腐蚀性小、黏度较高和化学稳定性好等优点，在液压传动系统中应用最为广泛。

乳化型液压油分为水包油型乳化液（L-HFAE）和油包水型乳化液（L-HFB）两大类。合成型液压油主要有水-乙二醇、磷酸酯液和硅油等。在一些高温、易燃、易爆的工作场合，为了安全，应使用乳化型或合成型液压油。

2. 液压油的选用

液压油的选用包含两个方面：品种和黏度。选用液压油时，一般根据液压元件产品样本和说明书所推荐的工作介质来选，或者根据液压系统的工作条件（系统压力、运动速度、工作温度）和环境条件等全面考虑。当确定液压油品种后，再选择液压油的黏度，同时注意液压系统的特殊要求。如在低温条件下工作的系统宜选用黏度较低的油液，高压系统则选用抗磨性好的油液。当系统的工作压力较高、环境温度较高、工作部件运动速度较低时，为了减少系统的泄漏量，宜选用黏度较高的液压油。工作压力较低、环境温度较低、运动速度较高时，为了减少系统的功率损失，宜选用黏度较低的液压油。可参考表1-2选择液压油。

表1-2 液压系统工作介质分类（GB/T 7631.2—2003）

分类	名称	代号	组成和特性	应用
石油型	抗氧防锈液压油	L-HL	HH油，并改善其防锈和抗氧性	一般的液压系统
	抗磨液压油	L-HM	HL油，并改善其抗磨性	适用于高、中、低液压系统，特别适合于有防磨要求带叶片泵的液压系统
	低温液压油	L-HV	HM油，并改善其黏温特性	能在-40～-20℃的低温环境下工作，用于户外工作的各种工程机械和船用设备的液压系统
	超低温液压油	L-HS	HL油，并改善其黏温特性	黏温特性优于L-HV油，用于数控机床液压系统和伺服系统
	液压导轨油	L-HG	HM油，并具有抗黏滑特性	适用于机床中的液压和导轨润滑共用一种油品系统，对导轨油有良好的润滑性
乳化型	水包油型乳化液	L-HFAE	需要难燃液压油的场合	系统压力不高于7MPa，适用于液压支架及用量特别大的液压系统
	油包水型乳化液	L-HFB		性能接近液压油，使用油温不高于65℃
合成型	含聚合物水溶液	L-HFC		系统压力低于14MPa，工作温度在-20～50℃使用，适用于飞机液压系统
	磷酸酯无水合成液	L-HFDR		适用于冶金设备、汽轮机等高温、高压系统和大型民航客机的液压系统

液压系统工作介质的种类由品种代号和后面的数字组成，代号中 L 是石油产品的总分类号"润滑剂和有关产品"，H 表示液压系统的工作介质，数字表示该工作介质的某个黏度等级。石油型液压油黏度等级有 15～150 等多种规格。

液压油标记为： 品种代号　黏度等级　产品名称　标准号

示例：L-HL46　抗氧防锈液压油　GB 11118.1

三、液压油的污染与控制

液压油的污染是液压系统发生故障的主要原因，液压系统的故障有 75% 以上是由工作介质污染所引起的。它严重影响液压系统的可靠性及液压元件的寿命，因此液压油的正确使用、管理以及污染控制，是提高液压系统的可靠性及延长液压元件使用寿命的重要手段。

（1）液压油污染及危害　液压油污染是指液压油中含有水分、空气、微小固体颗粒及胶质状生成物等杂质。液压油污染后将产生以下危害：

1）堵塞过滤器，使液压泵吸油困难，产生噪声；堵塞阀类元件小孔或缝隙，使阀动作失灵；微小固体颗粒还会加剧零件磨损，擦伤密封件，使泄漏增加。

2）水分和空气混入会降低液压油的润滑能力，加速氧化变质，产生气蚀，还会使液压系统出现振动、爬行等现象。

（2）液压油污染的原因　液压油的污染物主要来源于外界侵入和使用中产生两个方面。外界侵入主要有液压装置组装时的残留物，从周围环境中混入的空气、尘埃等。使用中产生的污染物主要是金属微粒、锈斑、液压油变质后的胶状物等。

（3）液压油污染的控制　保证液压系统可靠工作，防止液压油污染，在实际工作中可采用下列措施来控制污染：

1）严格清洗元件和系统。

2）尽量减少外来污染物。液压油必须经过过滤器注入，油箱通大气处要加空气过滤器，液压缸活塞杆端部应装防尘密封。

3）控制液压油的温度，一般系统的工作温度应控制在 65℃ 以下，机床液压系统则应控制在 55℃ 以下。

4）采用高性能的过滤器，并定期检查、清洗和更换滤芯。

5）定期检查和更换液压油。应根据液压设备使用说明书要求和维护保养规程，定期检查更换液压油，换油时应将油箱和管道清洗干净。

【小节习题】

（1）液体流动时，_____的性质，称为液体的黏性。

（2）液体黏性用黏度表示，常用的黏度有＿＿＿＿＿、＿＿＿＿＿、＿＿＿＿＿。

（3）液体的动力黏度 μ 与其密度 ρ 的比值称为＿＿＿＿＿，用符号＿＿＿＿＿表示，其国际单位为＿＿＿＿＿，常用单位为＿＿＿＿＿。

（4）工作部件运动速度较高时，为减少与液体摩擦而造成能量损失，宜选用＿＿＿＿＿的液压油。

（5）我国液压油的牌号是采用＿＿＿＿＿℃时＿＿＿＿＿的平均值来表示的，单位是＿＿＿＿＿。

（6）液压油分为＿＿＿＿＿、＿＿＿＿＿和＿＿＿＿＿三种类型。

（7）液压油污染是指液压油中含有＿＿＿＿＿、＿＿＿＿＿、＿＿＿＿＿及＿＿＿＿＿等杂质。

（8）液压油污染后将产生什么危害？

（9）采用哪些措施来控制液压油污染？

第三节　液体的静力学基础

一、液体的压力

液体在单位面积上所受的法向力称为压力，用 p 表示。

$$p = \frac{F}{A} \tag{1-4}$$

在国际单位制（SI）中，压力的单位为 Pa（$1\text{Pa} = 1\text{N/m}^2$）。由于 Pa 单位太小，在工程上常用 kPa、MPa。

$$1\text{MPa} = 10^3\text{kPa} = 10^6\text{Pa}$$

二、液体静力学基本方程

如图 1-3 所示，密度为 ρ 的液体在容器内处于静止状态，作用在液面上的压力为 p_0，如计算距液面深度为 h 处 A 点的压力 p，取出一个底面包含 A 点、面积为 ΔA、高度为 h 的垂直小液柱作为研究体。由于液柱处于平衡状态，于是有

$$p\Delta A = p_0\Delta A + \rho g h\Delta A$$

故　　$p = p_0 + \rho g h$ 　　　(1-5)

式（1-5）称为液体静力学基本方程。由方程可知：

1）静止液体内任一点处的压力由两部分组成；一部分是液面上的压力 p_0，另一部分是液柱的重力所产生的压力 $\rho g h$。当液面上只受大气压力 p_a 时，则

$$p = p_\text{a} + \rho g h$$

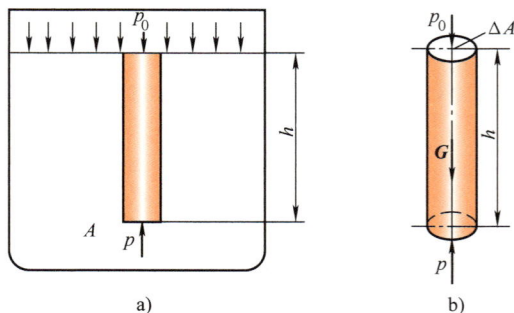

a)　　　　　　b)

图 1-3　液体中的静压力

2）静止液体内部的压力随液体深度呈线性规律递增。

3）距液面深度相同的各点压力相等。由压力相等的各点组成的面称为等压面。在重力场中静止液体等压面是一个水平面。

三、压力的传递

由液体静力学基本方程可知，静止液体内任一点处的压力都包含了液面上的压力 p_0。这说明在密封容器内，施加于静止液体上的压力，能等值地传递到液体中各点，这就是液体压力传递原理，也称为**帕斯卡原理**。

在液压传动中，由外力所产生的压力要比液体自重形成的压力大得多，为此可将静力学基本方程中的 ρgh 项忽略不计，而认为静止液体内各点的压力相等。

例 1-1　如图 1-4 所示，在两个相互连通的液压缸密封腔中充满油液，已知大缸的内径 $D = 100\text{mm}$，小缸内径 $d = 20\text{mm}$，大活塞上放一重物 $G = 2 \times 10^4 \text{N}$。问在小活塞上应加多大的作用力 F 才能使大活塞顶起重物？

解　根据帕斯卡原理 $p_1 = p_2$，有

$$\frac{4F}{\pi d^2} = \frac{4G}{\pi D^2}$$

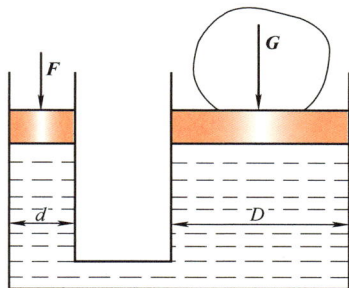

图 1-4　帕斯卡原理应用

顶起重物时在小活塞上应加的力为

$$F = \frac{d^2}{D^2}G = \frac{20^2}{100^2} \times 2 \times 10^4 \text{N} = 800\text{N}$$

若 $G = 0$，则 $p = 0$，表示液压缸内压力建立不起来。G 越大，则液压缸的压力也越大，由此得出一个重要的概念：**系统的压力取决于负载**。

由上式可知，当作用力 F 一定时，两活塞面积的比值越大，能克服的负载 G 也越大。这种机构又称为力的放大装置，当在小活塞上施加一个较小的力时，就可以通过大活塞顶起负载较大的物体。

想一想

同一台液压起重机提升重量不同的物体时，液压缸的工作压力是否相同？

四、压力表示方法

压力表示方法有两种，即**绝对压力**和**相对压力**。绝对压力是以绝对真空作为基准所表示

的压力，而相对压力是以大气压力作为基准所表示的压力。当测量基准为大气压力时，所得的压力值称为相对压力。相对压力为正值时称为表压力；为负值时称为真空度，表示比大气压力小。由于大多数测压仪表所测得的压力都是相对压力，在液压和气压传动系统中，除非做特别说明，压力均指相对压力。绝对压力、相对压力和真空度的相对关系如图1-5所示。

$$绝对压力 = 相对压力 + 大气压力$$
$$真空度 = 大气压力 - 绝对压力$$

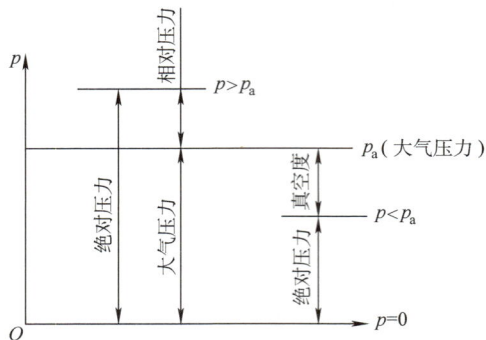

图1-5　绝对压力、相对压力和真空度的相对关系

五、静止液体作用在固体壁面上的力

在密封容器内的静止液体，如果不考虑液体自重所产生的压力，液体内部各点压力是相等的，并且垂直于承受压力的表面。液体作用在固体表面某一方向的力，就等于固体表面各点在该方向上所受静压力的总和。

（1）作用在平面上的力　静止液体作用在平面上的力 F 等于静压力 p 与平面面积 A 的乘积，其方向垂直于该平面。

$$F = pA \tag{1-6}$$

（2）作用在曲面上的力　当固体壁面为一曲面时，静止液体在 x 方向对该曲面的作用力 F_x 等于静压力 p 与曲面在 x 方向上投影面积 A_x 的乘积。

$$F_x = pA_x$$

第四节　液体的动力学基础

一、基本概念

1. 理想液体和恒定流动

由于实际液体具有黏性和可压缩性，因而在研究流动液体运动规律时非常困难。为简化起见，先假定液体没有黏性且不可压缩，然后再根据实验结果，对所得到的液体运动的基本规律、能量转换关系进行修正和补充，使之更加符合实际液体流动时的情况，一般把既无黏性又不可压缩的假想液体称为理想液体。

液体流动时，若液体中任一点处的压力、流速和密度不随时间变化而变化，则称为恒定流动（也称稳定流动或定常流动）；反之，若液体中任一点处的压力、流速或密度中有一个参数随时间变化而变化，则称为非恒定流动。

2. 流量和平均流速

流量和平均流速是描述液体流动的两个基本参数。

（1）流量　流量是指在规定工况下单位时间内穿过流道截面的液体体积，流道就是输送流体的通道。一般用符号 q 来表示，即 $q = V/t$。在国际单位制（SI）中，流量的单位为 $\mathrm{m^3/s}$，工程上常用 $\mathrm{L/min}$，两者的换算关系为

$$1\mathrm{m^3/s} = 6\times10^4 \mathrm{L/min}$$

由于黏性的作用，在流道截面上各点的流速 u 是不相等的，因此计算通过整个流道截面 A 的实际流量应用积分法，即

$$q = \int_A u\mathrm{d}A \tag{1-7}$$

但速度 u 的分布规律很复杂，用式（1-7）计算流量是困难的。

（2）平均流速　假设流道截面上各点的流速均匀分布，称为平均流速，用 v 表示。平均流速等于通过流道截面的流量与流道截面的面积 A 之比。即

$$v = \frac{q}{A} \tag{1-8}$$

液压缸工作时，活塞的运动速度就等于缸内液体的平均流速。当液压缸有效面积一定时，活塞运动速度取决于输入液压缸的流量。

3. 流态与雷诺数

（1）层流和紊流　19 世纪末，英国物理学家雷诺首先通过实验观察了水在圆管内的流动情况，发现液体有两种流动状态：层流和紊流。实验结果表明，在层流时，液体流动是分层的或呈线状，且平行于管道轴线，液体质点互不干扰；而在紊流时，液体质点流动杂乱无章，除了平行于管道轴线的运动外，还存在着剧烈的横向运动。

层流和紊流是两种不同性质的流态。层流时，液体流速较低，质点受黏性制约，不能随意运动，黏性力起主导作用；紊流时，液体流速较高，黏性的制约作用减弱，惯性力起主导作用。

（2）雷诺数　实验证明，液体在圆管中的流动状态不仅与管内的平均流速 v 有关，还与管径 d 及液体的黏度 ν 有关。无论管径 d、液体平均流速 v 和液体运动黏度 ν 如何变化，液流状态可用一个无量纲组合数来判断。这三个参数所组成的一个无量纲数，叫雷诺数 Re，它可决定流动状态。即

$$Re = \frac{vd}{\nu} \tag{1-9}$$

液流由层流转变为紊流时的雷诺数与紊流转变为层流的雷诺数是不相同的。后者较前者数值小，故将后者作为判别液流状态的依据，称为临界雷诺数 Re_c。当 $Re<Re_\mathrm{c}$ 时，液流为层流；当 $Re>Re_\mathrm{c}$ 时，液流为紊流。常见液流管道的临界雷诺数见表 1-3。

表 1-3　常见液流管道的临界雷诺数 Re_c

管道形式	临界雷诺数 Re_c	管道形式	临界雷诺数 Re_c
光滑金属圆管	2000~2300	带环槽的同心环状缝隙	700
橡胶软管	1600~2000	带环槽的偏心环状缝隙	400
光滑的同心环状缝隙	1100	圆柱形滑阀阀口	260
光滑的偏心环状缝隙	1000	锥阀阀口	20~100

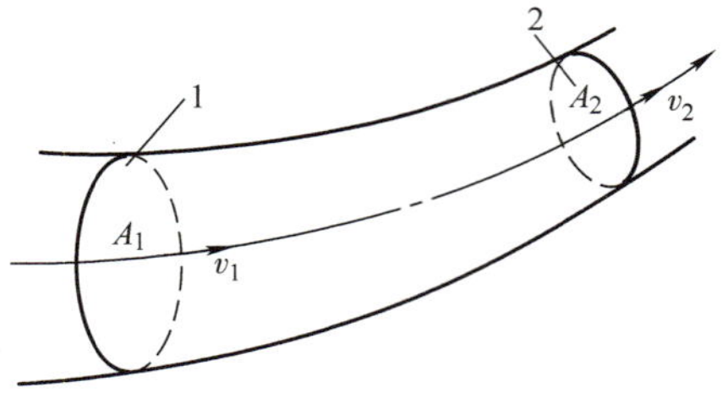

图 1-6　液流的连续性原理

二、流量连续性方程

假定液体不可压缩，则液体在单位时间内流过流道任一截面的液体质量应相等。设液体在图 1-6 所示的流道内流动，任取两截面 1 和 2，其截面积分别为 A_1 和 A_2，并且在两截面处的流速分别为 v_1 和 v_2。根据连续性原理可知，在单位时间内流过两截面的液体的体积应相等，即

$$v_1A_1 = v_2A_2 = 常量 \qquad (1\text{-}10)$$

$$q = vA$$

平均流速 $$v = \frac{q}{A} \qquad (1\text{-}11)$$

式（1-10）是理想液体的连续性方程，它表明流速与流道面积成反比，内径大则流速低，内径小则流速快。式（1-11）表明活塞面积一定时，活塞运动速度取决于输入液压缸的流量的大小，流量大，速度就大。这是与压力取决于负载同样重要的又一基本概念。

> **要点**
>
> 在液压传动中，压力和流量是两个重要的参数。系统的压力取决于作用于液压缸或液压马达上的负载大小，负载大，压力就大；执行元件的运动速度取决于进入液压缸的流量或输入液压马达的流量，流量大，速度就大。

三、伯努利方程

伯努利方程是能量守恒定律在流体力学中的一种表达形式。

1. 理想液体的伯努利方程

设密度为 ρ 的理想液体在如图 1-7 所示的管道内做恒定流动。在管道上任取两个截面 A_1、A_2，截面的位置高度分别为 h_1、h_2，平均流速分别为 v_1、v_2，压力分别为 p_1、p_2。根据能量守恒定律，由理论推导可得理想液体的伯努利方程为

$$p_1 + \rho gh_1 + \frac{1}{2}\rho v_1^2 = p_2 + \rho gh_2 + \frac{1}{2}\rho v_2^2 \qquad (1\text{-}12)$$

由于截面 A_1、A_2 是任意取的，所以式（1-12）也可写成

$$p + \rho gh + \frac{1}{2}\rho v^2 = 常数 \qquad (1\text{-}13)$$

式（1-12）和式（1-13）均称为理想液体的伯努利方程，也称为理想液体的能量方程。

图 1-7　理想液体伯努利方程示意图

其物理意义是：**在密闭的管道中做恒定流动的理想液体具有三种形式的能量，分别是压力能、位能、动能，它们之间可以相互转化，但在任一截面处，三种能量的总和为常数。**

2. 实际液体的伯努利方程

实际液体在管道中流动时，由于液体具有黏性，会产生内摩擦力；同时管道局部形状和尺寸的变化会使液体产生扰动，造成能量损失；另外由于实际流速在流道截面上分布是不均匀的，若用平均流速代替实际流速计算动能，必然会产生误差，因此必须对动能部分进行修正，设动能修正系数为 α，则实际液体的伯努利方程为

$$p_1 + \rho g h_1 + \frac{1}{2}\rho \alpha_1 v_1^2 = p_2 + \rho g h_2 + \frac{1}{2}\rho \alpha_2 v_2^2 + \Delta p_{\mathrm{w}} \qquad (1\text{-}14)$$

式中，α_1、α_2 为动能修正系数，在层流时取 $\alpha = 2$，在紊流时取 $\alpha = 1$；Δp_{w} 为两截面间流动的液体单位体积的能量损失。

伯努利方程提示了液体流动过程中的能量变化规律，是液体力学的重要方程，常与连续性方程一起应用来求解系统中的压力和速度问题，应用伯努利方程求解时需注意以下几点：

1）截面 A_1、A_2 应顺流向选取（否则 Δp_{w} 为负值），且应选在流动平稳的流道截面上。

2）在基准面以上时，h 取正值，反之取负值，通常选取特殊位置的水平面作为基准面。

例 1-2　如图 1-8 所示，液压泵装置的油箱和大气相通，试分析液压泵安装高度 H 对泵工作性能的影响。

解　取油箱液面为 1—1 截面，并定为基准，泵的吸油口处为 2—2，列出两截面的伯努利方程

$$p_1 + \rho g h_1 + \frac{1}{2}\rho \alpha_1 v_1^2 = p_2 + \rho g h_2 + \frac{1}{2}\rho \alpha_2 v_2^2 + \Delta p_{\mathrm{w}}$$

由于 $p_1 = 0$，$h_1 = 0$，$v_1 = 0$，$h_2 = H$，上式可变为

$$p_2 = -\left(\rho g H + \frac{1}{2}\rho \alpha_2 v_2^2 + \Delta p_{\mathrm{w}}\right)$$

由上式可知，当泵的安装高度 $H > 0$ 时，$\rho g H + \frac{1}{2}\rho \alpha_2 v_2^2 + \Delta p_{\mathrm{w}} > 0$，则 $p_2 < 0$，泵进油口的绝对压力低于大气压力，泵吸油口处具有

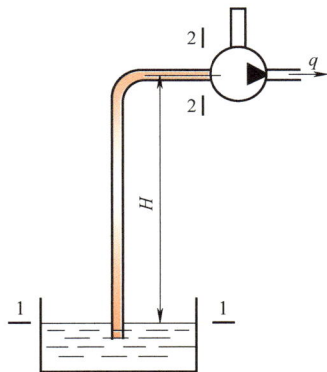

图 1-8　液压泵装置

真空，油箱中的油在其液面上大气的作用下被泵吸入。实际工作时的真空度不能太大，若 p_2 低于油液的空气分离压时，油液中的空气就会析出，p_2 低于油液的饱和蒸气压时，油液还会汽化。油液中的气体析出或油液汽化都会破坏液体流动的连续性，从而产生振动噪声，影响液压泵的系统的工作性能。为使泵吸油口处真空度不要过大，一般要求 H 值不大于 0.5m。

第五节　管路中液流的流动损失

实际液体具有黏性，因而流动时必然要损耗一部分能量，这种能量损耗表现为液体的流动损失。流动损失可分为两类，即沿程流动损失和局部流动损失。

一、沿程流动损失

它是液体在等径直管中流动时，因黏性引起的摩擦和液体与管壁的摩擦而产生的流动损失。它主要取决于液体流速 v、动力黏度 μ、管路的长度 l 以及内径 d 等。其计算公式为

$$\Delta p_\lambda = \frac{32\mu l v}{d^2} \tag{1-15}$$

二、局部流动损失

液体流经管路的弯头、接头、突变截面以及阀口时，致使流速的方向和大小发生剧烈变化，形成旋涡，使液体质点相互撞击，造成能量损失，称为局部流动损失。局部流动损失计算公式为

$$\Delta p_\xi = \frac{\xi \rho v^2}{2} \tag{1-16}$$

式中　ξ——局部阻力系数，其值可查有关手册；

　　　ρ——液体密度；

　　　v——液体流速。

液体流过各种阀类元件在公称流量 q_n 下的流动损失值 Δp_n，可直接从产品样本中查得。当实际通过的流量不等于公称流量时，局部流动损失可按式（1-17）计算。

$$\Delta p_\xi = \Delta p_n \left(\frac{q}{q_n} \right)^2 \tag{1-17}$$

三、管路系统的总流动损失

管路系统的总流动损失为所有沿程流动损失和所有局部流动损失之和，即

$$\sum \Delta p = \sum \Delta p_\lambda + \sum \Delta p_\xi \tag{1-18}$$

液压传动中的流动损失，会造成功率损耗、油液发热、泄漏增加，从而影响系统的工作性能，应尽量减少流动损失。通常采取减小流速，缩短管道长度，减少流道截面突变和弯曲，合理选用阀类元件等措施，将流动损失控制在较小范围内。

1. 某一个液压系统推动负载运动，液压缸所需工作压力为 15MPa，如液压泵的工作压力正好是 15MPa，液压泵的这个工作压力能否推动负载运动？

2. 减少液压系统的流动损失有哪些办法？

第六节　液体流经小孔及间隙的流量

液压传动系统中常利用液体流经阀的小孔或间隙来控制流量和压力，以达到调速和调压目的。

一、液体流经小孔的流量

小孔分为三种：当小孔的长度 l 与孔径 d 之比 $l/d \leqslant 0.5$ 时称为薄壁小孔；当 $l/d > 4$ 时称为细长小孔；当 $0.5 \leqslant l/d < 4$ 称为短孔。

1. 流经薄壁小孔的流量

如图 1-9 所示，根据伯努利方程和连续性方程可以推得通过薄壁小孔的流量为

$$q = C_q A \sqrt{\frac{2}{\rho} \Delta p} \qquad (1-19)$$

式中，C_q 为流量系数，一般由实验确定。其值随液流的雷诺数而定，但当 $Re > 10^5$ 时，C_q 变化很小，可视为常数，计算时一般取 $C_q = 0.6 \sim 0.62$。

由式（1-19）可知：流经薄壁小孔的流量与小孔前后的压差 Δp 的平方根以及小孔的面积 A 成正比，而与黏度无关，流量受温度和黏度的影响小，且不易堵塞，因而流量稳定，故薄壁小孔常用作节流孔口。

图 1-9　流经薄壁小孔液流

2. 流经细长小孔的流量

液体流经细长小孔时的流动状态一般为层流，流经细长孔的流量可用式（1-20）计算。

$$q = \frac{\pi d^4}{128 \mu l} \Delta p \qquad (1-20)$$

从式（1-20）可看出，流经细长小孔的流量与动力黏度 μ 成反比，因而流量受油温变化的影响较大。细长小孔常用作控制阀的阻尼孔。

3. 流经短孔的流量

短孔是介于细长小孔和薄壁小孔之间的孔，短孔的流量也可用薄壁小孔的流量公式计算，但流量系数 C_q 不同，一般取 $C_q = 0.82$。由于短孔制造要比薄壁小孔容易得多，所以常用作固定节流器。

4. 流量通用公式

以上各种小孔的流量压力特性，可综合用式（1-21）表示。

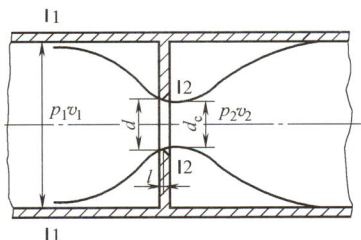

$$q = KA\Delta p^{m} \tag{1-21}$$

式中　q——通过小孔的流量；

K——由小孔的形状、尺寸和液体性质决定的系数；

A——节流口的流道截面积；

m——由孔的长径比决定的指数，细长孔 $m=1$，薄壁孔 $m=0.5$，短孔 $m=0.5\sim1$；

Δp——小孔前后的压力差。

二、液体流经间隙的流量

液压元件中只要有相对运动的部位，都有适当的配合间隙，间隙大小对系统的性能影响极大，间隙太小会使元件卡死，间隙过大会造成液体泄漏，间隙是造成泄漏的主要原因。

由间隙引起泄漏的原因有两个：一是间隙两端的压力差引起压差流动；二是组成间隙的两个配合面有相对运动引起的剪切流动。这两种同时存在较为常见，称为联合流动。常见间隙的流量公式见表1-4。

表 1-4　常见间隙流量计算公式

缝隙类型		计算公式	说　明
平行平板间隙	压差流动	$q = \dfrac{b\delta^3}{12\mu l}\Delta p$	压差流动是液体在两平板相对静止的间隙中的流动，由间隙两端的压差引起的流动 式中，μ 为液体的动力黏度，l、b、δ 分别为间隙长、宽、高，Δp 为间隙两端的压力差
	剪切流动	$q = \dfrac{v_o}{2}b\delta$	剪切流动是液体在无压差作用下，间隙的两平板有相对运动时，由于液体的黏度引起的流动。联合流动则是压差流动和剪切流动同时存在的流动 式中，v_o 为两平板的相对运动速度，它的方向与压差方向相同时，等式右边第二项取"+"，反之取"-"
	联合流动	$q = \dfrac{b\delta^3}{12\mu l}\Delta p \pm \dfrac{v_o}{2}b\delta$	
环状间隙	同心环状间隙	$q = \dfrac{\pi d\delta^3}{12\mu l}\Delta p$	将上述公式中的 b 换成 πd 即得
	偏心环状间隙	$q = \dfrac{\pi d\delta^3}{12\mu l}\Delta p(1 + 1.5\varepsilon^2)$	式中，$\varepsilon = \dfrac{e}{\delta}$ 称为偏心率，e 为偏心量，δ 为无偏心时的环状间隙值

由表1-4可知，通过间隙的流量与间隙高度 δ 的三次方成正比，可见液压元件内的间隙大小对泄漏影响很大，故要尽量提高元件的制造精度，以减小泄漏。通过同心环状间隙的流量公式是偏心环状间隙流量公式在 $\varepsilon=0$ 时的特例，当 $e=\delta$、$\varepsilon=1$ 时，即完全偏心时，其流量是同心环形间隙时的2.5倍。所以，应尽可能使液压配合元件的轴线处于同心状态。

第七节　液压冲击和气穴现象

一、液压冲击

1. 液压冲击产生的原因和危害

在液压系统工作过程中，因管路中流动的液体，会因执行部件换向或阀门关闭，而突然停止运动，由于液流和运动部件的惯性，在系统内产生很大的瞬间压力峰值，这种现象称为液压冲击。液压冲击会引起振动和噪声，其压力峰值可超过工作压力的几倍，有时使某些液压元件，如压力继电器、顺序阀等产生错误动作而影响系统正常工作，甚至可能使某些液压元件、密封装置和管路损坏。

2. 减小液压冲击的措施

可采取以下措施减小液压冲击：缓慢开关阀门，限制管道中液体的流速；在系统中设置蓄能器和安全阀；在液压元件中设置缓冲装置；采用软管，以增加系统的弹性。

二、气穴现象

1. 气穴产生的原因和危害

液压传动中，液压油总是含有一定量的空气。空气可溶解在液压油中，也可以气泡的形式混合在液压油中。对于矿物油，常温时在一个大气压下有 6%~12% 的溶解空气。如果某一处的压力低于空气分离压力时，溶解于油中的空气就会从油中分离出来形成气泡，当压力降至油液的饱和蒸气压力以下时，油液就会沸腾而产生大量气泡。这些气泡混杂在油液中，使得原来充满管道和元件容腔中的油液成为不连续状态，这种现象称为气穴现象。

在液压系统中，泵的吸油口及吸油管路中的压力低于大气压力时容易产生气穴现象。油液流经节流口等狭小间隙处，由于速度增加，压力下降至空气分离压力以下时，也会产生气穴现象。气穴现象产生的气泡，随着油液运动到高压区时，在高压油作用下迅速破裂，并凝结成液体，使体积突然减小而形成真空，周围高压油高速过来补充。由于这一过程是在瞬间发生的，因而引起局部液压冲击，压力和温度都急剧升高，并产生强烈的噪声和振动。在气泡凝结区域的管壁及其他液压元件表面，因长期受冲击和高温作用，以及从油液中游离出来的空气中的氧气的酸化作用，使零件表面受到腐蚀，这种因气穴现象而产生的零件腐蚀，称为气蚀。

2. 减小气穴的措施

为了防止气穴现象的产生，采取以下措施：减小流经节流小孔前后的压力差，一般小孔前后的压力比 $p_1/p_2 < 3.5$；要正确设计泵的结构参数和泵的吸油管路，限制吸油管中液流的速度，应尽量避免油道狭窄处或急剧转弯，接头要有良好的密封，过滤器要及时清洗或更换滤芯以防堵塞，增加零件的机械强度，提高零件表面质量等，以提高耐腐蚀能力。

本章小结

1. 液压传动是以液体的压力能来传递运动和动力的一种方式。

2. 液压传动系统由动力元件、执行元件、控制调节元件、辅助元件和工作介质 5 部分组成。

3. 黏性大小用黏度衡量，常用运动黏度来标志液压油的牌号。

4. 通常根据系统的工作环境、工作压力、运动速度、液压泵的类型来确定液压油的品种和黏度。

5. 液压系统的压力取决于外负载，执行元件的运动速度取决于输入流量。

6. 液体的平均流速与流道截面积成反比。

7. 帕斯卡原理：在密闭容器中，外力施加于静止液体的压力可以等值传递到液体内部所有点。又称静压传递原理。

8. 伯努利方程：在密闭管道内做恒定流动的理想液体具有三种形式的能量（压力能、位能、动能），它们之间可以相互转化，但在任一截面处，三种能量的总和为常数。实际液体的伯努利方程为

$$p_1 + \rho g h_1 + \frac{1}{2}\rho \alpha_1 v_1^2 = p_2 + \rho g h_2 + \frac{1}{2}\rho \alpha_2 v_2^2 + \Delta p_w$$

9. 流动损失是液压系统中的液体流动时的能量损失的形式，流动损失分为沿程流动损失和局部流动损失。

10. 液压传动系统中常利用液体流经阀的小孔或间隙来控制流量和压力，其中液体流经薄壁小孔的流量最稳定，所以节流口应尽量采用薄壁小孔，以达到调速和调压目的。液体流经间隙的流量是分析液压元件及系统泄漏的理论依据。

11. 液压冲击和气穴现象是液压系统中由于压力突然升高和压力过低而产生的两种有害现象，应尽量避免。

本章习题

1. 填空题

（1）液体在单位面积上所受的_____称为压力，在国际单位制（SI）中压力的单位为_____。

（2）液压传动中最重要的参数是_____和_____。

（3）压力表示方法有_____和_____两种，真空度属于_____。

（4）液压缸有效面积一定时，其活塞的运动速度由_____决定。

（5）管路的流动损失分为_____和_____。

（6）液压系统的流动损失会造成_____、_____、_____，从而影响系统的性能。

2. 选择题

（1）普通压力表所测得压力值表示_____。

A. 绝对压力　　　　　B. 真空度　　　　　C. 相对压力　　　　　D. 大气压力

（2）我国生产液压油采用40℃时的_____标号。

A. 动力黏度（Pa·s）　　　　　　　B. 恩氏黏度（°E）

C. 运动黏度（mm²/s）　　　　　　D. 赛氏黏度（SSU）

（3）运动速度_____时宜采用黏度较低的液压油减少摩擦损失，工作压力_____时宜采用黏度较高的液压油以减少泄漏。

A. 高　低　　　　　B. 高　高　　　　　C. 低　高　　　　　D. 低　低

（4）液压传动利用_____来传递力和运动。

A. 固体　　　　　B. 液体　　　　　C. 气体　　　　　D. 绝缘体

（5）在液压系统的组成中液压缸是_____。

A. 动力元件　　　　　B. 执行元件　　　　　C. 控制调节元件　　　　　D. 传动元件

（6）可以在运行过程中实现大范围的无级调速的传动方式是_____。

A. 机械传动　　　　B. 电气传动　　　　C. 气压传动　　　　D. 液压传动

（7）液压油的黏度对_____的变化十分敏感。

A. 压力　　　　　　B. 温度　　　　　　C. 湿度　　　　　　D. 负载

（8）在密闭容器中，施加于静止液体上的压力将被传到液体各点，但其数值将_____。

A. 放大　　　　　　B. 缩小　　　　　　C. 不变　　　　　　D. 不确定

（9）图 1-1 所示液压千斤顶重物上升的速度取决于_____。

A. 重物的大小　　　　　　　　　　　　B. 杠杆上作用力 F 的大小

C. 单位时间杠杆上下作用的次数　　　　D. 重物和杠杆上作用力 F 的大小

（10）寒冷的冬季工程机械在野外作业时，选用液压油的代号为_____。

A. L-HG　　　　　　B. L-HR　　　　　　C. L-HV　　　　　　D. L-HH

3. 判断题

（1）不管液体是在运动状态还是静止状态，都可能显示黏性。　　　　　　　（　　）

（2）液压油牌号值越大，黏度越高，流动性越好。　　　　　　　　　　　　（　　）

（3）液压油的温度越高，黏度越大。　　　　　　　　　　　　　　　　　　（　　）

（4）同一牌号的液压油，在不同温度下的黏度是相同的。　　　　　　　　　（　　）

（5）有一细长小孔，流道截面积 A 不变，出口压力 p_2 不变，通过小孔的流量随着进口压力 p_1 的增大而增加。　　　　　　　　　　　　　　　　　　　　　　　　（　　）

（6）因流经间隙的流量与间隙 δ^3 成正比，当液压控制阀的阀体与阀芯的配合间隙增大，泄漏量就随之增大。　　　　　　　　　　　　　　　　　　　　　　　　　（　　）

（7）液压传动中的油液的流动速度越高，功率越大，能量损失就越小。　　　（　　）

（8）作用在活塞上的输出力越大，活塞的运动速度越快。　　　　　　　　　（　　）

4. 计算题

（1）液压千斤顶柱塞的直径 $D = 34\text{mm}$，活塞的直径 $d = 13\text{mm}$，杠杆的长如图 1-10 所示。问杠杆端点应加多大的力 F 才能将重力 $G = 5 \times 10^4 \text{N}$ 的重物顶起。

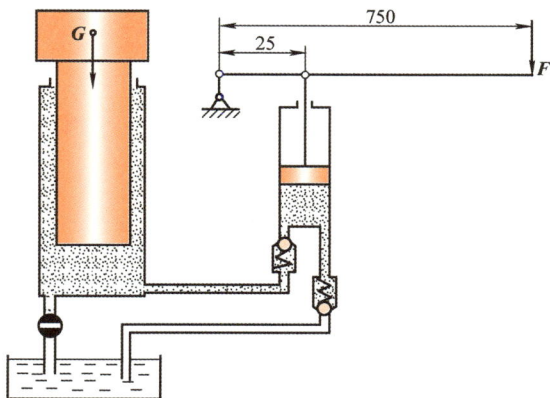

图 1-10　计算题（1）图

（2）如图 1-11 所示，有一直径为 d、质量为 m 的活塞浸在液体中，并在力 F 的作用下处于静止状态。若液体的密度为 ρ，活塞浸入深度为 h，试确定液体在测压管内的上升

高度 x。

（3）如图 1-12 所示，液压泵的流量 $q = 32L/min$，吸油管直径 $d = 20mm$，液压泵吸油口距液面高度 $h = 500mm$，液压油的运动黏度 $\nu = 20 \times 10^{-6} m^2/s$，油液密度 $\rho = 0.9g/cm^3$，求液压泵吸油口的真空度。

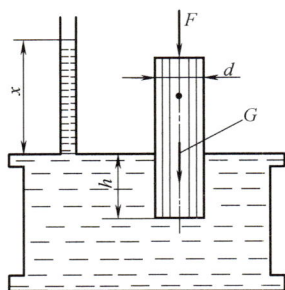

图 1-11　计算题（2）图　　　　　　　图 1-12　计算题（3）图

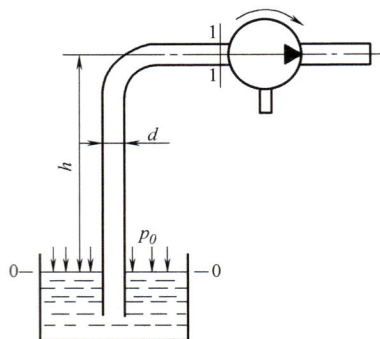

第二章　液压泵和液压马达

知识目标

掌握：1. 液压泵的结构和工作原理。
　　　2. 液压泵和液压马达的主要性能参数的计算。
理解：1. 容积式液压泵的工作原理。
　　　2. 各类液压泵密封容积的形成。
了解：液压泵的类型及应用，液压马达的结构特点。

技能目标

1. 会分析齿轮泵和叶片泵的结构，分辨各个组成零件。
2. 能按正确的步骤进行液压泵的拆装。

你知道吗？

　　为什么液压油能在管道中流动？为什么液压油能推动液压缸的活塞运动？原因就是液压油具有了压力能，而液压油的能量从液压泵获得，液压泵是液压系统的动力元件，它将原动机（电动机）输入的机械能转换为液体的压力能。液压马达再将液体的压力能转换为机械能，如电动机通电后电动机将旋转，向液压马达输入液压油后，液压马达将旋转，液压马达又可以带动工作机械旋转。

第一节　液压泵概述

一、液压泵的工作原理及分类

1. 液压泵的工作原理

　　图 2-1 所示为液压泵的工作原理图，柱塞 2 在弹簧 4 的作用下紧压在偏心轮 1 上，当电动机带动偏心轮转动时，柱塞 2 与泵体 3 形成的密封腔的容积 V 交替变化。柱塞向右运动时，密封腔的容积 V 增大，形成真空，油箱中的油液在大气压力的作用下，经单向阀 6 进入

密封腔而实现吸油；反之，当 V 由大变小时，油液受挤压，经单向阀 5 压入系统，实现压油。电动机带动偏心轮不断旋转，液压泵就不断地吸油和压油。由此可见，液压泵是通过密封腔容积的变化来实现吸油和压油的。其排油量的大小取决于密封腔的变化量，因而液压泵又称容积泵。

要点

液压泵正常工作必备的条件是：①具有密封容积；②密封容积能交替变化；③应有配油装置；④吸油时油箱表面与大气相通。

提示

理解液压泵的工作原理并不难，它与医用注射器工作相似，注射器吸入液体相当于泵吸油，注射器向外推相当于泵的压油过程。

2. 液压泵的类型和图形符号

液压泵按输出流量是否可调节分为定量泵和变量泵两类；按结构形式可分为齿轮泵、叶片泵、柱塞泵三大类。液压泵的图形符号如图 2-2 所示。

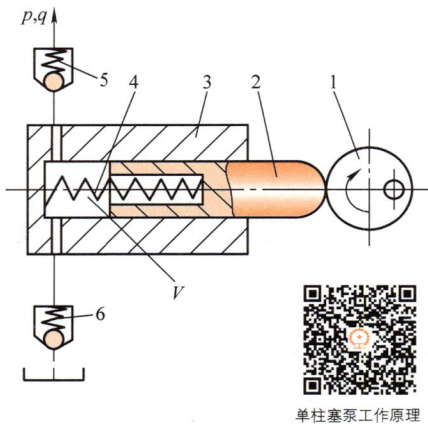

单柱塞泵工作原理

图 2-1　液压泵工作原理
1—偏心轮　2—柱塞
3—泵体　4—弹簧　5、6—单向阀

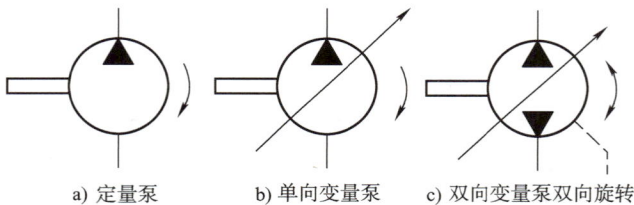

a) 定量泵　　b) 单向变量泵　　c) 双向变量泵双向旋转

图 2-2　液压泵的图形符号

二、液压泵的主要工作参数

1. 工作压力和额定压力

液压泵的工作压力是指泵实际工作时输出油液的压力。液压泵的额定压力是指泵在正常工作条件下按试验标准规定连续运转所允许达到的最高工作压力，超过此值就是过载，它受液压泵本身的泄漏和结构强度的限制。由于液压系统的用途不同，所需的压力也不同，液压泵的压力分级见表 2-1。

表 2-1　压力分级

压力等级	低压	中压	中高压	高压	超高压
压力/MPa	≤2.5	2.5~8	8~16	16~32	>32

2. 排量和流量

液压泵的排量（用 V 表示）是指泵每转一转，由其密封油腔几何尺寸变化所计算得出的输出液体的体积，即在无泄漏的情况下，其每转一转理论上所能输出的液体体积。常用单位为 cm^3/r 或 mL/r。

液压泵的理论流量（用 q_{v_i} 表示）是指泵在单位时间内由其密封油腔几何尺寸变化计算而得出的输出的液体体积，泵的转速为 n 时，泵的理论流量为

$$q_{v_i} = Vn \tag{2-1}$$

液压泵的额定流量是指在正常工作条件下，按试验标准规定必须保证的流量，即在额定转速和额定压力下由泵输出的流量。

液压泵的有效流量（用 $q_{v_{2\cdot e}}$ 表示）是液压泵工作时有效输出的流量，由于泵存在内泄漏，所以有效流量小于理论流量。流量单位为 L/min 或 m^3/s。

3. 功率和效率

液压泵由电动机驱动，输入量是转矩和转速，输出量是液体的压力和流量。如果不考虑液压泵在能量转换过程中的损失，则输出功率等于输入功率，也就是它们的理论功率

$$p_t = pq_{v_i} = pVn = T_i\omega = 2\pi nT_i \tag{2-2}$$

式中　T_i——液压泵的理论转矩，单位为 N·m；

n——液压泵的转速，单位为 r/min；

p——工作压力，单位为 Pa。

液压泵的输出功率等于有效输出流量与工作压力的乘积

$$P_{2\cdot h} = pq_{v_{2\cdot e}} \tag{2-3}$$

式中　$P_{2\cdot h}$——输出功率，单位为 W；

p——工作压力，单位为 Pa；

$q_{v_{2\cdot e}}$——有效输出流量，单位为 m^3/s。

实际上，液压泵在能量转换过程中是有损失的，输出功率小于输入功率。输入功率与输出功率的差值即是功率损失。功率损失可以分为容积损失和机械损失两部分，容积损失是因为内泄漏而造成的流量上的损失。

液压泵输出压力增大时内泄漏加大，泵有效输出的流量 $q_{v_{2\cdot e}}$ 减小。设泵的内泄漏为 Δq，泵的容积效率为

$$\eta_V^p = \frac{q_{v_{2\cdot e}}}{q_{v_i}} = \frac{q_{v_i} - \Delta q}{q_{v_i}} = 1 - \frac{\Delta q}{q_{v_i}} \tag{2-4}$$

机械损失是指因摩擦而造成的转矩上的损失。驱动泵的实际转矩 T_e 总是大于其理论上需要的转矩 T_i，用机械效率来表示泵的机械损失时，有

$$\eta_{hm}^p = \frac{T_i}{T_e} \tag{2-5}$$

液压泵总效率是输出功率与输入功率之比，由前面的公式可得出

$$\eta_t^p = \frac{P_{2 \cdot h}}{P_m} = \eta_{hm}^p \eta_V^p \tag{2-6}$$

即液压泵的总效率等于容积效率和机械效率乘积。

例 2-1 某液压系统，泵的排量 $V = 15\text{mL/r}$，电动机转速 $n = 1450\text{r/min}$，泵的输出压力 $p = 10\text{MPa}$，泵容积效率 $\eta_V^p = 0.95$，总效率 $\eta_t^p = 0.9$，求：（1）泵的有效流量；（2）泵的输出功率；（3）电动机的驱动功率。

解 （1）泵的有效流量

$$q_{v_{2 \cdot e}} = q_{v_i} \eta_V^p = Vn\eta_V^p = \frac{15 \times 1450 \times 10^{-6}}{60} \times 0.95 \text{m}^3/\text{s} = 0.344 \times 10^{-3} \text{m}^3/\text{s}$$

（2）泵的输出功率

$$P_{2 \cdot h} = pq_{v_{2 \cdot e}} = 0.344 \times 10^{-3} \times 10^7 \text{W} = 3.44 \text{kW}$$

（3）电动机驱动功率

$$P_m = \frac{P_{2 \cdot h}}{\eta_t^p} = \frac{3.44 \text{kW}}{0.9} = 3.82 \text{kW}$$

想一想

例 2-1 中电动机驱动功率为 3.82kW，而输出功率只有 3.44kW，两者之差损失在何处？

【小节习题】

（1）图 2-1 中，密封容积 V _____ 时，泵吸油；密封容积 V _____ 时，泵压油。

（2）液压泵按结构形式可分为 _____、_____、_____ 三大类。

（3）液压泵由电动机驱动，输入量是 _____ 和 _____，输出量是液体的 _____ 和 _____。

（4）液压泵的有效输出功率等于 _____ 与 _____ 的乘积。

（5）液压泵的总效率等于 _____ 和 _____ 乘积。

（6）液压泵正常工作必备的条件是：① _____，② _____，③ _____，④ _____。

第二节　齿　轮　泵

齿轮泵是液压系统中常用的液压泵，按结构形式不同可分为外啮合和内啮合两种。外啮合齿轮泵具有结构简单、紧凑、容易制造、成本低、对油液污染不敏感、工作可靠、维护方便、寿命长等优点，故广泛应用于各种低压系统中，如图 2-3 所示为齿轮泵实物图。

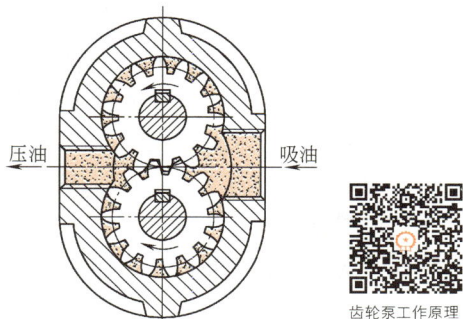

图 2-3　齿轮泵实物图

一、外啮合齿轮泵

1. 外啮合齿轮泵的工作原理

图 2-4 所示为外啮合齿轮泵的工作原理。在泵的壳体内有一对外啮合齿轮，齿轮两侧有端盖（图中未示出）密封。泵体、端盖和齿轮的各个齿间组成了许多密封工作腔。当齿轮按图示方向旋转时，右侧吸油腔由于相互啮合的轮齿逐渐脱开，密封工作腔容积增大，形成部分真空，油箱中的油液被吸进来，将齿间槽充满，并随着齿轮旋转，把油液带到左侧压油腔去。在压油区一侧，由于轮齿逐渐进入啮合，密封工作腔容积不断减小，油液便被挤出去。吸油腔和压油腔由相互啮合的轮齿以及泵体分隔开的。

齿轮泵工作原理

图 2-4　齿轮泵工作原理图

2. CB—B 型齿轮泵的结构

CB—B 型齿轮泵是三片式结构的低压齿轮泵，其结构如图 2-5 所示。三片是指泵体 7 和泵前、后端盖 4、8，主动轴 10 装有主动轴齿轮，从动轴 1 装有从动齿轮。用定位销 11 和螺钉 5 把泵体 7 与前端盖 4 和后端盖 8 装在一起，构成齿轮泵的密封腔。泄漏通道 b 将泄漏到轴承的油，通过从动轴中心孔及通道 c 流回吸油腔。卸荷沟槽 d 使泵体与前后盖结合面外泄的高压油流回吸油腔。

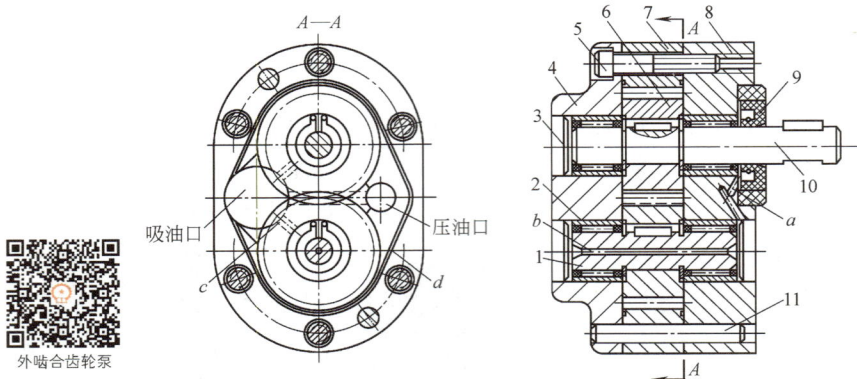

图 2-5　CB—B 型齿轮泵

1—从动轴　2—滚针轴承　3—堵头　4、8—泵前、后端盖　5—螺钉　6—齿轮
7—泵体　9—密封圈　10—主动轴　11—定位销

3. 齿轮泵的流量计算

齿轮泵流量的精确计算比较麻烦，它的有效输出流量的近似计算为

$$q_{v_{2 \cdot e}} = 6.66 z m^2 b n \eta_V^p \tag{2-7}$$

式中，m 为齿轮的模数；z 为齿数；b 为齿宽；n 为齿轮泵转速；η_V^p 为齿轮泵容积效率。

实际上轮齿在不同啮合点处密封容积的变化速度是不均匀的，因此齿轮泵的瞬时流量是脉动的。流量的脉动会引起压力波动，造成液压系统振动和噪声。

4. 外啮合齿轮泵的三大问题

（1）泄漏　一般的齿轮泵泄漏大，齿轮泵压油腔的压力油向吸油腔泄漏有三条路径：一是通过齿轮啮合处的间隙；二是泵体内表面与齿顶圆间的径向间隙；三是通过齿轮两端面的轴向间隙。其中通过端面泄漏占 75%～85%，而且泄漏量随工作压力的提高而增大。在高压齿轮泵中，采用自动补偿端面间隙装置，常用的有浮动轴套式和弹性侧板式两种，图 2-6a 所示为浮动轴套的补偿原理。它利用泵的出口压力油，引入到浮动轴套 2 的外侧 A 腔，在油液压力的作用下，使轴套紧贴齿轮 4 端面，自动补偿了端面间隙。在泵起动时，靠弹簧 1 来产生预压力，保证了起动时的端面密封。这种泵的额定压力可达 10～16MPa。

弹性侧板式间隙补偿装置如图 2-6b 所示。它是利用泵的出口压力油引到侧板 5 后面，靠板自身的变形来补偿端面间隙。

（2）径向力不平衡　外啮合齿轮泵在工作时，径向力由两部分组成：一是油液压力沿齿顶圆作用而产生的径向力，由于压油腔的油压高、吸油腔的油压低而形成两腔压差大；二是泵体内表面与齿顶外圆面之间存在径向间隙，所以压力油经此间隙泄漏形成压力变化。这两个力的合力是沿吸油腔到压油腔逐渐升高的，使齿轮和轴承受到的径向力不平衡。工作压力越高，径向不平衡力就越大，严重时会使齿轮轴变形，造成齿顶与泵体内孔的磨损。

为减小径向不平衡力的影响，CB 型齿轮泵采取缩小压油口的方法，使压油腔的压力油仅作用在一个到两个齿的范围内以减小作用面积。

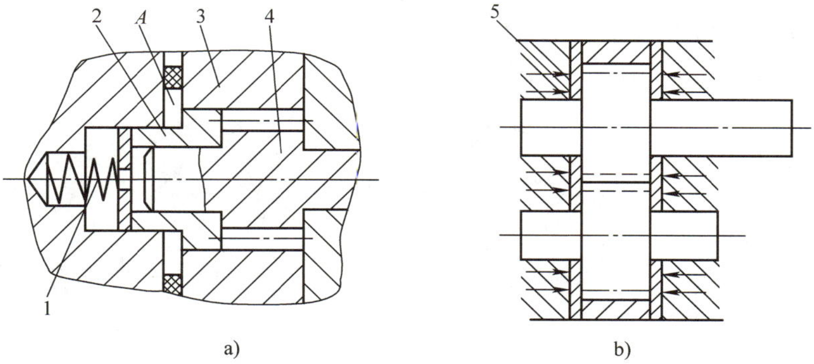

图 2-6　端面间隙补偿装置示意图

1—弹簧　2—轴套　3—泵体　4—齿轮　5—侧板

（3）困油现象　外啮合齿轮泵平稳工作时，齿轮啮合的重叠系数必须大于1，于是总有两对轮齿同时啮合，并有一部分油液被围困在两对轮齿所形成的封闭容积内，如图 2-7 所示。这个封闭的容积随着齿轮的转动在不断地发生变化。封闭容积由大变小时，被封闭的油液受挤压并从缝隙中挤出而产生很高的压力，油液发热，并使轴承受到额外负载；而封闭容积由小变大，又会造成局部真空，使溶解在油中的气体分离出来，产生气穴现象。这些都将使泵产生强烈的振动和噪声，这就是齿轮泵的困油现象。

消除困油的方法，通常是在两侧盖板上开卸荷槽（见图 2-7），封闭容积减少时与压油腔相通，封闭容积增大时与吸油腔相通。

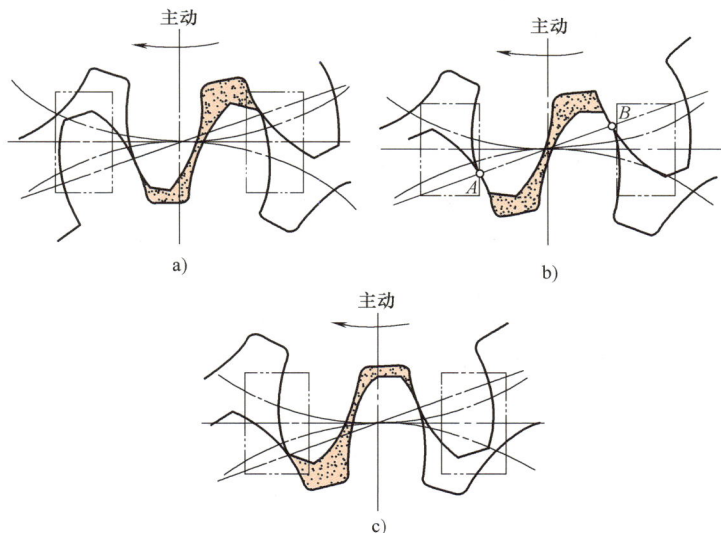

图 2-7　外啮合齿轮泵困油现象

二、内啮合齿轮泵

内啮合齿轮泵有渐开线齿形和摆线齿形两种，其工作原理如图 2-8 所示。当小齿轮按图示方向旋转时，轮齿退出啮合容积增大而吸油，进入啮合则容积减小而压油。在渐开线齿形内啮合齿轮泵腔中，小齿轮和内齿轮之间要装一块月牙形隔板，把吸油腔和压油腔隔开（见图2-8a）。摆线齿形内啮合泵又称摆线转子泵，由于小齿轮和内齿轮相差一齿，因而不需设置隔板（见图2-8b），图2-8c所示为转子泵的实物图。

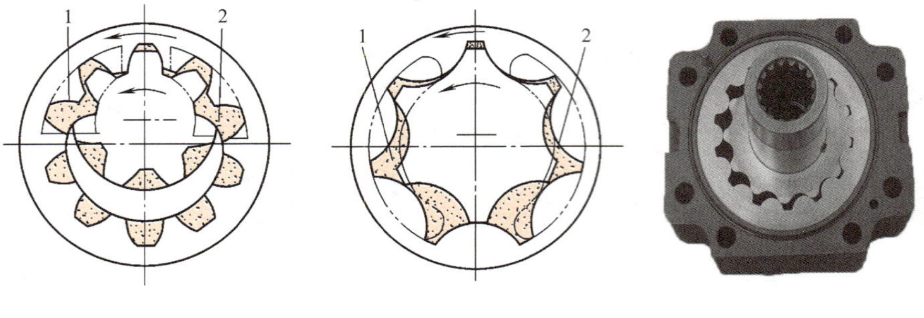

a) 结构图一　　　　b) 结构图二　　　　c) 实物图

图 2-8　内啮合齿轮泵
1—吸油腔　2—压油腔

内咬合定量齿轮泵

内啮合齿轮泵具有结构紧凑、体积小、运转平稳、噪声小等优点，在高速下工作有较高的容积效率。其缺点是制造工艺较复杂，价格较贵。

第三节　叶　片　泵

叶片泵具有结构紧凑、运动平稳、噪声小、流量均匀、寿命长等优点，目前广泛用于中高压液压系统中。叶片泵按其输出流量是否可调，分为定量叶片泵和变量叶片泵。双作用叶片泵由于排量不能变化，所以属于定量泵，单作用叶片泵由于排量能变化，所以属于变量泵。

一、定量叶片泵

1. 定量叶片泵的工作原理

定量叶片泵的工作原理如图2-9所示，它由转子1、定子2、叶片3、泵体4和配油盘5等组成。转子和定子中心重合，定子内表面近似为椭圆柱形，该椭圆形由两段长半径R、两段短半径r和四段过渡曲线所组成。当转子转动时，叶片在离心力和根部压力油的作用下，而紧贴在定子内表面，在叶片、定子的内表面、转子的外表面和两侧配油盘间形成若干个密封工作容积，当转子按图示方向旋转时，密封的容积在左上角和右下角处密封工作容积增大，吸入油液；在右上角和左下角处密封工作容积变小，将油液从压油口压出。因而，当转子每转一周，每个工作容积要完成两次吸油和压油，所以称之为双作用叶片泵，这种叶片泵由于有两个对称的吸油腔和两个压油腔，所以作用在转子上的油液压力相互平衡，因此双作用叶片泵又称为平衡式叶片泵。

2. YB_1 型叶片泵的结构

YB_1型叶片泵结构如图2-10a所示。它由前泵体7和后泵体6，左右配油盘1和5，定子4，转子12等组成。为了便于装配，两个配油盘与定子、转子和叶片组装成一个部件。两螺钉13为组件的紧固螺钉，其头部作为定位销插入后泵体的定位孔内，以保证配油盘上吸、压油窗口的位置能与定子内表面的过渡曲线相对应。转子上开有12条狭槽，叶片11安装在

双作用定量叶片泵

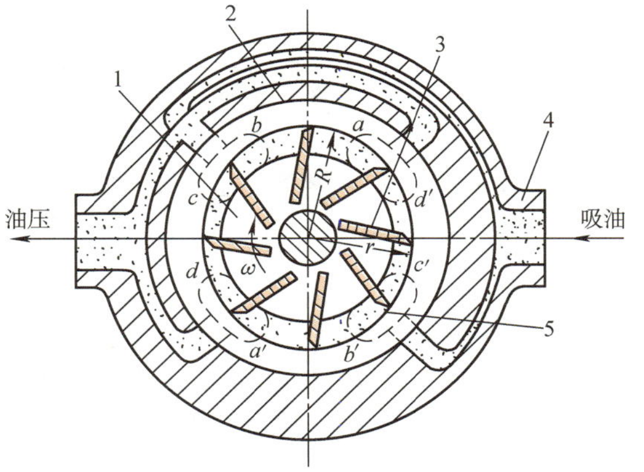

图 2-9　定量叶片泵工作原理图

1—转子　2—定子　3—叶片　4—泵体　5—配油盘

槽内，并可在槽内自由滑动。转子通过内花键与主动轴相配合，主动轴由两个球轴承 2 和 8 支承。骨架式密封圈 9 安装在盖板 10 上，用来防止油液泄漏和空气渗入。图 2-10b 所示为实物图。

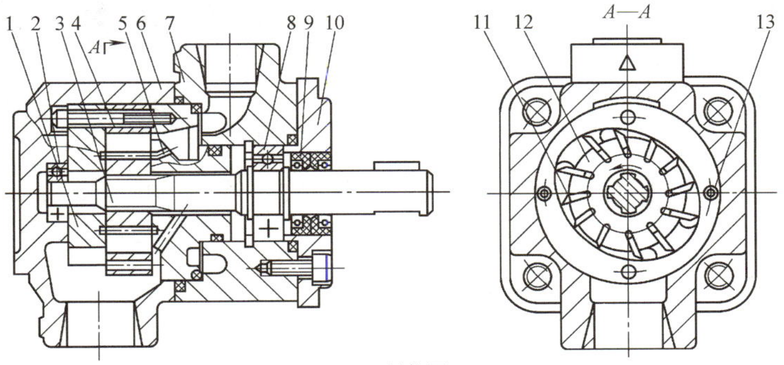

a) 结构图

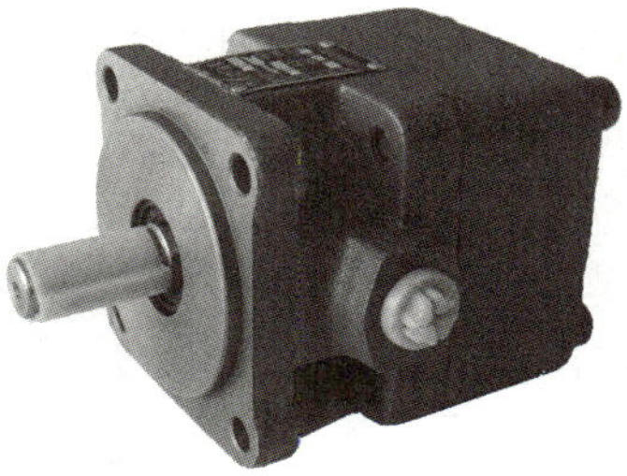

b) 实物图

图 2-10　YB_1 型叶片泵

1、5—配油盘　2、8—球轴承　3—传动轴　4—定子　6—后泵体

7—前泵体　9—密封圈　10—盖板　11—叶片　12—转子　13—螺钉

3. 双作用叶片泵的流量

双作用叶片泵有效输出的流量

$$q_{v_{2 \cdot e}} = 2B\left[\pi(R^2 - r^2) - \frac{R - r}{\cos\theta}\delta Z\right]n\eta_V^p \tag{2-8}$$

式中，R、r 分别为定子内表面圆弧部分的长、短半径；θ 为叶片的倾角；δ 为叶片厚度；Z 为叶片数；B 为叶片的宽度。

4. 双联叶片泵

YB$_1$ 叶片泵除单泵外，还有双联叶片泵，其结构如图 2-11a 所示，是由两个单级叶片泵组成的，其主要工作部件装在一个泵体内，由同一根传动轴驱动，泵体有一个共同的吸油口，两个各自独立的出油口。双联叶片泵的输出流量可以分开使用，也可合并使用。

双级叶片泵实际上是将两个双作用叶片泵安装在一个泵体内，将其油路串联而成的。两个转子由同一传动轴转动，它的压力可达到单级叶片泵的两倍。图 2-11b 所示为实物图。

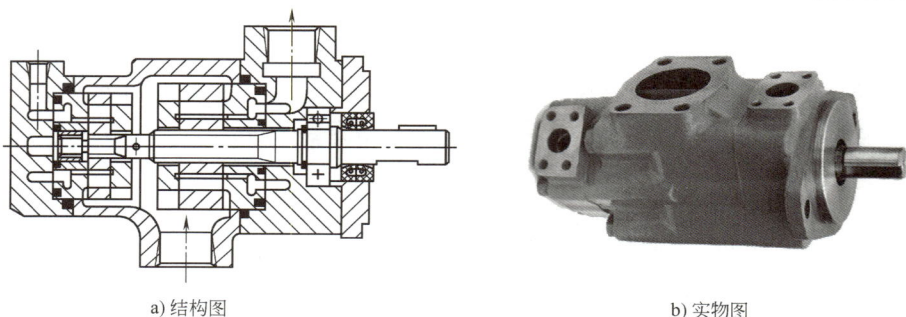

a) 结构图　　　　b) 实物图

图 2-11　双联叶片泵

二、变量叶片泵

1. 变量叶片泵的工作原理

变量叶片泵的工作原理如图 2-12 所示，变量叶片泵由转子 3、定子 4、叶片 5 等组成。定子具有圆柱形内表面，定子和转子间有偏心距。叶片装在转子槽中，并可在槽内滑动，当转子旋转时，由于离心力的作用，使叶片紧贴在定子内壁，这样在定子、转子、叶片和两侧配油盘间就形成若干个密封容积，当转子按图示的方向旋转时，在图的右部，叶片逐渐伸

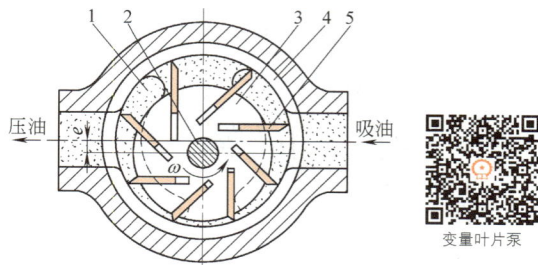

图 2-12　变量叶片泵的工作原理图

1—配油盘　2—传动轴　3—转子　4—定子　5—叶片

出，叶片间的密封容积逐渐增大，从吸油口吸油。在图的左部，叶片被定子内壁逐渐压进槽内，密封容积逐渐缩小，将油液从压油口压出，在吸油腔和压油腔之间，有一段封油区，把吸油腔和压油腔隔开。这种叶片泵转子每转一周，每个工作空间完成一次吸油和压油，因此称之为单作用叶片泵。转子不停地旋转，泵就不断地吸油和排油。因这种转子受不平衡的径向液压力作用，又称非平衡式叶片泵。

2. 单作用叶片泵的流量

单作用叶片泵有效输出流量

$$q_{v_{2 \cdot e}} = 2\pi DeBn\eta_V^p \tag{2-9}$$

式中，D 为定子内径；e 为定子与转子间的偏心距。

单作用叶片泵密封容积的变化是不均匀的，故它的瞬时流量是脉动的，泵内叶片数越多，流量脉动越小。奇数叶片的脉动率比偶数叶片脉动率小，所以单作用叶片泵的叶片数一般为 13 或者 15 片。

3. 限压式变量叶片泵的工作原理

限压式变量叶片泵可分为外反馈式和内反馈式。图 2-13a 所示为外反馈限压式变量叶片泵的工作原理。当油压较低，柱塞 6 对定子 2 产生的输出力不能克服弹簧 3 的作用力时，定子被弹簧推在最左边的位置上，此时偏心量最大，泵输出流量也最大。柱塞 6 的一端紧贴定子，另一端则通压力油。柱塞对定子的输出力随油压升高而加大，当它大于调压弹簧 3 的预紧力时，定子向右偏移，偏心距减小。所以，当泵输出压力大于弹簧预紧力时，泵的输出流量开始变化，随着油压升高，输出流量减小。图 2-13b 所示为限压式变量叶片泵实物图。其

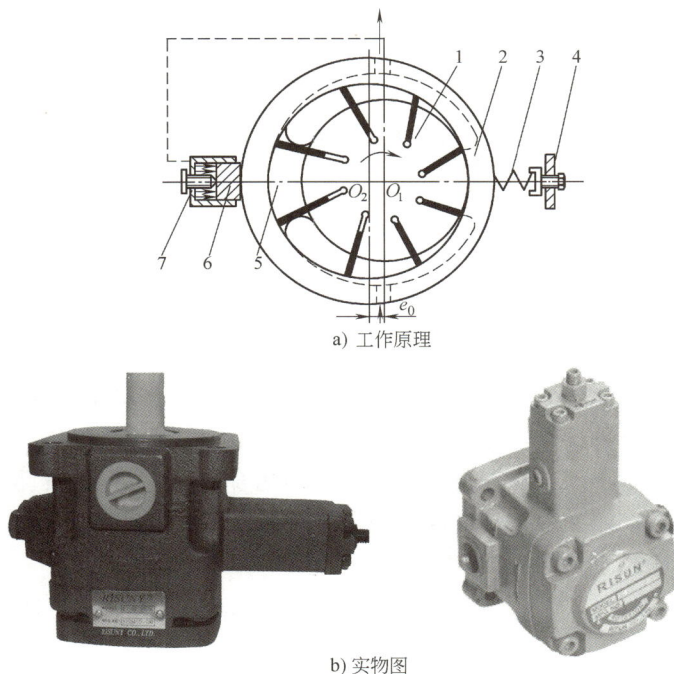

a) 工作原理

b) 实物图

图 2-13　外反馈限压式变量叶片泵

1—转子　2—定子　3—弹簧　4、7—调节螺钉　5—配油盘　6—柱塞

流量压力特性曲线如图 2-14 所示。

在图 2-14 中，曲线 AB 段是泵的不变量段，只是因泄漏量随工作压力的增加而增大，使有效输出流量减小。曲线 BC 段是泵的变量段，泵的有效输出流量随工作压力的增加迅速下降。曲线上 B 点的压力是 p_B，由图 2-13a 中弹簧 3 的预紧力确定。调节螺钉 7 可调节最大偏心量（初始偏心量）的大小。改变泵的最大输出流量 q_A，特性曲线 AB 段上下平移，当泵的供油压力 p 超过预先设定的压力 p_B 时，液压作用力大于弹簧的预紧力，此时定子向偏心量减小的方向移动，使泵的输出流量减小，压力

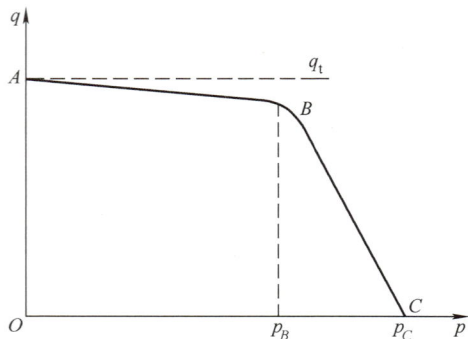

图 2-14　限压式变量叶片泵的特性曲线

越高，偏心量越小，输出流量越小，其变化规律如特性曲线 BC 段所示。调节调压弹簧 3 可改变限定压力 p_B 的大小，特性曲线 BC 段左右平移。而改变调压弹簧的刚度时，可以改变 BC 段的斜率，弹簧越"软"，BC 段越陡，当定子和转子之间的偏心量为零时，系统压力达到最大值 p_C，泵向系统的输出流量为零。

> **要点**
>
> 调节调压弹簧 3 可改变限定压力 p_B 的大小，从而改变流量的大小。

> **想—想**
>
> 变量叶片泵与定量叶片泵在结构上有哪些异同点？为什么定量叶片泵的使用寿命比变量叶片泵长？

第四节　柱　塞　泵

柱塞泵是靠柱塞在缸体中做往复运动使密封容积产生变化来实现吸油与压油的。与齿轮泵和叶片泵相比，柱塞泵有许多优点，比如压力高、结构紧凑、效率高、流量调节方便等，故在高压、大流量、大功率的系统和流量需要调节的场合，如龙门刨床、拉床、液压机、工程机械、矿山冶金机械、船舶中得到广泛的应用。柱塞泵按柱塞的排列和运动方向不同，可分为径向柱塞泵和轴向柱塞泵两大类。

一、径向柱塞泵

1. 径向柱塞泵的工作原理

径向柱塞泵的工作原理如图 2-15a 所示，配油轴固定不动，柱塞 1 径向排列装在转子中，转子由电动机带动旋转，柱塞 1 在离心力或在低压油作用下，压紧定子 4 的内壁，当转

子按图示方向转动时，由于定子和转子之间有偏心距 e，转子在上半周时柱塞向外伸出，柱塞底部的容积逐渐增大，形成真空，经过衬套 3（衬套 3 是压紧在转子内，并和转子一起旋转）上的油孔，从配油轴 5 的吸油腔 b 的 a 孔吸油；当转子转到下半周时，定子内壁将柱塞向里推，柱塞底部的容积逐渐减小，经配油轴的压油腔 c 的孔 d 向外压油，当转子每转一周，每个柱塞底部的密封容积完成一次吸压油，转子连续运转，即完成吸压油工作。图 2-15b 所示为径向柱塞泵实物图。

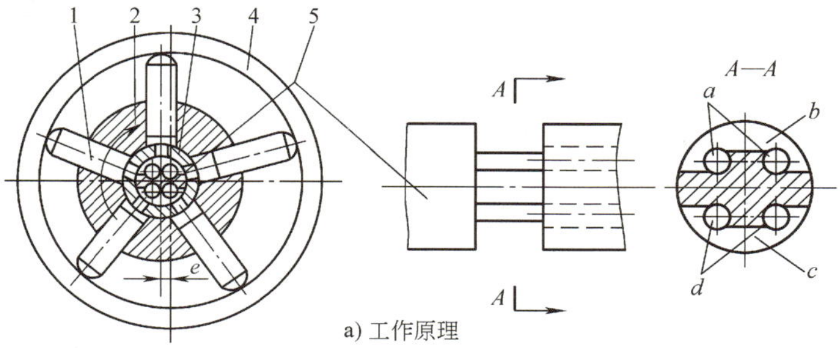

a) 工作原理

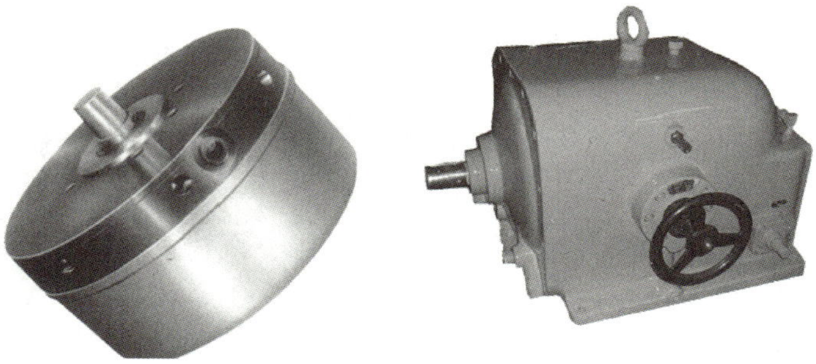

b) 实物图

图 2-15　径向柱塞泵

1—柱塞　2—转子　3—衬套　4—定子　5—配油轴

2. 径向柱塞泵的特点

径向柱塞泵的性能稳定，耐冲击性能好，工作可靠；但其径向尺寸大，结构复杂，自吸能力差，且配油轴受到不平衡液压力的作用，容易磨损，这些都限制了它的转速和压力的提高。

二、轴向柱塞泵

1. 轴向柱塞泵的工作原理

轴向柱塞泵的柱塞平行于缸体的轴心线，图 2-16 所示为斜盘式轴向柱塞泵的工作原理。它由斜盘 1、柱塞 5、缸体 7 和配油盘 10 等主要零件组成。斜盘 1 的法线和缸体轴线间的交角为 γ。传动轴 9 带动缸体 7、柱塞 5 一起转动，缸体上均匀分布了若干个轴向柱塞孔，孔内装有柱塞 5。套筒 4 在弹簧 6 作用下，通过压板 3 而使柱塞头部的滑履 2 和斜盘压紧。同时套筒 8 使缸体 7 和配油盘 10 紧密接触，起密封作用。当传动轴按图示方向旋转时，由于斜盘和压板的作用，迫使柱塞做往复运动。柱塞在其自下而上回转的半周内（$0\sim\pi$）逐渐向外伸出，使缸体内密封工作腔容积不断增大，产生局部真空，从而将油液经配油盘 10 上的配油窗口吸入；柱塞在其自上而下回转的半周内（$\pi\sim2\pi$）又逐渐向里推入，使密封工作腔容积不断减小，将油液从配油盘窗口向外压出。缸体每转一转，每个柱塞往复运动一次，完成一次吸压油。

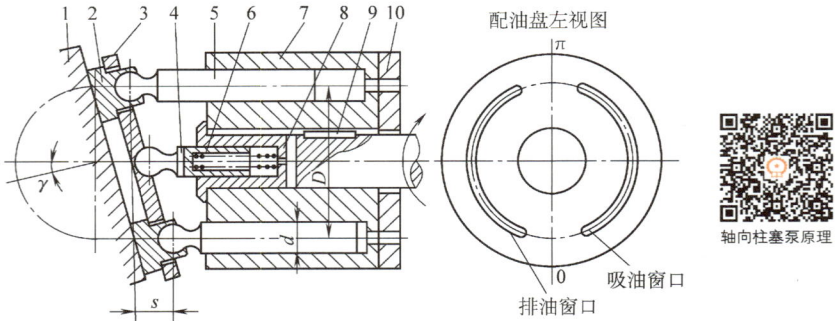

图 2-16 轴向柱塞泵工作原理

1—斜盘 2—滑履 3—压板 4、8—套筒 5—柱塞 6—弹簧 7—缸体 9—传动轴 10—配油盘

2. 轴向柱塞泵结构

图 2-17a 所示为 SCY14-1 型轴向柱塞泵的结构，其结构分两部分，主体部分和变量机构。图 2-17b 所示为实物图。

（1）主体部分 缸体 5 由传动轴 8 带动旋转，在缸体的七个柱塞孔内装有柱塞 9，柱塞的球形头部装在滑履 12 的孔内并可做相对转动。定心弹簧 3 通过内套 2、钢球和压盘 14 将滑履压在斜盘 15 上，使泵具有一定的自吸能力，同时定心弹簧又通过外套筒 10 将缸体压在配油盘 6 上。缸体外镶有钢套 4，支承在圆柱滚子轴承 11 上，使压盘对缸体的径向力由圆柱滚子轴承来承受，而避免传动轴和缸体受转矩。在滑履与斜盘相接触的部分有一油室，它通过柱塞中间的小孔与缸体中的工作腔相连，压力油进入油室后在滑履与斜盘的接触面间形成了一层油膜，起着静压支承的作用，使滑履作用在斜盘上的力大大减小，因而磨损也减小。传动轴 8 通过左边的花键带动缸体 5 旋转，由于滑履 12 贴紧在斜盘表面上，柱塞在随缸体旋转的同时在缸体中做往复运动。缸体中柱塞底部的密封工作容积是通过配油盘 6 与泵的进出口相通的。随着传动轴的转动，液压泵就连续地吸油和压油。

（2）变量机构 变量柱塞 16 与丝杠 17 由螺纹联接，转动手轮 18 时，使丝杠 17 转动，变量柱塞沿导向键做轴向运动，并带动斜盘绕钢球的中心转动，从而调节了斜盘的倾角，也就改变了柱塞泵的排量。当流量达到要求时，可用螺母 19 锁紧。这种变量机构结构简单，但操纵不轻便，且不能在工作过程中改变流量。

轴向柱塞泵除了有手动变量外，还有手动伺服变量、压力补偿变量、恒压变量等。

3. 斜盘式轴向柱塞泵的流量

斜盘式轴向柱塞泵的有效输出流量

$$q_{v_{2 \cdot e}} = \frac{\pi}{4} d^2 D \tan\gamma Z n \eta_V^p \tag{2-10}$$

式中，d 为柱塞直径；D 为柱塞分布圆直径；Z 为柱塞数；γ 为斜盘的倾角。

实际上，由于柱塞在缸体孔中运动的速度不是恒速的，所以输出流量是脉动的，并随柱塞数的增加而下降。当柱塞数为奇数时，脉动率较小。因此常用的柱塞泵的柱塞个数取 7、9 和 11。

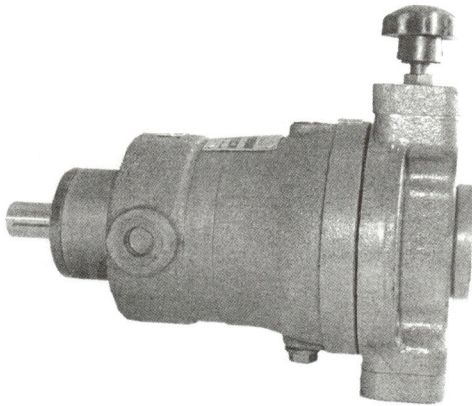

a)结构图

b) 实物图

斜盘式直轴柱塞泵

图 2-17　SCY14-1 型轴向柱塞泵

1—泵体　2—内套　3—定心弹簧　4—钢套　5—缸体　6—配油盘　7—前泵体　8—传动轴
9—柱塞　10—套筒　11—轴承　12—滑履　13—销轴　14—压盘　15—斜盘
16—变量柱塞　17—丝杠　18—手轮　19—螺母

要点

　　改变斜盘的倾角 γ，可以改变柱塞往复行程的大小，因而也就改变了泵的排量。如果改变斜盘倾角的方向，就能改变泵的吸压油方向，而成为双向变量轴向柱塞泵。

第五节　液压泵的选用

一、液压泵的选用

由于各类液压泵的特点、结构、性能各不相同，选择液压泵时，应满足设备对液压系统的工况要求，首先确定液压泵的类型，然后再根据系统要求的额定压力、流量、转速范围、效率等性能来确定型号。在机床液压系统中，常选用双作用叶片泵和限压式变量叶片泵；而在筑路机械、农机、小型工程机械中常选择抗污染能力较强的齿轮泵；在负载大、功率大的场合常选择柱塞泵。表 2-2 列出了常用液压泵的性能与应用范围。

表 2-2　常用液压泵的性能与应用范围

类型　　　项目	齿轮泵	双作用叶片泵	限压式变量叶片泵	轴向柱塞泵	径向柱塞泵
工作压力/MPa	<20	6.3~21	≤7	20~35	10~20
转速范围/(r/min)	300~7000	500~4000	500~2000	600~6000	700~1800
容积效率	0.70~0.95	0.80~0.95	0.80~0.90	0.90~0.98	0.85~0.95
总效率	0.60~0.85	0.75~0.85	0.70~0.85	0.85~0.95	0.75~0.92
功率重量比	中等	中等	小	大	小
流量脉动率	大	小	中等	中等	中等
自吸特性	好	较差	较差	较差	差
对油的污染敏感性	不敏感	敏感	敏感	敏感	敏感
噪声	大	小	较大	大	大
寿命	较短	较长	较短	长	长
单位功率造价	最低	中等	较高	高	高
应用范围	机床、工程机械、农机、航空、船舶、一般机械	机床、注塑机、液压机、起重运输机械、工程机械	机床、注塑机	工程机械、起重运输机械、锻压机械、矿山机械、船舶、飞机	机床、液压机、船舶

二、液压泵站

液压泵站又称液压站，适用于主机与液压装置可分离的各种机械，如机床液压传动系统。液压泵站由液压泵装置、集成块或阀组合、油箱、电气盒构成。如图 2-18 所示，液压泵装置有电动机和液压泵，集成块或阀组合由液压阀及块体组合而成，油箱上装有过滤器、空气过滤器等。

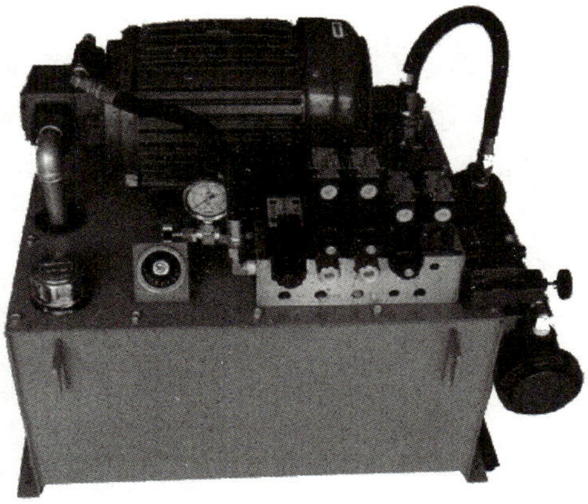

图 2-18　液压泵站

第六节　液　压　马　达

一、液压马达概述

1. 液压马达的分类

液压马达与液压泵在结构上是基本相同的，常用液压马达按结构可分为齿轮式、叶片式、柱塞式。液压马达可按照额定转速分为高速和低速两大类，额定转速高于 500r/min 的属于高速液压马达，额定转速低于 500r/min 的属于低速液压马达。

2. 液压马达的主要性能参数

（1）转速和容积效率　若液压马达的排量为 V，液压马达入口处的流量为 $q_{v_{1 \cdot e}}$（又称有效输入流量），容积效率 η_V^M 为理论流量和有效输入流量之比，则

$$\eta_V^M = \frac{Vn}{q_{v_{1 \cdot e}}} \tag{2-11}$$

$$n = \frac{q_{v_{1 \cdot e}}}{V} \eta_V^M \tag{2-12}$$

（2）总效率　液压马达的总效率为输入功率与输出功率之比，它等于机械效率与容积效率的乘积，即

$$\eta_t^M = \eta_{hm}^M \eta_V^M \tag{2-13}$$

（3）转矩 T_e　液压马达输入为液压能，其输出为机械能

$$pq_{v_{1 \cdot e}} = 2\pi n T_e \tag{2-14}$$

实际上因为存在机械效率与容积效率问题，因而式（2-14）可写成

$$pq_{v_{1 \cdot e}} \eta_t^M = 2\pi n T_e$$

得

$$T_e = \frac{pV}{2\pi} \eta_{hm}^M \tag{2-15}$$

二、叶片式液压马达

图 2-19a 所示为叶片式液压马达的工作原理，当压力油通入压油腔后，在叶片 1、3（或

5、7）上，一面作用有压力油，另一面则为低压回油，由于叶片1、5受力面积大于叶片3、7，从而由叶片受力构成的力矩推动转子和叶片沿顺时针方向转动。叶片式液压马达的输出转矩与其排量和进出油口之间的压力差有关，其转速由输入液压马达的流量大小来决定。图2-19b所示为叶片式液压马达实物图。

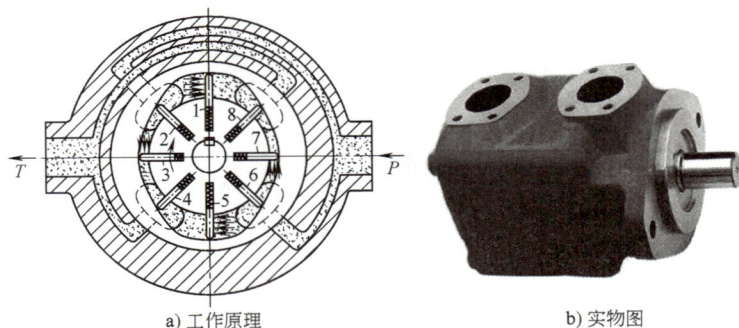

a) 工作原理　　　　　　　　b) 实物图

图 2-19　叶片式液压马达

由于液压马达一般都要求能正反转，所以叶片式液压马达的叶片要径向放置。为了使叶片根部始终通有压力油，在回、压油腔通入叶片根部的通路上应设置单向阀。为了确保叶片式液压马达在压力油通入后能正常起动，因此在叶片根部应设置预紧弹簧，使叶片始终处于伸出状态，以保证良好的密封。叶片式液压马达体积小，转动惯量小，动作灵敏，但泄漏量较大，低速工作时不稳定。因此叶片式液压马达一般用于转速高、转矩小和动作要求灵敏的场合。

三、轴向柱塞液压马达

图2-20a所示为轴向柱塞液压马达的工作原理，当压力油输入时，处于高压腔中的柱塞

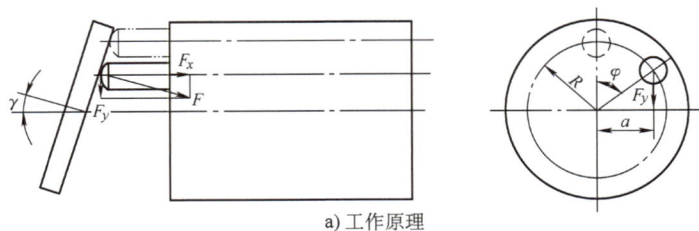

a) 工作原理

b) 实物图

图 2-20　轴向柱塞液压马达

伸出，压在斜盘上。设斜盘对柱塞的反作用力为 F，力 F 的轴向分力 F_x 与柱塞上的液压力平衡，而径向分力 F_y 则使处于高压腔中的柱塞都对转子中心产生一个转矩，使缸体和马达轴旋转。如果改变液压马达液压油的输入方向，马达轴则反转。图 2-20b 所示为轴向柱塞液压马达实物图。

本章小结

1. 液压泵工作必须具有可变的密封容积和配油装置。
2. 排量只与密封容积的变化量有关，与转速无关。
3. 工作压力随外负载变化，额定压力是泵在连续运转时可承受的最大工作压力。
4. 要注意液压泵与液压马达的容积效率、转矩、有效输出的流量、理论流量之间的区别。
5. 齿轮式、叶片式和柱塞式三类泵的密封容积的构成、容积的变化方式和配油方式各有特点，应用范围各不相同。
6. 限压式变量叶片泵的性能，调节弹簧的压缩量，就可以改变 p_B 的大小，从而调节泵的流量。
7. 液压马达按结构类型可分为齿轮式、叶片式、柱塞式三大类。
8. 液压泵的输出功率等于有效输出流量与工作压力的乘积。

本章习题

1. 填空题

（1）液压泵按结构分为齿轮泵、叶片泵和柱塞泵三大类。其中，齿轮泵有_____和_____两种；叶片泵有_____和_____两种；柱塞泵有_____和_____两种。

（2）液压泵出口输出的实际流量是液压泵_____，由于泵存在内泄漏，所以有效流量小于_____。

（3）液压泵的排量是指泵每转一转，由其_____液体的体积，用_____表示，常用单位_____。

（4）在高压齿轮泵中，为了减少泄漏，常用的有_____和_____两种自动补偿端面间隙装置。

（5）变量叶片泵依靠_____的变化，来改变泵的流量。柱塞泵是_____造成密封容积变化，来实现吸油与压油。

2. 选择题

（1）液压泵进口处的压力称为_____；泵出口处的实际压力称为_____；泵在连续运转时允许使用的最高工作压力称为_____；泵短时间内超载所允许的极限压力称为_____。

A. 工作压力　　　　B. 最大压力　　　　C. 额定压力　　　　D. 吸入压力

（2）在没有泄漏的情况下，根据泵的几何尺寸计算得到的流量称为_____；泵在额定转速和额定压力下输出的流量称为_____；泵在某工作压力下有效输出的流量称为_____。

A. 有效流量　　　　B. 额定流量　　　　C. 理论流量

（3）调节图 2-13 中的弹簧 3 的压缩量的大小，就可使图 2-14 中的曲线_____。

A. BC 左右平移　　B. AB 上下移动　　C. BC 的斜率变化

（4）液压马达工作时存在泄漏，因此液压马达的理论流量_____其输入流量。

A. 大于　　　　　　B. 小于　　　　　　C. 等于

（5）液压泵的理论流量_____有效流量。

A. 大于　　　　　　B. 小于　　　　　　C. 等于

（6）改变轴向柱塞变量泵倾角 γ 的大小和方向，可改变_____。

A. 流量大小　　　　B. 油流方向　　　　C. 流量大小和油流方向

（7）齿轮泵压油腔泄漏的主要途径是_____。

A. 径向间隙　　　　B. 轴向间隙　　　　C. 两齿轮啮合处

（8）在大功率工程机械的液压系统中常采用的液压泵是_____。

A. 齿轮泵　　　B. 轴向柱塞泵　　　C. 单作用叶片泵　　　D. 双作用叶片泵

3. 判断题

（1）双作用叶片泵可改变泵的流量。　　　　　　　　　　　　　　（　　　）

（2）齿轮泵的吸油口尺寸比压油口大，是为了减小径向不平衡力。　（　　　）

（3）液压泵的工作压力取决于液压泵的额定压力的大小。　　　　　（　　　）

（4）限压式变量泵主要依靠泵出口压力变化来改变泵的流量。　　　（　　　）

（5）齿轮泵、叶片泵和柱塞泵相比较，柱塞泵最高压力最大，齿轮泵容积效率最低，双作用叶片泵噪声最小。　　　　　　　　　　　　　　　　　　　　（　　　）

（6）YB_1 型叶片泵中的叶片是依靠离心力和叶片根部的油压力，紧贴在定子内表面的。

　　　　　　　　　　　　　　　　　　　　　　　　　　　　　　（　　　）

（7）液压泵进油口的压力大于出油口的压力。　　　　　　　　　　（　　　）

（8）液压泵站是由多个液压泵组合而成的。　　　　　　　　　　　（　　　）

4. 计算题

（1）某液压系统，泵的排量 $V = 25\text{mL/r}$，电动机转速 $n = 1450\text{r/min}$，泵的输出压力 $p = 5\text{MPa}$，泵容积效率 $\eta_V^p = 0.95$，总效率 $\eta_t^p = 0.94$，求液压泵的输出功率和电动机的驱动功率。

（2）某定量泵的额定压力 $p_n = 8\text{MPa}$，额定流量 $q_n = 60\text{L/min}$，泵的总效率 $\eta_t^p = 0.8$。求该泵应选用的电动机功率；若泵输出压力 $p = 3\text{MPa}$，求泵的输出功率。

（3）已知液压泵的额定压力 p_n，通过节流阀的流动损失 Δp，如图 2-21 所示。如忽略管路损失，试确定下列工况下，泵的工作压力各为多少？

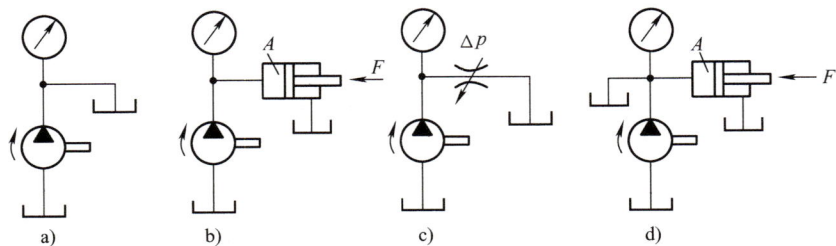

图 2-21　计算题（3）图

第三章 液压缸

你知道吗？

　　液压缸也称油缸，是液压系统中的执行元件，它把输入的液压能转换为机械能。液压缸的功用是驱动工作机构实现直线往复运动或往复摆动。如机床液压动力滑台系统中，就是由液压缸驱动滑台的各种运动。由于液压缸结构简单、工作可靠、传动平稳、反应快，因此应用广泛。

第一节　液压缸的分类和特点

　　液压缸按结构特点不同可分为活塞缸、柱塞缸、摆动缸三类；按运动形式不同可分为直线运动和摆动。柱塞缸和活塞缸用以实现直线运动，输出力和速度；摆动缸用以实现小于360°的转动，输出转矩和角速度。按作用方式不同分为单作用式和双作用式两种：单作用式液压缸中液压力只能使活塞向一个方向运动，反方向运动需要靠外力实现，如重力或弹簧力等；双作用式液压缸中液压力可实现两个方向的运动。

一、活塞缸

　　活塞缸可分为双活塞杆和单活塞杆两种结构，其固定方式有缸体固定和活塞杆固定两种。

1. 双活塞杆缸

（1）工作原理　图 3-1 所示为双活塞杆缸原理图，其活塞的两侧都有伸出杆。图 3-1a 所示为缸体固定式结构简图，图 3-1b 所示为活塞杆固定式结构简图。当压力油从两油口交替输入液压缸左、右工作腔时，压力油作用于活塞端面，驱动活塞（或缸体）运动，并带动工作台作直线往复运动。

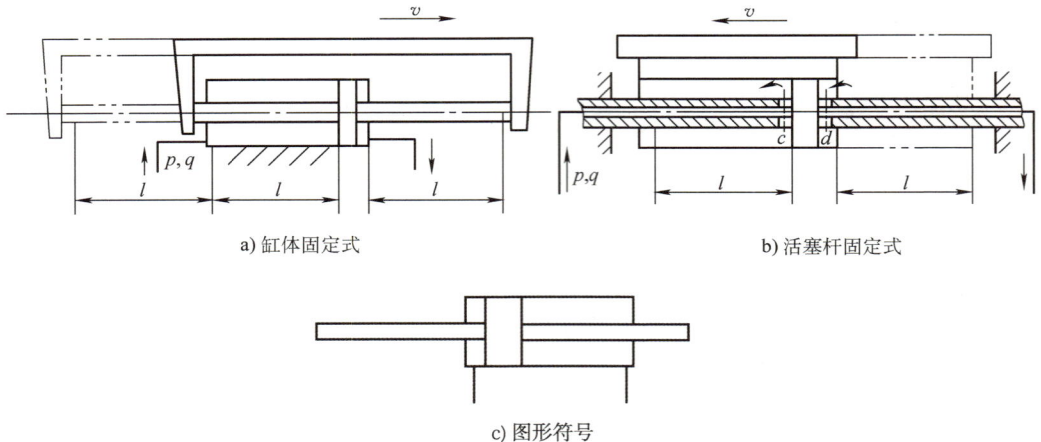

a) 缸体固定式　　　　　　　b) 活塞杆固定式

c) 图形符号

图 3-1　双活塞杆缸

（2）特点和应用　当两活塞缸直径相同、缸两腔的供油压力和流量相等时，活塞（或缸体）两个方向的运动速度和输出力也都相等。这种液压缸常用于要求往复运动速度和负载相同的场合，如各种磨床。缸体固定式工作台的运动范围大于活塞有效行程的三倍，一般用于行程短或小型液压设备上；活塞杆固定式工作台的运动范围略大于有效行程的两倍，所以工作台运动时所占空间面积较小，适用于行程长的大、中型液压设备。

双活塞杆缸的输出力和速度可按式（3-1）和式（3-2）计算

$$F = Ap = \frac{\pi}{4}(D^2 - d^2)p \tag{3-1}$$

$$v = \frac{q}{A} = \frac{4q}{\pi(D^2 - d^2)} \tag{3-2}$$

式中　A——液压缸的有效工作面积，单位为 m^2；

$\quad\quad$ F——液压缸的输出力，单位为 N；

$\quad\quad$ v——活塞（或缸体）的运动速度，单位为 m/s；

$\quad\quad$ p——进油的压力，单位为 Pa；

$\quad\quad$ q——进入液压缸的流量，单位为 m^3/s；

$\quad\quad$ D——液压缸的内径，单位为 m；

$\quad\quad$ d——活塞杆的直径，单位为 m。

2. 单活塞杆缸

（1）工作原理　图 3-2a、b 所示为单活塞杆缸工作原理图，活塞的一端有活塞杆伸出，所以两腔的有效工作面积不同。图 3-2c 所示为单活塞杆缸实物图。

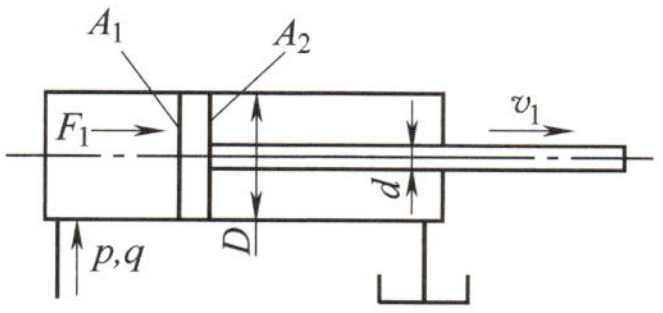

a) 无杆腔进油，有杆腔回油 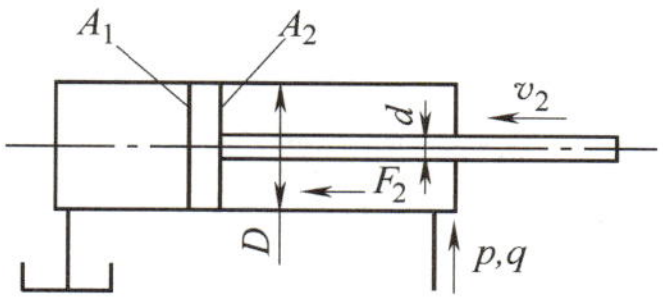　　b) 有杆腔进油，无杆腔回油

c) 实物图

单活塞杆缸

图 3-2　单活塞杆缸

当无杆腔进压力油，有杆腔回油时（见图 3-2a），活塞输出力 F_1 和运动速度 v_1 分别为

$$F_1 = A_1 p = \frac{\pi}{4} D^2 p \tag{3-3}$$

$$v_1 = \frac{q}{A_1} = \frac{4q}{\pi D^2} \tag{3-4}$$

当有杆腔进压力油，无杆腔回油时（见图 3-2b），活塞输出力 F_2 和运动速度 v_2 分别为

$$F_2 = A_2 p = \frac{\pi}{4} (D^2 - d^2) p \tag{3-5}$$

$$v_2 = \frac{q}{A_2} = \frac{4q}{\pi (D^2 - d^2)} \tag{3-6}$$

（2）特点和应用　由于 $A_1 > A_2$，所以 $v_1 < v_2$，$F_1 > F_2$。这说明：若分别进入液压缸两腔的流量均为 q，进油的压力均为 p，则压力油进入无杆腔时，活塞的运动速度较小，而输出力较大；压力油进入有杆腔时，活塞的运动速度较大，而输出力较小。因此，常把压力油进入无杆腔的情况作为工作行程，而把压力油进入有杆腔的情况作为空载退回行程。单活塞杆缸不论是缸体固定，还是活塞杆固定，它所驱动的工作台的运动范围都约等于液压缸有效行程的两倍。

（3）差动连接　如图 3-3 所示，压力油同时进入液压缸的左、右两腔，这种连接方式称为液压缸的差动连接，做差动连接的单活塞杆缸简称为差动缸。由于无杆腔工作面积比有杆腔工作面积大，所以进油的压力虽相等，但活塞仍向右运动。若 $A_2 = A_1/2$，即 $D = \sqrt{2}\,d$，则差动连接缸的快进 v_3 与快退 v_2 的运动速度相等。差动缸在组合机床液压系统中采用较多。

差动连接时，活塞的输出力 F_3 为

$$F_3 = A_1 p - A_2 p = A_3 p = \frac{\pi d^2}{4} p \tag{3-7}$$

活塞的运动速度 v_3 为

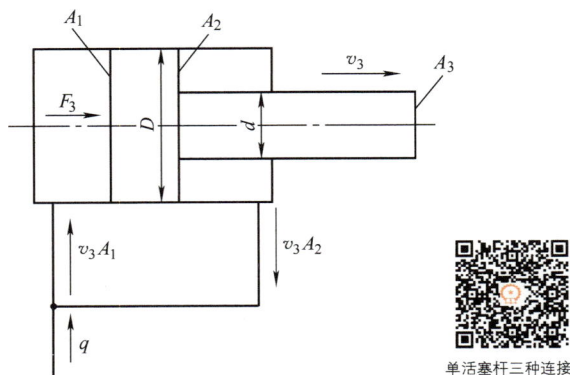

单活塞杆三种连接

图 3-3 单活塞杆缸的差动连接

$$v_3 = \frac{q}{A_1 - A_2} = \frac{q}{A_3} = \frac{4q}{\pi d^2} \tag{3-8}$$

> 💡 **要点**
>
> 差动连接时活塞的输出力与活塞杆的截面积成正比，而活塞的运动速度和活塞杆的截面积成反比。将单杆活塞缸的三种连接方式做比较，可见 $v_1 < v_2 < v_3$，$F_1 > F_2 > F_3$。差动连接缸的特点：速度增加，输出力减小。

> 💡 **提示**
>
> 由于单活塞杆缸的无杆腔与有杆腔的工作面积不相等，在输入流量相同时，v_1 与 v_2 不相等，在工作压力相等时 $F_1 > F_2$；而双杆活塞缸两端的工作面积相等，在同样的情况下，速度相等、输出力相等。

例 3-1 有一双作用单杆活塞液压缸，已知缸内径 $D = 100mm$，活塞杆直径 $d = 70mm$，进入液压缸的流量 $q = 40L/min$，进油压力 $p_1 = 5MPa$，回油压力 $p_2 = 0$，计算在无杆腔进油、有杆腔进油和差动连接三种情况下，液压缸的运动速度大小和方向，输出力的大小和方向。

解 （1）无杆腔进油

$$F_1 = A_1 p = \frac{\pi}{4} D^2 p = \frac{\pi}{4} \times (100 \times 10^{-3})^2 \times 5 \times 10^6 \text{N} = 3.9 \times 10^4 \text{N} = 39\text{kN}$$

$$v_1 = \frac{q}{A_1} = \frac{4q}{\pi D^2} = \frac{4 \times 40 \times 10^{-3}}{\pi \times 60 \times (100 \times 10^{-3})^2} \text{m/s} \approx 0.085 \text{m/s}$$

运动方向由无杆腔向有杆腔运动，输出力方向和运动方向相同。

（2）有杆腔进油

$$F_2 = A_2 p = \frac{\pi}{4}(D^2 - d^2) p$$

$$= \frac{\pi}{4} \left[(100 \times 10^{-3})^2 - (70 \times 10^{-3})^2 \right] \times 5 \times 10^6 \mathrm{N} \approx 20.018\mathrm{kN}$$

$$v_2 = \frac{q}{A_2} = \frac{4q}{\pi(D^2 - d^2)}$$

$$= \frac{4 \times 40 \times 10^{-3}}{\pi \times 60 \times \left[(100 \times 10^{-3})^2 - (70 \times 10^{-3})^2 \right]} \mathrm{m/s} \approx 0.167\mathrm{m/s}$$

运动方向由有杆腔向无杆腔运动，输出力方向和运动方向相同。

（3）差动连接

$$F_3 = A_1 p - A_2 p = A_3 p = \frac{\pi d^2}{4} p = \frac{\pi \times (70 \times 10^{-3})^2}{4} \times 5 \times 10^6 \mathrm{N} \approx 0.192\mathrm{kN}$$

$$v_3 = \frac{q}{A_1 - A_2} = \frac{q}{A_3} = \frac{4q}{\pi d^2} = \frac{4 \times 40 \times 10^{-3}}{\pi \times 60 \times (70 \times 10^{-3})^2} \mathrm{m/s} \approx 0.173\mathrm{m/s}$$

运动方向由无杆腔向有杆腔运动，输出力方向和运动方向相同。

二、柱塞缸

活塞缸缸体内孔加工精度很高，当缸体较长时，孔的精加工较困难，因而常采用柱塞缸。柱塞缸的主要特点是柱塞与缸体内壁不接触，所以内孔只需粗加工甚至不加工，故工艺性好，适用于较长行程液压缸。其工作原理如图 3-4a 所示，当压力油进入缸筒时，推动柱塞运动。柱塞缸只能实现单向运动，它的回程需借助自重或其他外力（弹簧力）来实现运动。为了使工作台得到双向运动，柱塞缸常成对使用，如图 3-4b 所示。柱塞缸主要用在龙门刨床、导轨磨床、大型拉床等大行程设备的液压系统中。图 3-4d 所示为柱塞缸实物图。

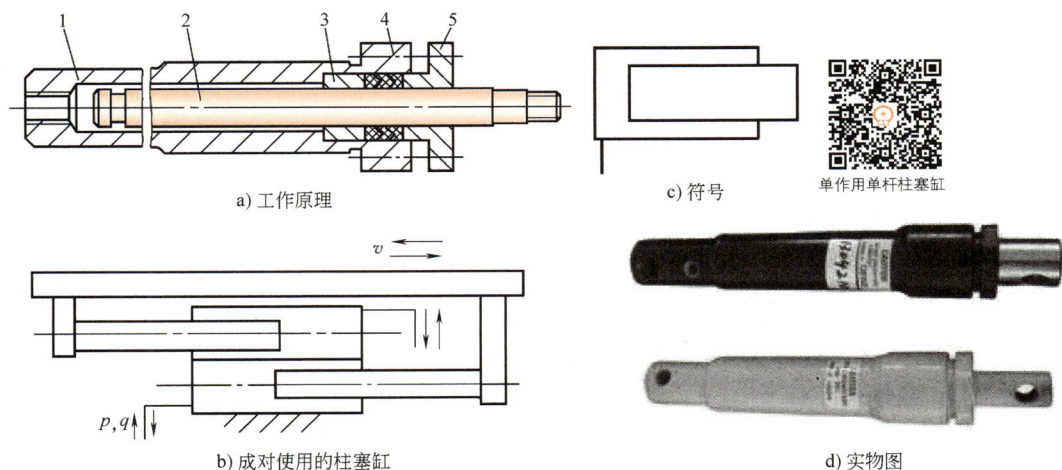

a) 工作原理　　c) 符号　　单作用单杆柱塞缸

b) 成对使用的柱塞缸　　d) 实物图

图 3-4　柱塞缸

1—缸筒　2—柱塞　3—导向套　4—密封圈　5—压盖

活塞缸与柱塞缸在结构上有什么不同，各适用于什么设备？

三、摆动缸

摆动缸是输出转矩并实现往复摆动的液压缸，又称摆动液压马达。液压摆动缸按结构主要分为叶片式和齿轮齿条式两大类。叶片式有单叶片和双叶片两种形式。

1. 叶片式摆动缸

图 3-5a、b 为叶片式摆动缸工作原理图，定子块固定在缸体上，叶片与输出轴连为一体。当两油口交替通入压力油时，叶片即带动输出轴做往复摆动。图 3-5c 所示为其图形符号。

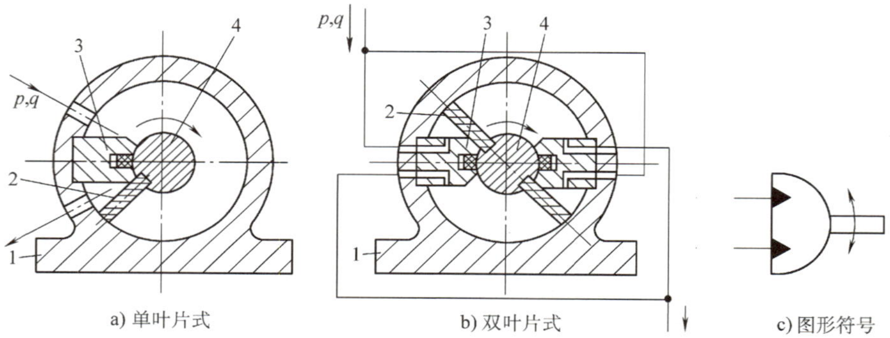

a) 单叶片式　　　　　b) 双叶片式　　　　　c) 图形符号

图 3-5　叶片式摆动缸

1—缸体　2—叶片　3—定子块　4—摆动轴

单叶片缸的摆动角一般不超过 280°。双叶片缸当其结构尺寸相同时，其输出转矩是单叶片缸的两倍，而摆动角度为单叶片缸的一半（一般不超过 150°）。叶片式摆动缸常用于机床送料装置、回转夹具、机器人手臂及工程机械回转机构等液压系统中，也是最常用的摆动缸。

2. 齿轮齿条式摆动缸

齿轮齿条式摆动缸的原理是将液压缸的往复运动通过齿条带动齿轮，转化成齿轮轴的正反向摆动旋转，同时将往复缸的输出力转化成齿轮轴的输出转矩。由于齿轮轴的摆动角度与齿条的长度成正比，因此齿轮轴的摆角可以任意选择，并能大于 360°。齿轮齿条式摆动缸广泛用于钢铁、轻工、军事、环保、水电等领域，如炼钢厂中铁水包倾翻摆动缸、军舰减摇摆动缸、清扫车用摆动缸、阀门开启摆动缸等。齿轮齿条式摆动缸有法兰式和脚架式两种安装方式，结构有单齿条、双齿条两种。图 3-6 所示是两种齿轮齿条式摆动缸。

四、其他液压缸

1. 增压缸

增压缸能将输入的低压油转变为高压油，向液压系统中的某一支路供油。它由大、小直径分别为 D 和 d 的复合缸筒及有特殊结构的复合活塞组成，如图 3-7 所示。

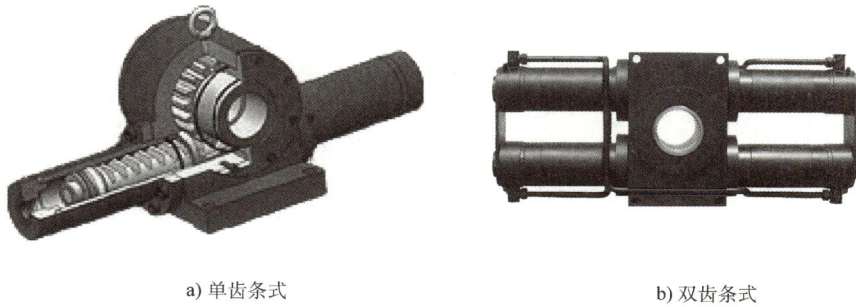

a) 单齿条式　　　　　　　　　　　　　b) 双齿条式

图 3-6　齿轮齿条式摆动缸

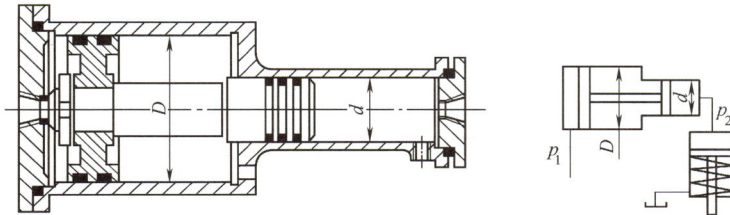

图 3-7　增压缸

若输入增压缸大端的油压为 p_1，由小端输出的油压为 p_2，则

$$p_2 = \frac{D^2}{d^2} p_1 \qquad\qquad (3\text{-}9)$$

式中，D^2/d^2 是增压比，即增压倍数。增压缸只能将高压端输出油通入其他液压缸以获取大的输出力，其本身不能直接作为执行元件，所以安装时应尽量使它靠近执行元件。增压缸常用于压铸机、造型机等设备的液压系统中。

2. 伸缩缸

图 3-8 为多级伸缩套筒式液压缸，简称伸缩缸。这种缸的特点是活塞杆伸出行程大，收缩后结构尺寸小。伸缩缸适用于自卸汽车、起重机等设备。活塞伸出顺序是先大后小，相应

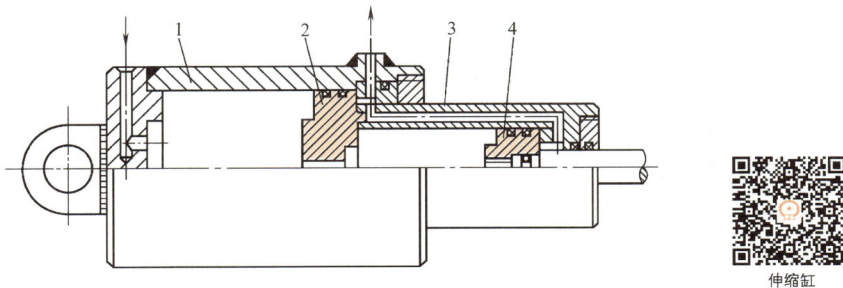

伸缩缸

图 3-8　伸缩缸

1——级缸筒　2——级活塞　3—二级缸筒　4—二级活塞

的输出力也是由大到小，伸出时的速度是由慢到快。活塞缩回时的顺序，是先小后大，缩回速度是由快到慢。

? 想一想

为什么伸缩缸伸出时按先大后小的顺序，返回时按先小后大的顺序？

第二节 液压缸的结构

一、缸体组件

缸体组件包括缸筒、前后缸盖和导向套等，缸体组件中缸筒与端盖的连接形式很多，如图 3-9 所示。

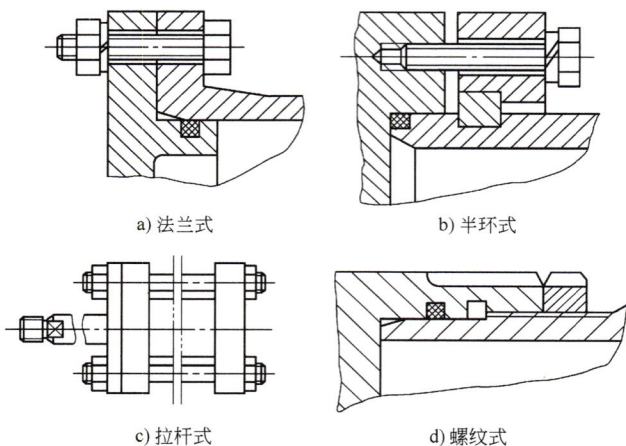

a) 法兰式   b) 半环式

c) 拉杆式   d) 螺纹式

图 3-9 缸筒与端盖的连接形式

法兰式连接，结构较简单、易于加工和装配、连接可靠，缺点是外形尺寸较大，铸铁、铸钢和锻钢制的缸体多采用法兰式（见图 3-9a）。用无缝钢管制作的缸筒，常采用半环式连接（见图 3-9b）和螺纹式连接（见图 3-9d）。这两种连接方式，结构紧凑、质量轻。但半环式连接，在缸筒上加工环形槽，削弱缸筒的强度；螺纹式连接，在缸筒上加工螺纹，端部的结构比较复杂，一般用于外形尺寸小、质量轻的场合。较短的液压缸常采用拉杆式连接（见图 3-9c）。这种连接具有加工和装配方便等优点，其缺点是外形尺寸和质量较大，拉杆受力后会拉伸变长，影响密封性。

二、活塞组件

活塞组件包括活塞和活塞杆。活塞和活塞杆连接形式有多种，如图 3-10 所示。整体式连接（见图 3-10a）和焊接式连接（见图 3-10b）结构简单、轴向尺寸小，但损坏后需整体更换，常用于小直径液压缸。锥销式连接（见图 3-10c）易加工、装配简单，但承载能力小，且需有防止锥销脱落的措施，适用于轻载液压缸。螺纹式连接（见图 3-10d）结构简单、装拆方便，一般需要有螺纹防松装置，但由于加工螺纹削弱了活塞杆的强度，因此不适用于高压系统。卡环式连接（见图 3-10e）的强度高、装卸方便，但结构复杂，用于高压和振动较大的液压缸。

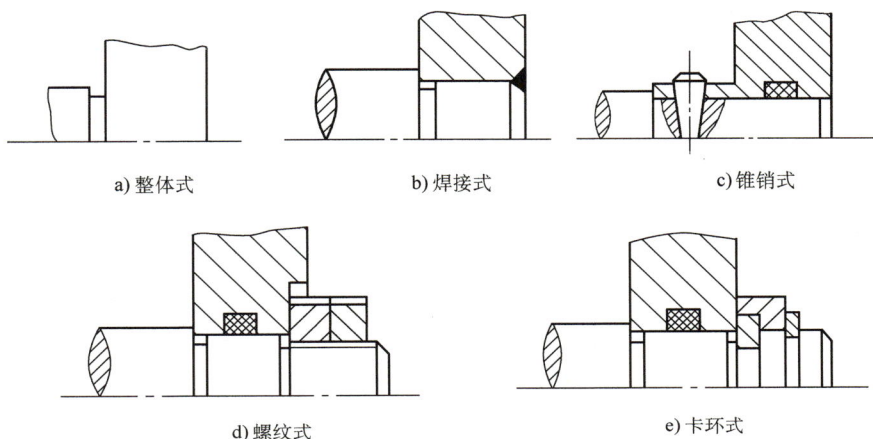

a) 整体式　　　　b) 焊接式　　　　c) 锥销式

d) 螺纹式　　　　　　　　e) 卡环式

图 3-10　活塞与活塞杆的连接形式

三、液压缸的缓冲

液压缸的缓冲装置是为了防止活塞在行程终了时和缸盖发生撞击。常见的缓冲装置如图 3-11 所示。

（1）环状间隙式缓冲装置　图 3-11a 所示为圆柱形环隙式缓冲装置。活塞端部有缓冲柱塞，当柱塞运行至液压缸端盖上的圆柱孔内时，缸筒内的油液只能从环形间隙 δ 处挤出去，

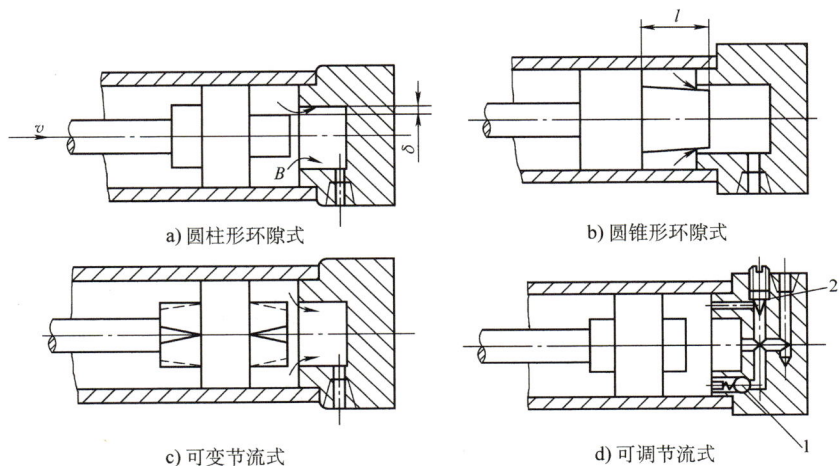

a) 圆柱形环隙式　　　　　　　b) 圆锥形环隙式

c) 可变节流式　　　　　　　d) 可调节流式

图 3-11　液压缸的缓冲
1—单向阀　2—可调节流阀

这时活塞减速制动，从而减缓了冲击。图 3-11b 所示为圆锥形环隙式，环形间隙将随伸入端盖孔中距离增长而减小，从而获得更好的缓冲效果。

（2）可变节流式缓冲装置　图 3-11c 所示为可变节流式缓冲装置。在其缓冲柱塞上开有几个均布的三角形节流沟槽。随着柱塞伸入孔中距离的增长，其节流面积减小，冲击压力小，制动位置精度高。

（3）可调节流式缓冲装置　图 3-11d 所示为可调节流式缓冲装置。当缓冲柱塞伸入端盖上的内孔后，活塞与端盖间的油液经可调节流阀 2 流出。可根据液压缸的负载及速度的不同对节流口大小进行调整，来获得理想的缓冲效果。当活塞反向时，压力油经单向阀 1 进入活塞端部，使其迅速起动。

四、液压缸的排气

液压系统中混入空气后会使其工作不稳定，产生振动、噪声、低速爬行及起动时突然前冲现象。要保证液压缸的正常工作，需排除积留在液压缸内的空气。对运动平稳性要求较高的液压缸，两端有排气塞。图 3-12 所示为排气塞结构。工作

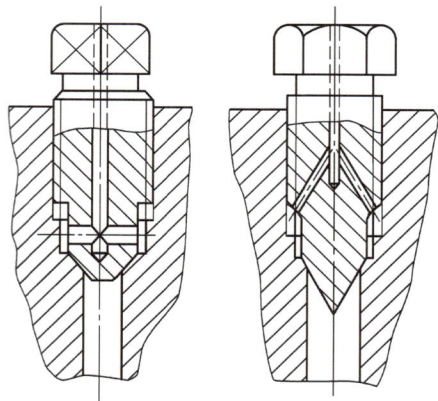

图 3-12　排气塞

前拧开排气塞，使活塞全行程空载往返数次，空气即可通过排气塞排出。空气排净后，需把排气塞关闭，液压缸便可进行正常工作。

第三节　数字液压缸

数字液压缸与伺服液压系统的不同之处在于数字液压缸的运动特性完全被数字化，即电脉冲的频率与液压缸的运动速度对应，电脉冲的数量与液压缸的行程对应，而这种对应关系是通过数字液压缸内部的设计、制造过程确定好的，无需任何外部的诸如传感器、调节器等调节参数来保障。

一、数字液压缸的特点

1）可以实现单缸多段调速、多点定位、两缸或两缸以上进行差补运动，完成曲线轨迹运动。

2）动力大，用步进电动机作为信号输出，使液压缸活塞杆完全按照步进电动机的运动而运动，就有几百、几千吨的输出力。因此利用小功率的控制系统，就可使大型机械数控化，降低了成本，简化了系统，又降低事故发生率。

3）控制系统简单，一台微型计算机或可编程序逻辑控制器（PLC）就可以完成单缸或多缸的多点、多速控制，也可完成多缸的同步、插补运动，操作简单，实用性好。

4）液压系统高度简化，只需液压泵、溢流阀（或数字压力阀）组成的液压源就可接管使用，无需任何方向阀、调速阀、单向阀、同步阀等液压元件，省略了这些阀件的安装，也无需行程开关、继电器等电气元件，降低了使用和维修成本。

5）具备总线控制和连续控制功能。可以在计算机总线控制系统中，使液压机械与其他加工设备组成柔性加工单元。

二、数字液压缸的结构工作原理

数字液压缸有多种形式，结构不尽相同。图 3-13 是三通阀控制式数字缸结构原理图，它由步进电动机和液压放大器两部分组成。步进电动机和液压放大器之间设置减速齿轮。液压放大器是一个直接反馈式液压伺服机构，由控制阀、活塞杆、螺杆及反馈螺母等组成。在指令输入脉冲作用下步进电动机转动，通过减速齿轮 6 减速后，作用于三通阀阀芯 5 使之转动。阀芯与螺杆 4 为一体，反馈螺母 3 固联在活塞 2 上，此时活塞及反馈螺母不动，螺杆螺母副相对运动使阀芯产生向右的轴向位移，打开阀门。

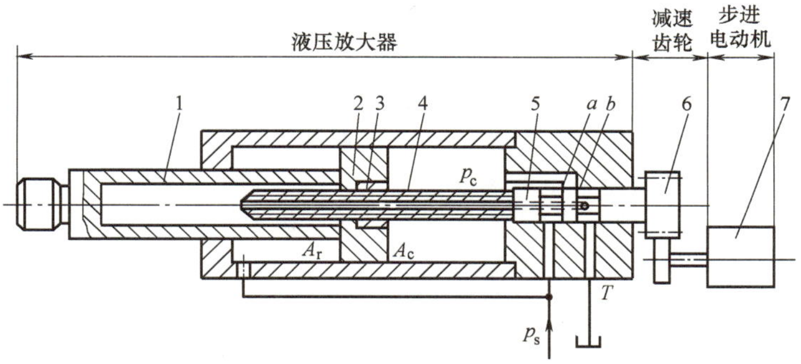

图 3-13　三通阀控制式数字液压缸结构原理

1—活塞杆　2—活塞　3—反馈螺母　4—螺杆　5—三通阀阀芯　6—减速齿轮　7—步进电动机

数字液压缸执行机构一般采用差动液压缸，有杆腔油压 p_s 和无杆腔油压 p_c 受三通滑阀式伺服阀控制。当阀芯右移时，滑阀控制边 a 工作，p_c 与供油腔的阀口变大，液压油进入缸的右腔，由于 A_c 面积大于 A_r，$A_r/A_c = 1/2$。活塞向左移动，带动活塞杆外伸，在活塞向左移的同时，同活塞联成一体的反馈螺母带动阀芯左移，减小阀开口，实现了直接位置负反馈，阀口变小，开口量又恢复到初始状态。输入连续脉冲，则步进电动机连续旋转，随着活塞杆外伸，若输入负脉冲时，步进电动机反转，则阀芯左移，滑阀控制边 b 工作，无杆腔与回油腔的阀口开启，活塞向右运动，活塞杆缩回，螺杆为空心结构，以便将沿螺纹泄漏到活塞杆内腔的油引回油箱。

本章小结

1. 液压缸是执行元件，功用是将液压能转换为机械能，从而驱动工作机构工作。
2. 液压缸按结构分，可分为活塞缸、柱塞缸、摆动缸。
3. 活塞缸可分为活塞运动和缸体运动两种形式，两种形式的运动范围不同。
4. 活塞缸可分为单活塞杆缸和双活塞杆缸，两种形式的速度与输出力有不同的特点。
5. 差动缸的输出力和速度的计算，差动缸常用于组合机床液压系统中。
6. 液压缸的缓冲装置有环状间隙式、可变节流式、可调节流式缓冲装置。
7. 缸体组件中缸筒与端盖的连接形式有法兰式连接、半环式连接、螺纹式连接和拉杆式连接。

8. 活塞和活塞杆连接形式有整体式连接、焊接式连接、锥销式连接、螺纹式连接和卡环式连接。

9. 数字液压缸由步进电动机和液压放大器两部分组成。

本章习题

1. 填空题

（1）液压缸按结构不同，可分为_____、_____和_____三大类。

（2）双活塞杆缸常用于_____的场合。

（3）单活塞杆缸常用于一个方向_____，另一个方向_____设备的液压系统。

（4）活塞缸差动连接时，比其非差动连接同向运动获得的_____、_____。因此，在机床的液压系统中常用其实现运动部件的空行程快进。

（5）增压缸能将_____转变为_____供液压系统中某一支路使用。

（6）伸缩式液压缸活塞伸出顺序是_____，伸出的速度是_____；活塞缩回的顺序是_____；活塞缩回的速度是_____。

（7）铸铁、铸钢和锻钢制造的缸体与端盖多采用_____连接；无缝钢管制作的缸筒与端盖多采用_____连接或_____连接；较短的液压缸常用_____连接。

（8）液压缸中常用的缓冲装置有_____、_____和_____。

2. 选择题

（1）双活塞杆缸，当活塞固定时，缸与运动部件连接，运动件的运动范围略大于液压缸有效行程的_____。

A. 1 倍　　　　　　　B. 2 倍　　　　　　　C. 3 倍

（2）单活塞杆缸作为差动连接时，若使其往复运动速度相等，其活塞面积应为活塞杆面积的_____倍。

A. 1　　　　　　　　B. 2　　　　　　　　C. $\sqrt{2}$

（3）双叶片式摆动缸的摆动角一般不超过_____。

A. 100°　　　　　　　B. 150°　　　　　　　C. 280°

（4）在高压大流量的液压系统中，活塞与活塞杆的连接需采用_____。

A. 锥销式连接　　B. 螺纹式连接　　C. 卡环式连接

（5）液压缸差动连接工作时，活塞的_____，活塞的_____。

A. 运动速度增加　输出力增加　　　　B. 运动速度减少　输出力增加

C. 运动速度减少　输出力减少　　　　D. 运动速度增加　输出力减少

（6）在某一液压设备中需要一个完成很长工作行程的液压缸，宜采用下述液压缸中的_____。

A. 单活塞杆缸　　B. 双活塞杆缸　　C. 柱塞缸　　　　D. 增压缸

（7）液压缸能实现差动连接的是_____。

A. 双杆活塞缸　　B. 单杆活塞缸　　C. 柱塞缸　　　　D. 都可以

（8）液压缸活塞面积一定时，液压缸的运动速度取决于_____。

A. 负载   B. 泵的输出流量   C. 输入缸的流量   D. 输入缸的压力

3. 判断题

（1）单杆活塞缸两腔的压力相等，活塞两个方向所获得的输出力相等。   （ ）

（2）同是单杆活塞缸无杆腔进油，活塞运动或缸体运动，两者的方向是相同的。

    （ ）

（3）双作用双杆活塞缸，如进入缸的流量相同，往复运动的两个方向上速度相等。

    （ ）

（4）柱塞缸是双作用液压缸。   （ ）

（5）增压缸是一种执行元件，功用是将液压能转变为机械能。   （ ）

（6）液压缸的缓冲装置是防止活塞在行程终了时和缸盖发生撞击。   （ ）

（7）齿轮齿条式摆动缸的摆角可以大于 360°。   （ ）

（8）双叶片缸与单叶片缸在结构尺寸相同时，双叶片缸输出转矩大于单叶片缸。

    （ ）

4. 计算题

（1）一双活塞杆缸，内径为 0.07m，活塞杆直径为 0.03m，输入液压缸的流量为 16L/min，求活塞运动的速度。

（2）单活塞杆缸，活塞直径 $D=8cm$，活塞杆直径 $d=5cm$，输入液压缸的流量 $q=3.5$ L/min。往复运动速度各为多少？如采用差动连接，运动速度为多少？

第四章 液压辅助元件

第一节　油管及管接头

一、油管

　　油管用于在液压系统中输送油液，连接液压元件液压系统中常用的油管有钢管、铜管、橡胶软管、尼龙管、塑料管等多种类型。油管需根据安装位置、工作压力来选用。在高压系统中常用无缝钢管，钢管安装时不易弯曲，常用在拆卸方便处。纯铜管在安装时可根据需要弯曲成任意形状，适用于小型设备及内部安装不方便处，一般用在中、低压系统中。在两个相对运动件之间用橡胶软管，尼龙管和塑料管价格便宜，但承压能力差，可用于回油路、泄油路等处。

二、管接头

管接头是用于油管与油管、油管与元件之间的连接件。管接头的形式很多，图 4-1 所示为常用的几种类型。图 4-1a 所示为扩口式管接头，适用于铜管、薄壁钢管、尼龙管和塑料管等低压管路的连接。图 4-1b 所示为焊接式管接头，用来连接管壁较厚的钢管。图 4-1c 所示为卡套式管接头，拧紧接头螺母，卡套发生弹性变形而将油管夹紧，这种管接头装拆方便，但对于油管的尺寸精度要求较高。图 4-1d 所示为扣压式管接头，用来连接高压软管。

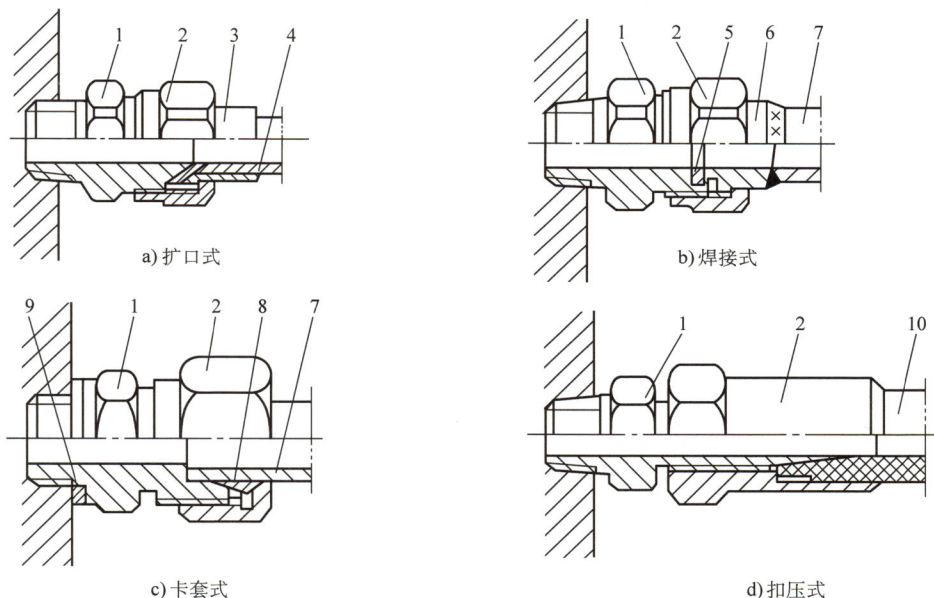

a) 扩口式   b) 焊接式

c) 卡套式   d) 扣压式

图 4-1　管接头

1—接头体　2—螺母　3—管套　4—扩口薄管　5—密封垫　6—接管
7—钢管　8—卡套　9—组合密封垫　10—橡胶软管

在经常需要装拆处，常使用快速接头。图 4-2 所示为油路接通时的工作位置，当要断开油路时，可用力把外套 4 向左推，在拉出接头体 5 后，钢球 3 即从接头体中退出。与此同时，单向阀的锥形阀芯 2 和 6 分别在弹簧 1 和 7 的作用下将两个阀口关闭，油路即断开。

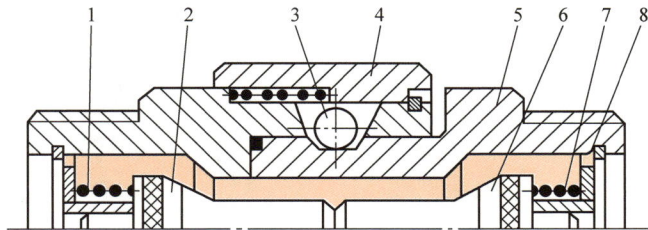

图 4-2　快速接头

1、7—弹簧　2、6—锥形阀芯　3—钢球　4—外套　5—接头体　8—弹簧座

第二节 过 滤 器

一、过滤器的结构

液压油中往往含有颗粒状杂质，过滤器的功用就是清除油液中的各种杂质，以免其划伤、磨损、甚至卡死有相对运动的元件，或堵塞零件上的小孔及间隙，影响系统的正常工作，缩短液压元件的寿命。

不同的液压系统对油液的过滤比要求不同，按滤芯材料和结构形式不同，可分为网式、线隙式、纸芯式、烧结式及磁性过滤器等。按过滤器的安装位置不同，可分为吸油路过滤器、压油路过滤器、回油路过滤器。

1. 过滤器的基本要求

（1）有适当的过滤比　过滤比是单位体积的流入液体与流出液体中大于规定尺寸的颗粒数量之比，用 β 表示。以颗粒尺寸等级作为 β 下标，如 $\beta_{10}=75$ 表示液体中大于 $10\mu m$ 颗粒数量过滤器上游是下游的 75 倍。

（2）有足够的过滤能力　过滤器的过滤能力是指油液流经过滤器产生一定压差的情况下，单位过滤面积通过流量的大小。液压泵吸油管的过滤器，其过滤能力应为泵最大流量的 2 倍。

（3）有一定的机械强度　机械强度包括滤芯和壳体的强度，保证在压力油作用下，过滤器不会被破坏。

2. 过滤器的类型

（1）网式过滤器　如图 4-3a 所示，网式过滤器由筒形骨架 2 上包一层或多层金属网 3 组成，网孔的大小有 $80\mu m$、$100\mu m$、$180\mu m$ 三个规格。网式过滤器结构简单，清洗方便，通油能力大，流动损失小，常用于泵的吸油管路对油液进行粗滤。图 4-3b 所示为网式的滤芯。

（2）线隙式过滤器　如图 4-4a 所示，由用铜线或铝线绕在筒形芯架 1 的外部而形成的滤芯 2 和壳体 3 组成。流入壳体内的油液经线间缝隙流入滤芯内，再从上部孔道流出。常安

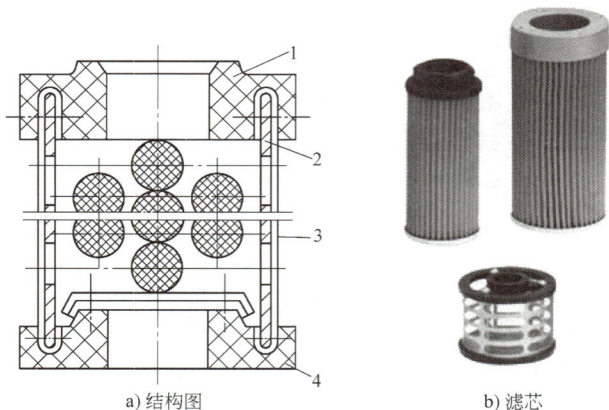

a) 结构图　　　　b) 滤芯

图 4-3　网式过滤器

1—上盖　2—筒形骨架　3—金属网　4—下盖

装在压油管路上。其特点通油能力大，但不易清洗。图 4-4b 所示为线隙式滤芯。

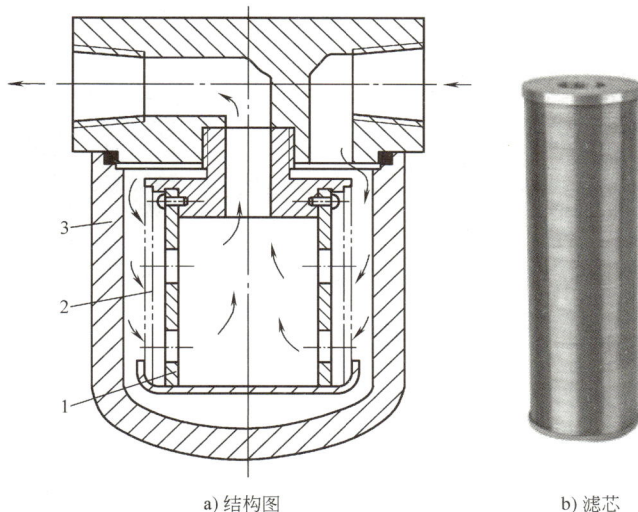

a) 结构图　　　　　　b) 滤芯

图 4-4　线隙式过滤器

1—芯架　2—滤芯　3—壳体

（3）纸芯式过滤器　如图 4-5a 所示，纸芯式过滤器的结构与线隙式过滤器相似，只是滤芯换为纸质，纸质有玻纤滤纸、化纤滤纸、木浆滤纸。它的结构紧凑，通油能力大，但无法清洗，需经常更换滤芯。图 4-5b 所示为纸芯式滤芯。

（4）烧结式过滤器　如图 4-6a 所示，滤芯 3 通常由青铜等颗粒状金属烧结而成，利用颗粒间的微孔进行过滤。抗腐蚀，滤芯强度大，能在较高油温下工作，但易堵塞，难以清

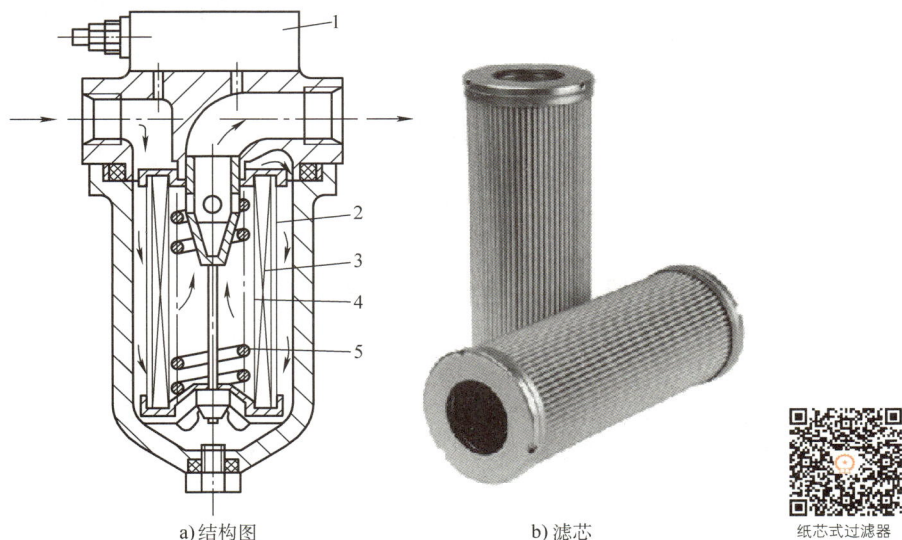

a) 结构图　　　　　　b) 滤芯　　　　　　纸芯式过滤器

图 4-5　纸芯式过滤器

1—堵塞状态发讯装置　2—滤芯外层　3—滤芯中层　4—滤芯里层　5—支承弹簧

洗，颗粒易脱落。图 4-6b 所示为烧结式过滤器的滤芯。

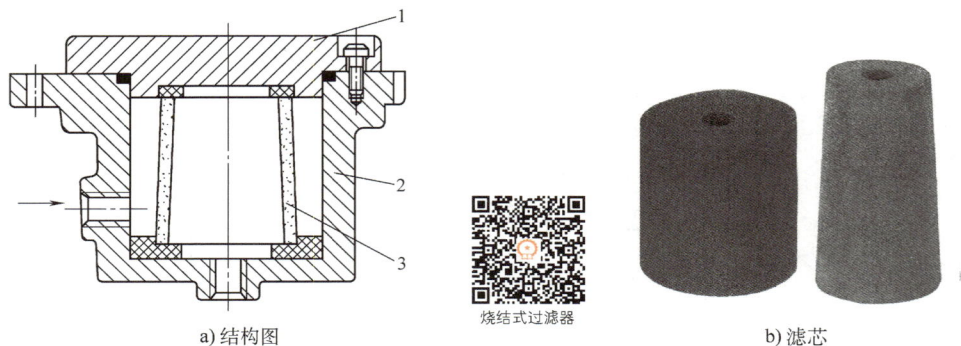

a) 结构图　　　　　　　　　烧结式过滤器　　　　　　b) 滤芯

图 4-6　烧结式过滤器
1—端盖　2—壳体　3—滤芯

（5）磁性过滤器　磁性过滤器是利用磁铁吸附油液中的铁质微粒，但一般结构的磁性过滤器对其他污染物不起作用，图 4-7 所示为强磁性管路滤油器，它由采用高矫顽力的强磁性材料与阻拦滤网组合而成。吸附力是一般磁性材料的十倍，具有在瞬间液流冲击或高流速状态下，吸附微米级的铁磁性污染物的能力。

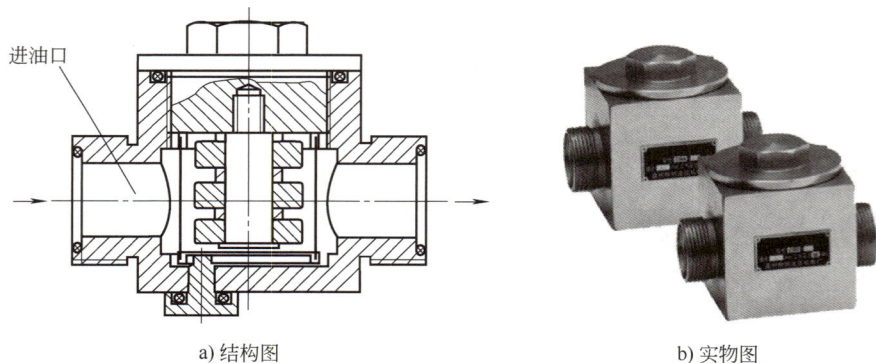

进油口

a) 结构图　　　　　　　　　　　　　b) 实物图

图 4-7　磁性过滤器

二、过滤器的安装位置

（1）安装在液压泵的吸油管路上　过滤器浸没在油箱液面以下，使泵不至于吸入较大的杂质，可根据泵的要求用过滤比不高的过滤器，为了防止空穴现象，要求过滤器通油能力大，流动损失小。

（2）安装在压油管路上　这种安装方式可以有效滤除可能进入阀类元件的杂质，一般采用过滤比高的过滤器，但由于过滤器是在高压下工作，滤芯需要有较高的强度。为了防止滤芯堵塞而引起液压泵过载或过滤器损坏，常在过滤器旁设置一堵塞指示器或旁路阀加以保护。

（3）安装在回油路　这种方式可以把系统内油箱或管壁氧化层脱落或液压元件磨损所产生的颗粒过滤，以保证油箱内液压油清洁使泵及其他元件受到保护。由于回油压力较低，滤芯强度不必过高。

过滤器有哪些安装位置？为什么在吸油管路上与压油管路上采用不同过滤比的过滤器？

第三节 蓄 能 器

蓄能器是液压系统中的储能元件，它储存液体的压力能，并在需要时释放出来供给系统。蓄能器常用有活塞式和气囊式两种，以气囊式蓄能器最为常用。

1. 蓄能器结构

图 4-8 所示为气囊式蓄能器，气囊 3 用耐油橡胶制成，固定在耐高压壳体 2 的上部，气体由充气阀充入气囊内（一般为氮气）。提升阀是一个用弹簧加载的菌形阀，压力油全部排出时，该阀能防止气囊膨胀挤出油口。这种蓄能器气囊惯性小，反应灵敏，容易维护，但容量较小，制造比较困难。

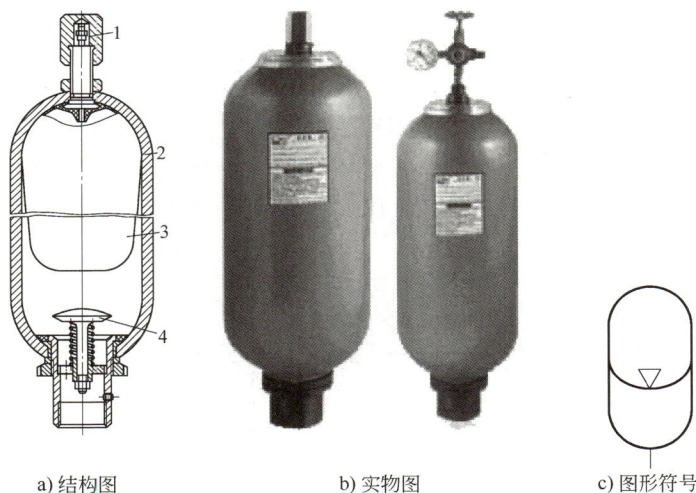

a) 结构图　　　　b) 实物图　　　　c) 图形符号

图 4-8　气囊式蓄能器

1—充气阀　2—壳体　3—气囊　4—提升阀

2. 蓄能器的功用

（1）作辅助动力源　采用一个蓄能器与一个较小流量的泵配合，在短时间内由蓄能器与泵同时供油；所需流量较小时，泵将多余的油液向蓄能器充油，这样可节省能源，降低温升。在有些场合为防止停电或驱动液压泵的电动机发生故障，蓄能器可做应急能源短期使用。

（2）保压和补充泄漏　当液压系统要求在较长时间内保压时，可采用蓄能器，补充其泄漏，使系统压力保持在一定的范围内。

（3）吸收压力脉动　当阀门突然关闭或换向时，系统中产生的冲击压力可由安装在产生冲击处的蓄能器来吸收，使液压冲击的峰值降低，起缓冲作用。

3. 蓄能器的安装与使用

1）蓄能器应将油口向下垂直安装，装在管路上的蓄能器必须用支架固定。

2）蓄能器与泵之间应设置单向阀，以防止压力油向泵倒流。蓄能器与系统之间应设截止阀，供充气、调整和检修时使用。

3）用于吸收压力脉动和液压冲击的蓄能器，应尽量安装在接近发生压力脉动或液压冲击的部位。

4）蓄能器是压力容器，使用时必须注意安全，搬运和拆装时应先排出压缩气体。

> 🔅 **提示**
>
> 蓄能器实质上是一个能量转换元件，充液时将压力能转换为势能，释放时将势能转换为压力能。

第四节　油箱和热交换器

一、油箱

油箱的用途是贮油、散热、分离油中的空气和沉淀油中的杂质。在液压系统中，油箱有整体式和分离式两种。整体式油箱通常是利用主机的底座作为油箱，其特点是结构紧凑、液压元件的泄漏容易回收，但散热性能差，维修不方便。分离式油箱单独构成一个供油泵站，与主机分离，散热性、维护性优于总体式。图4-9所示为一个分离式油箱的结构简图。

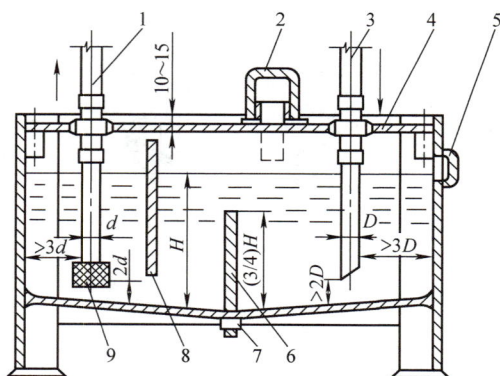

图4-9　分离式油箱结构简图

1—吸油管　2—过滤器　3—回油管　4—箱盖
5—油面指示器　6、8—隔板　7—放油塞　9—过滤器

油箱的有效容量（指油面高度为油箱高度的0.8时，油箱内所储油液的容积），在低压系统中为泵公称流量的2~4倍，在中压系统中为泵公称流量的5~7倍，在高压系统中为泵公称流量的6~12倍。油箱正常工作温度在30~50℃之间，最高不超过65℃，最低温度不应低于15℃，在环境温度变化较大的场合要安装热交换器。

二、热交换器

如果油液温度过高，黏度就会下降，使润滑部位的油膜被破坏，使油液泄漏量增大。油液温度过低，流动损失增大。热交换器作用就保证液压油的温度维持在一个合适范围内。热交换器包括冷却器和加热器。

1. 冷却器

图 4-10 所示为冷却器实物。图 4-11 所示为最简单的蛇形管冷却器，它直接安装在油箱内，蛇形管内通冷却水，将油液的热量带走，这种冷却效果较差，耗水量大。

图 4-12 所示为强制对流式多管冷却器，油液从进油口 C 进入，从出油口 B 流出，冷却水从右端盖 4 上的进水口 D 进入，通过多根水管 3 从左端盖 1 上的出水口 A 流出，油液在水管外面流过，三块隔板 2 用来增加油液的循环距离，以改善散热条件，冷却效果好，它在液压系统中应用较广。也可用风冷式的冷却器进行冷却，但冷却效果较水冷式差。

a) 风冷式   b) 水冷式

图 4-10　冷却器

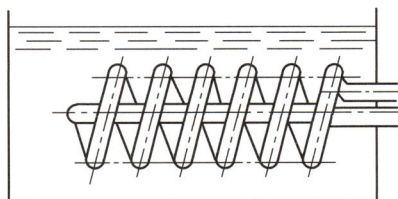

图 4-11　蛇形管冷却器

冷却器一般都安装在回油路及低压管路上，冷却器常用的连接方式如图 4-13 所示。安全阀 6 对冷却器起保护作用，当系统不需要冷却时，可将截止阀 4 打开，使油液直接流回油箱。

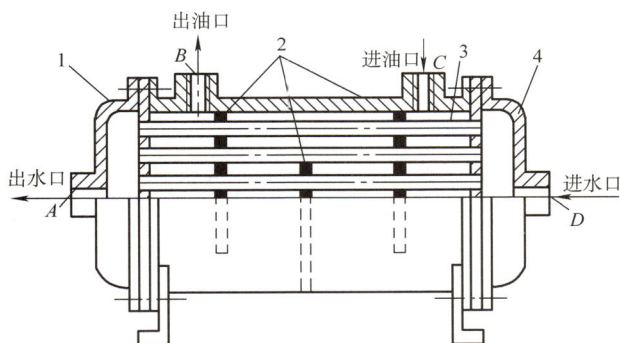

图 4-12　强制对流式多管冷却器

1—左端盖　2—隔板　3—水管　4—右端盖

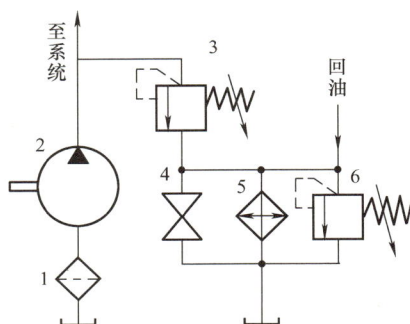

图 4-13　冷却器的连接方式

1—过滤器　2—液压泵　3—顺序阀
4—截止阀　5—冷却器　6—安全阀

2. 加热器

液压系统中油温过低时可使用加热器，一般常采用结构简单，能按需要自动调节最高和最低温度的电加热器。它在油箱中的安装方式如图 4-14 所示。电加热器水平安装，并使发热部分全部浸入油中，单个加热器的功率不能太大，以避免其周围油液过度受热而变质。冷却器和加热器的图形符号如图 4-15 所示。

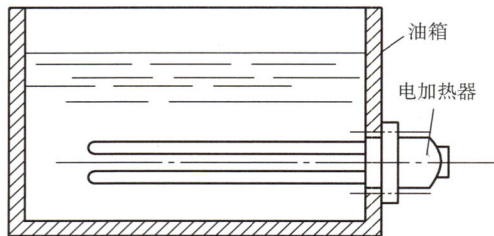

图 4-14　加热器的安装方式

a) 冷却器　　　b) 加热器

图 4-15　热交换器图形符号

第五节　密封装置

密封装置的功用是防止液压元件和液压系统中液压油的泄漏，保证建立起必要的工作压力。常用的密封方法有间隙密封和用橡胶密封圈密封。

一、对密封装置的要求

1）在设备额定工作压力和规定的温度范围内，应具有良好的密封性能，并随着压力的增大能自动提高密封性能。

2）密封装置和运动件之间的摩擦力要小，摩擦系数要稳定。

3）耐腐蚀能力强，不易老化，工作寿命长，耐磨性好，磨损后在一定程度上要能自动补偿。

4）结构简单，使用、维护方便，成本低。

二、密封装置的类型和特点

1. 间隙密封

间隙密封是靠相对运动件配合面之间的微小间隙来进行密封的，如图 4-16 所示。间隙密封常用于柱塞、活塞或阀的圆柱配合副中。其特点是摩擦力小，但磨损后不能自动补偿，主要用于直径较小的圆柱面之间，如液压泵内的柱塞与缸体之间、滑阀的阀芯与阀孔之间的配合。

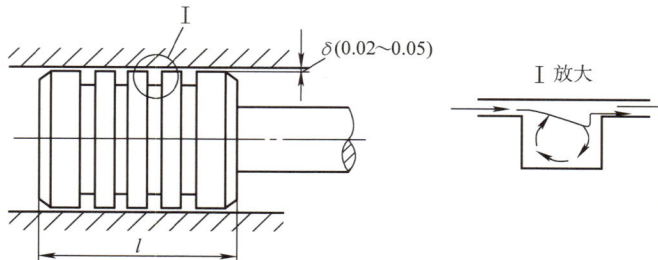

图 4-16　间隙密封

在圆柱形表面的间隙密封中，常在圆柱表面上开几条环形小槽，作用是：其一在开槽后，环形槽内的液压力能均匀分布，对液压缸来说，就保证了活塞和缸体的同心，使摩擦力降低，泄漏量减少，所以小槽又称压力平衡槽；其二是起密封作用，当压力油流经沟槽时产生涡流，从而产生能量损失，使泄漏减少。间隙密封仅用于尺寸较小、压力较低、运动速度较高的场合。

2. 密封圈密封

密封圈密封在液压系统中应用最广泛。密封圈常用耐油橡胶（或尼龙）压制而成，常用的有O形、Y形、V形密封圈。

图4-17a所示为O形密封圈，装在槽内的O形密封圈是靠橡胶的初始变形及油液压力作用引起的变形来消除间隙而实现密封的。所以，压力增大时，O形密封圈工作面与密封表面的接触压力能自动增大而提高密封能力。这种密封圈结构简单紧凑，动摩擦力较其他密封圈小，安装方便，价格便宜，但与Y形密封圈相比，其寿命短，起动摩擦阻力较大。

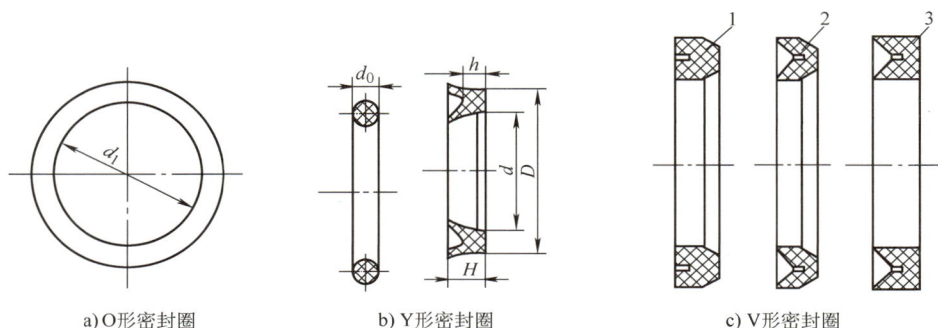

a) O形密封圈   b) Y形密封圈   c) V形密封圈

图4-17 常用密封圈

1—支承环 2—密封环 3—压环

图4-17b所示为Y形密封圈，它是依靠液压力而使唇边紧贴于密封表面实现密封的，因此，随着压力增大能自动增大唇边与密封表面的接触压力，提高密封能力，且磨损后能自动补偿。Y形密封圈主要用于往复运动的密封。Y形密封圈安装时，唇口端应对着压力高的一侧。

图4-17c所示为V形密封圈，V形圈装置由支承环1、密封环2和压环3组成，工作原理与Y形密封圈相似。安装时，密封圈的唇口应面向压力高的一侧。V形密封圈密封性能良好、耐高压、寿命长，通过调节压紧力，可获得最佳的密封效果，但V形密封圈的摩擦力及结构尺寸都较大。它主要用于压力较高，移动速度较低的场合。

本章小结

1. 辅助元件包括：管件、过滤器、蓄能器、油箱、密封件等。

2. 过滤器按过滤比不同，分为粗、普通、精和特精过滤器。按滤芯的材料和结构形式可分为网式、线隙式、纸芯式、烧结式等几种。

3. 蓄能器是液压系统中的储能元件，它能储存一定量的压力油，并在需要时迅速地释放出来，供系统使用。

4. 管件包括油管和管接头，管接头用于将油管或油管与液压元件连接起来。

5. 油箱的主要功用是储存油液，散发油液中的热量，分离油液中的气体和沉淀污物。

6. 热交换器包括冷却器和加热器，作用是保证液压油温度在一个合适范围内。

本章习题

1. 填空题

（1）液压系统中常用的油管有_____、_____、_____、_____、_____等多种类型，需根据_____、_____来正确选用。

（2）过滤比 $\beta_{10} = 75$ 表示液体中_____。

（3）按滤芯材料和结构形式不同，过滤器有_____、_____、_____、_____、_____。

（4）液压泵吸油口常用_____过滤器，其额定流量应为泵的最大流量的_____倍。

（5）间隙密封主要用于_____场合。

（6）V形密封圈主要用于_____场合。

（7）油箱的有效容量是指_____。

（8）油箱中的油液的温度一般推荐为_____，最高不超过_____。

2. 判断题

（1）在安装线隙式过滤器、纸芯式过滤器和烧结式过滤器时，油液由滤芯内向外流出时得到过滤。   （ ）

（2）过滤器堵塞发信号装置是根据过滤器进出口的压差发出信号的。   （ ）

（3）装配Y形密封圈时，其唇边应对着无压力油的油腔。   （ ）

（4）蓄能器是压力容器，搬运和装拆时应先将充气阀打开，排出气体，以免因振动或碰撞发生事故。   （ ）

（5）在中、高压液压系统中，油箱的有效容量应取液压泵流量的2~4倍。   （ ）

（6）过滤器只能安装在进油路上，即安装在泵的进口处。   （ ）

3. 简答题

（1）蓄能器有什么功用？蓄能器安装应注意哪些问题？

（2）常用过滤器有哪几种？各有何特点？

（3）过滤器一般安装在液压系统中的什么位置？

（4）密封装置有什么功用？

第五章 液压控制阀及基本回路

第一节　液压阀的分类

1. 按用途分类

按用途液压阀可分为三大类。

1）方向控制阀：单向阀、换向阀等。

2）压力控制阀：溢流阀、减压阀、顺序阀等。

3）流量控制阀：节流阀、调速阀等。

根据不同的用途，这三类阀可以相互组合，成为复合阀，以减少管路连接，如单向节流阀、电磁溢流阀等。

2. 按操纵方式分类

液压阀按操纵方式可分为：手动、机动、电磁动、液动和电液动等多种。

3. 按连接方式可分类

液压阀按连接方式可分为：管式（螺纹式）连接、板式连接、插装式连接。

第二节　方向控制阀及方向控制回路

方向控制阀的作用是控制液压系统的油液流向，方向控制阀分为单向阀和换向阀两类。

一、单向阀

1. 普通单向阀

普通单向阀控制油液只能按单一方向流动，不允许倒流，简称单向阀。单向阀结构如图 5-1 所示，它由阀体 1、阀芯 2、弹簧 3 等组成。当压力油从 P_1 进入时，油液克服弹簧力，推动阀芯右移，打开阀口，压力油经阀芯上径向孔 a、轴向孔 b，从 P_2 流出。当压力油从反向进入时，油液压力和弹簧力将阀芯压紧在阀座上，阀口关闭，油液不能通过。图 5-1a 所示为管式单向阀，图 5-1b 所示为板式单向阀，图 5-1c 所示单向阀的图形符号，图 5-1d 所示

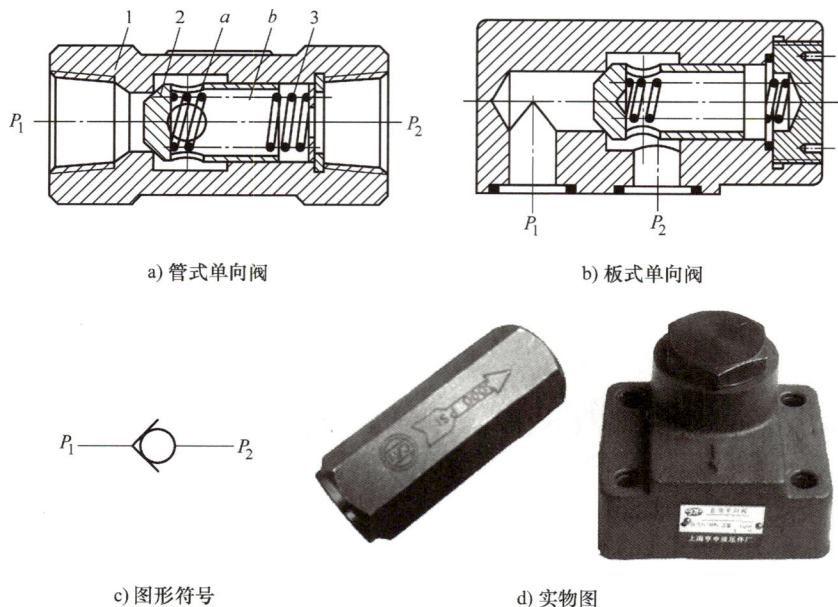

a) 管式单向阀　　　　　　　　　b) 板式单向阀

c) 图形符号　　　　　　　　　d) 实物图

图 5-1　单向阀

1—阀体　2—阀芯　3—弹簧

为单向阀实物图。

单向阀中的弹簧只起阀芯复位作用，弹簧刚度较小，以免油液通过时产生过大的流动损失。一般单向阀的设定压力为 0.03～0.05MPa。通过额定流量时的流动损失不超过 0.1～0.3MPa。若用作背压阀时可更换较硬弹簧，使其设定压力达到 0.2～0.6MPa。

2. 液控单向阀

图 5-2 所示为液控单向阀，它比普通单向阀多 1 个控制口，当控制油口 X 不通压力油时，其工作情况和普通单向阀一样。正向通过，反向截止。当控制油口 X 通压力油时，控制活塞 1 便顶开锥阀芯 2，使油液在正反方向上均可流动。图 5-2b 所示为其图形符号，图 5-2d 所示为液控单向阀实物图。

当 P_2 油腔压力较高时，顶开锥阀所需要的控制压力可能很高。为了减少控制油口 X 的设定压力，在锥阀内部增加了一个卸荷阀芯 3（见图 5-2c），在控制活塞 1 顶起锥阀芯 2 之前，先顶起卸荷阀芯 3，使上、下腔油液经卸荷芯上的缺口相通，使 P_2 的压力油泄到下腔，压力降低。此时控制活塞便可以较小的力将锥阀芯顶起，使 P_1 和 P_2 两腔完全连通。这样，液控单向阀用较低的油压即可控制有较高油压的主油路。

液控单向阀具有良好的单向密封性，常用于液压系统的保压、锁紧和平衡回路。这种阀也称液压锁。

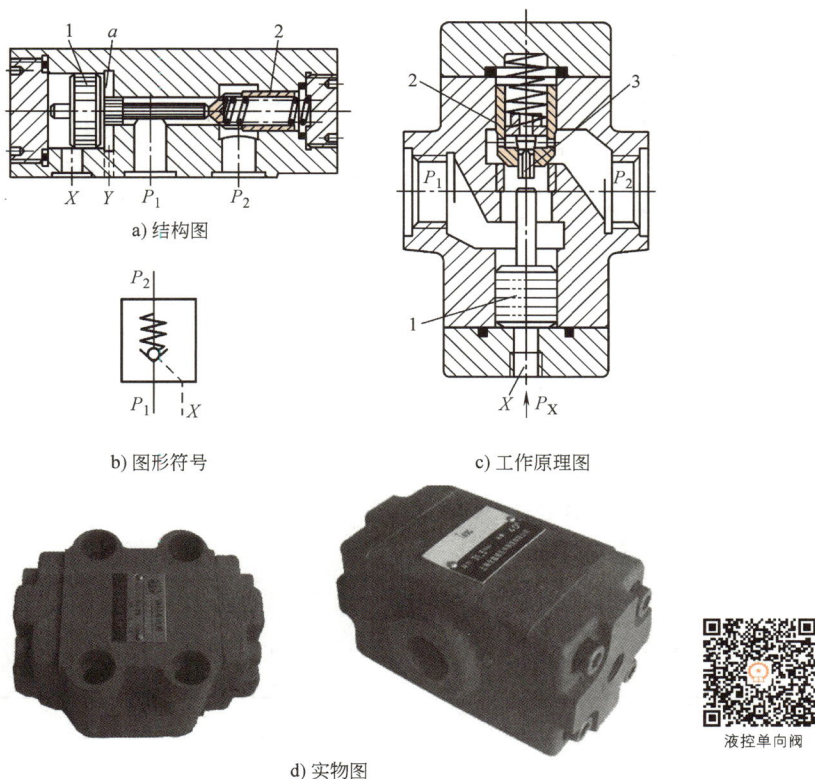

a) 结构图

b) 图形符号　　　　c) 工作原理图

d) 实物图

液控单向阀

图 5-2　液控单向阀
1—控制活塞　2—锥阀芯　3—卸荷阀芯

3. 充液阀

充液阀是一种液控单向阀，图 5-3a 所示为碟形充液阀实物，目前广泛应用于高速冲床、大中型压力机、注塑机等，其作用是加大供油量，使主缸活塞快速下降。充液阀安装在上油箱和主缸之间，工作原理如图 5-3b 所示，因压力机主缸直径都比较大，当主缸活塞下降时，液压泵供油量小，活塞因自重而下降，导致主缸上腔成真空状态，将充液阀的阀口吸开（倒锥状的阀芯靠弹簧向上顶着封闭的），使上油箱的油从 A 口进入主缸上腔。活塞到位后，弹簧将充液阀关闭，当活塞回程向上，液压泵向主缸下腔供油，在活塞尚未动时，下腔就有压力了，有一根小管把这个压力油引到充液阀 X 口，因上腔压力大，先通过控制活塞经卸荷阀芯卸压，然后使主阀开启，活塞上腔的油就回到上油箱了。

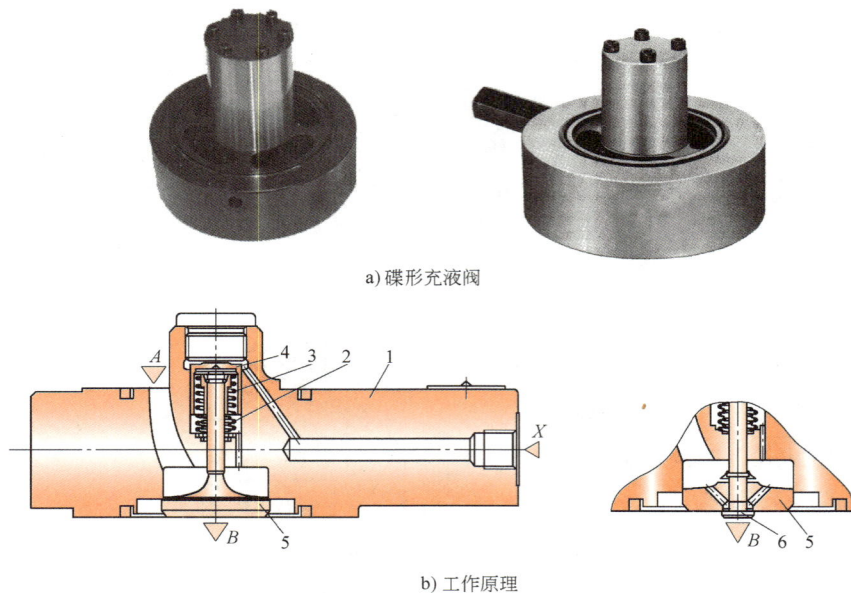

a) 碟形充液阀

b) 工作原理

图 5-3　充液阀

1—阀体　2、3—弹簧　4—控制活塞　5—主阀芯　6—卸荷阀芯

二、换向阀

换向阀是利用改变阀芯与阀体的相对位置，控制相应油路接通、切断或变换油液的方向，从而实现对执行元件运动方向的控制。

1. 换向阀的分类

换向阀的种类很多，其分类见表 5-1。

表 5-1　换向阀的分类

分类方式	类　　　型
按阀芯结构及运动方式分	滑阀、转阀、锥阀、球阀
按阀的工作位置和通路数分	二位二通、二位三通、二位四通、二位五通、三位四通、三位五通
按阀的操纵方式分	手动、机动、电磁动、液动、电液动
按阀的安装方式分	管式、板式、法兰式等

2. 换向阀的工作原理及图形符号

滑阀式换向阀是利用阀芯在阀体内做轴向滑动来实现换向作用的。图 5-4 所示为滑阀式换向阀，是一个具有多段环形槽的圆柱体（图示阀芯有 3 个台肩），而阀体孔内有若干个沉割槽（图示阀体为 5 槽）。每个沉割槽都通过相应的孔道与外部相通，其中 P 为进油口，T 为回油口，而 A 和 B 则通液压缸两腔。当阀芯处于图 5-4a 位置时，P 与 B、A 与 T 相通，活塞向左运动。当阀芯向右移动至图 5-4b 位置时，P 与 A、B 与 T 相通，活塞向右运动。

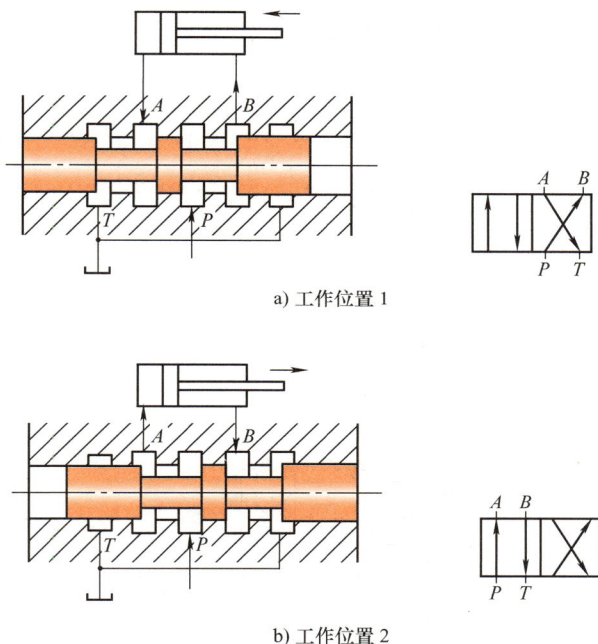

a) 工作位置 1

b) 工作位置 2

图 5-4　滑阀式换向阀换向原理

表 5-2 列出了几种常用的滑阀式换向阀的结构原理图以及相对应的图形符号。图形符号表示的含义为：

1）用方格数表示换向阀的"位"，即阀芯在阀体内有几个工作位置，三个方格即三个工作位置。

2）在一个方格内，箭头"↑"或堵塞符号"⊥"与方格的相交点数为油口通路数。箭头"↑"表示两油口相通，并不表示实际流向；"⊥"表示该油口不通流。

3）P 表示进油口，T 表示通油箱的回油口，A 和 B 表示连接其他两个工作油路的油口。

4）控制方式和复位弹簧的符号画在方格的两侧。

5）三位阀的中位，二位阀靠有弹簧的那一方格为常态位，常态指当换向阀没有操纵力作用时处于的状态。二位二通阀有常开型和常闭型两种，前者的常态位两油口相通，用代号 H 表示，后者则不通，不标注代号。在液压系统图中，换向阀的符号与油路的连接应画在常态位上。

表 5-2　滑阀式换向阀的结构原理及图形符号

名　称	结构原理图	图形符号
二位二通阀	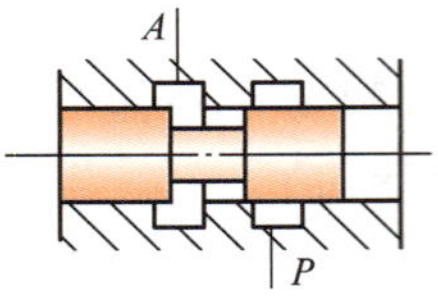	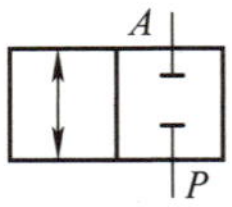
二位三通阀	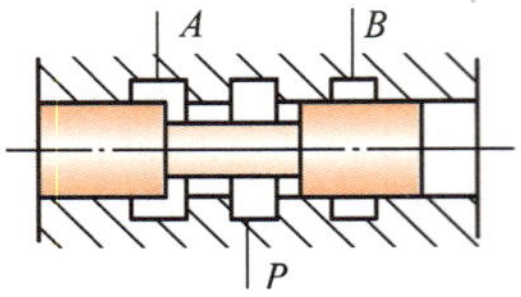	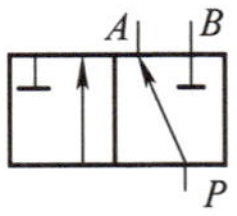
二位四通阀	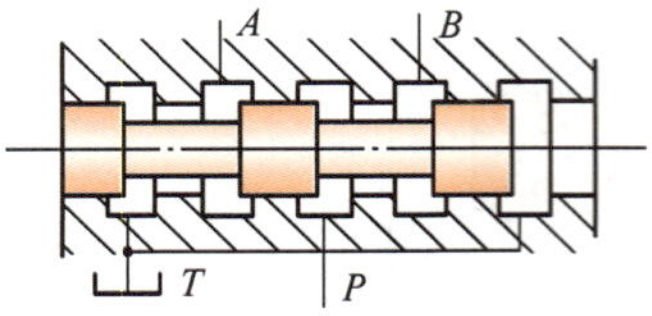	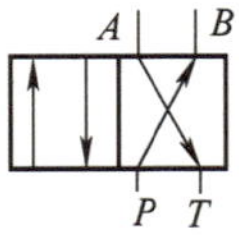
二位五通阀	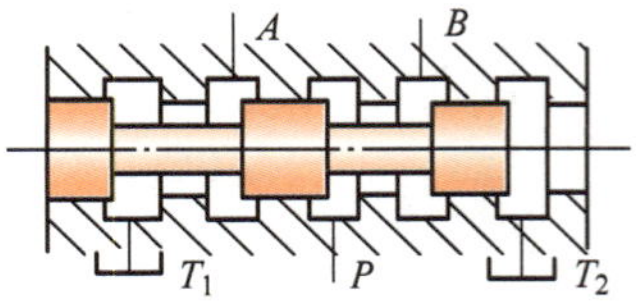	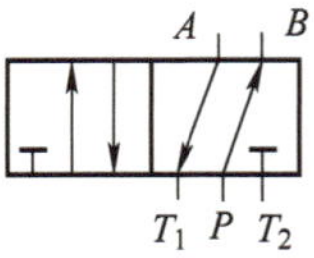
三位四通阀	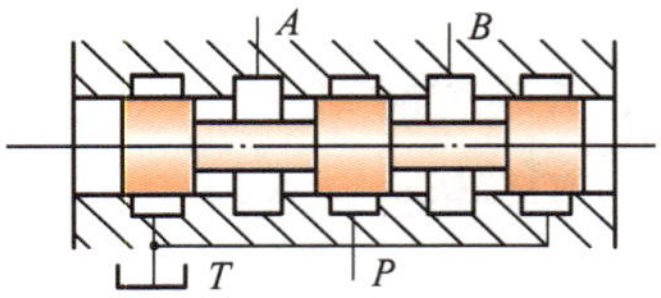	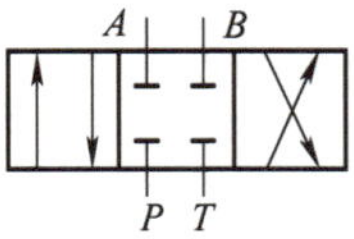
三位五通阀	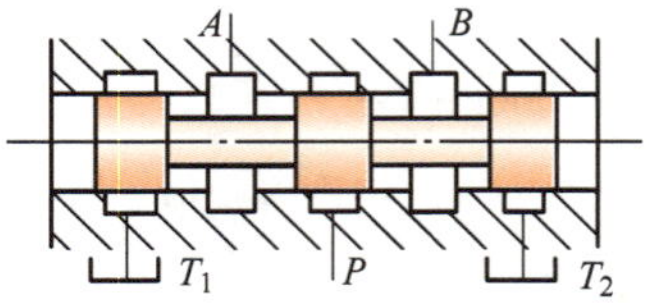	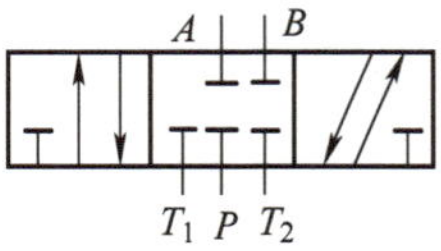

3. 三位换向阀的中位机能

三位换向阀中位时各油口的连通方式称为中位机能。不同机能的阀，阀体通用，仅阀芯台肩结构、尺寸及内部通孔情况有所区别。表 5-3 中列出了 5 种常用中位机能的机能代号、结构原理图、图形符号及机能特点和作用。

表 5-3　三位换向阀中位机能

机能代号	结构原理图	中间位置图形符号		机能特点和作用
		三位四通	三位五通	
O	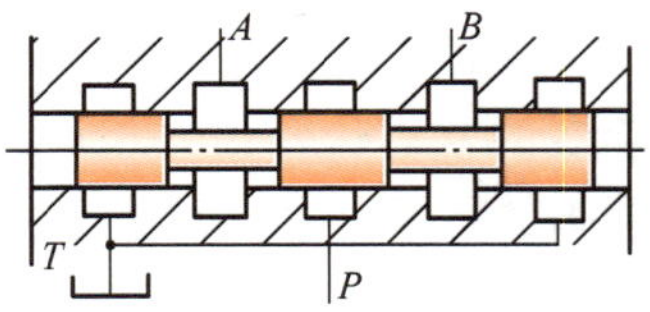	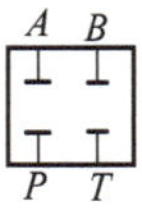	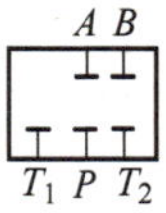	各油口全部封闭，缸两腔闭锁，泵不卸荷，液压缸充满油，从静止到起动平稳；制动时运动惯性引起液压冲击较大；换向位置精度高

（续）

机能代号	结构原理图	中间位置图形符号		机能特点和作用
		三位四通	三位五通	
H		A B P T	A B T₁ P T₂	各油口全部连通，泵卸荷，缸成浮动状态，缸两腔接通油箱，从静止到起动有冲击；制动时油口互通，换向平稳；但换向位置变动大
Y		A B P T	A B T₁ P T₂	泵不卸荷，缸两腔通回油箱，缸成浮动状态，从静止到起动有冲击。制动性能介于 O 型与 H 型之间
P		A B P T	A B T₁ P T₂	压力油口 P 与缸两腔连通，可实现差动回路，从静止到起动较平稳；制动时缸两腔均通压力油，故制动平稳；换向位置变动比 H 型的小
M		A B P T	A B T₁ P T₂	泵卸荷，缸两腔封闭，从静止到起动较平稳；换向时与 O 型相同，可用于泵卸荷液压缸锁紧的液压回路

4. 几种常用换向阀的结构

（1）机动换向阀　机动换向阀又称行程阀，它是通过行程挡块或凸轮推动阀芯实现换向的。机动换向阀通常为二位阀，有二通、三通、四通等几种。二位二通阀又有常开与常闭两种形式。

图 5-5a 所示为二位三通机动换向阀的结构。常态时，P 与 A 相通；当行程挡块压下滚轮时，P 与 B 相通。机动换向阀结构简单，动作可靠，换向位置精度高。改变挡块的迎角或凸轮的形状，可使阀芯获得合适的换向速度，以减小换向冲击，但这种阀不能安装在液压泵站上，只能安装在运动部件的附件上。

图 5-5b 所示为其图形符号，图 5-5c 所示为其实物图。

（2）电磁换向阀　电磁换向阀简称电磁阀，它利用电磁铁吸力控制阀芯动作实现换向。电磁阀包括滑阀和电磁铁两部分。按电源不同，电磁铁可分为交流电磁铁和直流电磁铁两种。交流电磁铁使用电压为 220V 或 380V，其优点是电源方便，电磁吸力大，换向迅速；缺点是起动电流大，在阀芯卡住时易烧毁电磁铁线圈。直流电磁铁的使用电压为 24V，其优点是工作可靠，换向冲击小，噪声小，但需要有直流电源。按电磁铁的衔铁是否浸泡在油里，电磁铁还可分为干式和湿式两种。干式电磁铁不允许油液进入电磁铁内部，因此推动阀芯的推杆要有可靠的密封。湿式电磁铁可以浸在油液里工作，所以电磁阀的相对运动件之间就不需要有可靠的密封，减小了阀芯的运动阻力，提高了滑阀换向的可靠性。湿式电磁铁性能好，但价格较高。

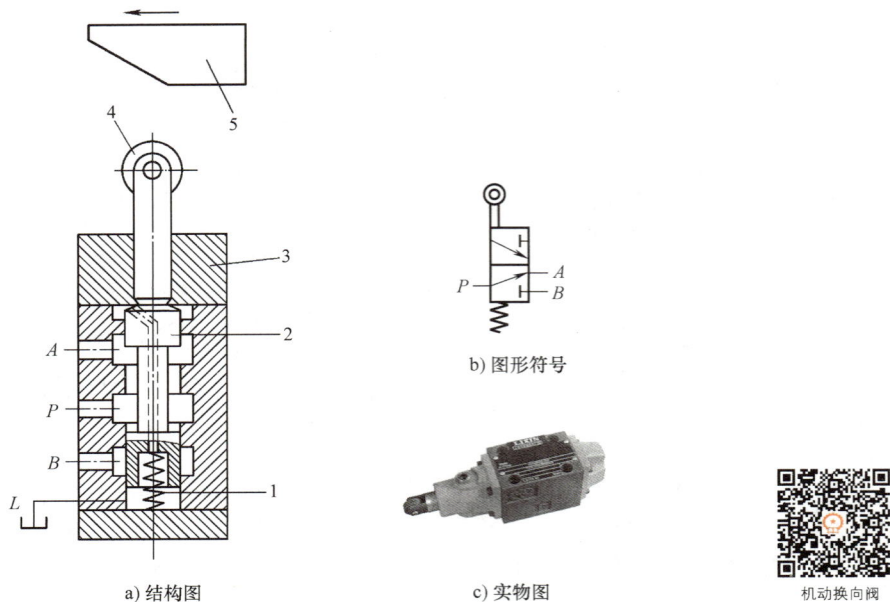

a) 结构图　　　　c) 实物图

机动换向阀

图 5-5　机动换向阀

1—弹簧　2—阀芯　3—阀上盖　4—滚轮　5—挡块

1）二位三通电磁换向阀。图 5-6a、b 所示为二位三通电磁换向阀的结构图及图形符号，采用干式交流电磁铁。图示位置为电磁铁不通电状态，即常态位，此时 P 与 A 相通；当电磁铁通电时，推杆 2 将阀芯 3 推向右端，P 与 B 相通，A 口断开。

2）三位四通电磁换向阀。图 5-6c、d 所示为三位四通电磁换向阀的结构及图形符号。当电磁铁不通电时，阀两端有两根对中弹簧 4，使阀芯 3 处于中位，油口 P、A、B、T 均不相通；当右端电磁铁通电时，右衔铁 1 通过推杆 2 将阀芯 3 推至左端，控制油口 P 与 B 通，A 与 T 通；当左端电磁铁通电时，其阀芯移至右端，油口 P 与 A 通，B 与 T 通。

电磁阀操纵方便，布置灵活，便于实现自动控制，但电磁铁吸力有限，所以电磁阀只宜用于流量不大的系统。图 5-6e 所示为电磁阀实物图。

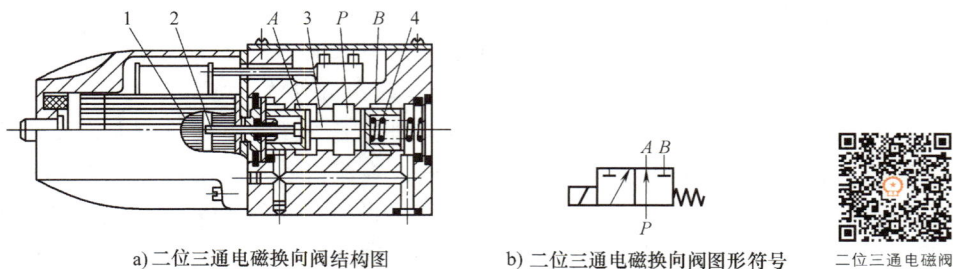

a) 二位三通电磁换向阀结构图　　b) 二位三通电磁换向阀图形符号

二位三通电磁阀

图 5-6　电磁换向阀

1—衔铁　2—推杆　3—阀芯　4—弹簧

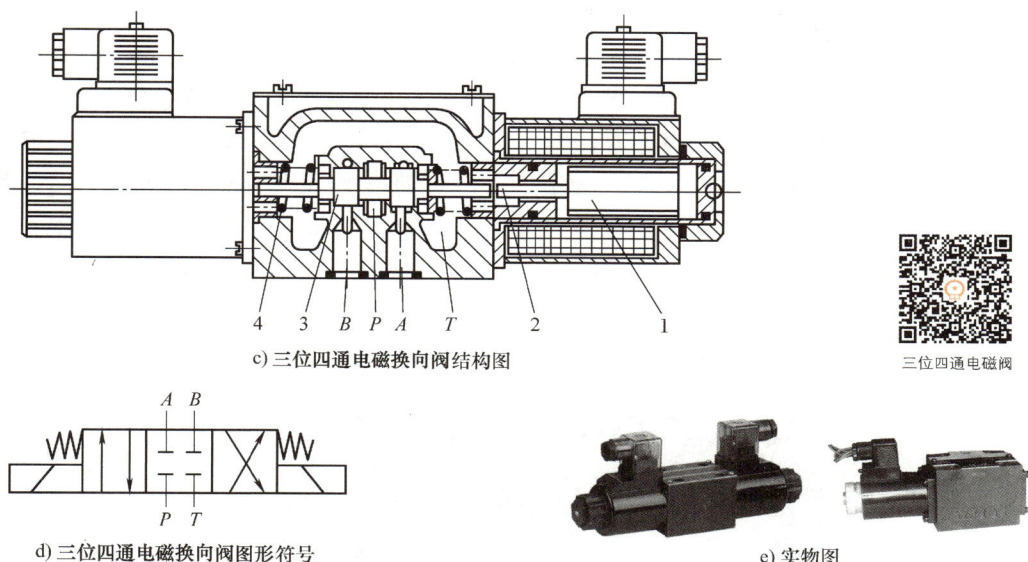

c) 三位四通电磁换向阀结构图

三位四通电磁阀

d) 三位四通电磁换向阀图形符号

e) 实物图

图 5-6 电磁换向阀（续）

1—衔铁 2—推杆 3—阀芯 4—弹簧

（3）电磁球阀 电磁球阀是一种以电磁铁的输出力来推动钢球以实现油路通断的电磁换向阀，也称为电磁换向座阀。图 5-7 所示为二位三通电磁球阀的结构、图形符号和实物图。当电磁铁 8 断电时，钢球 5 在弹簧 7 的作用下压紧在左阀座 4 的孔上，油口 P 与 A 通，T 关闭。当电磁铁 8 通电时，电磁输出力经杠杆放大后，通过操纵杆 2 克服弹簧力将钢球压向右阀座 6 的孔上，使油口 P 与 A 不通，A 与 T 相通，实现换向。

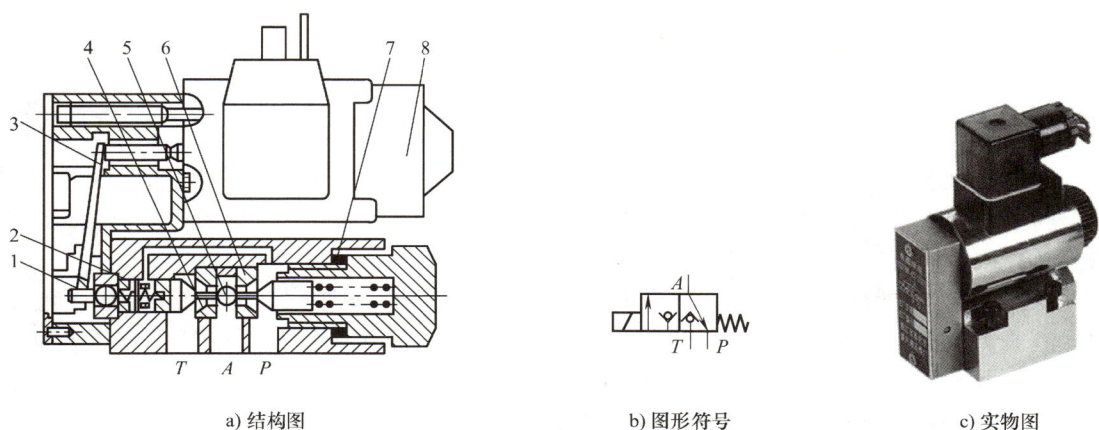

a) 结构图   b) 图形符号   c) 实物图

图 5-7 二位三通电磁球阀

1—支点 2—操纵杆 3—杠杆 4—左阀座 5—钢球 6—右阀座 7—弹簧 8—电磁铁

电磁球阀无轴向密封长度，换向过程中不存在液压力造成的径向力卡紧，具有换向可靠、密封性好、反应速度快、使用压力高和适应能力强等优点，主要用在超高压小流量的液压系统中或做二通插装阀的先导阀。

（4）液动换向阀 液动换向阀利用控制油路的压力油推动阀芯实现换向。图 5-8 所示为三位四通液动换向阀的结构及符号。当阀芯两端控制油口 X_1、X_2 都没有通入压力油时，阀芯在弹簧力的作用下处于图示位置，此时 P、A、B、T 口互不相通。当 X_1 通压力油时，X_2 接通回油时，阀芯右移，此时 P 与 A 通，B 与 T 通。当 X_2 接通压力油、X_1 接通回油时，阀芯左移，此时 P 与 B 通，A 与 T 通。液动换向阀的优点是结构简单、动作可靠、平稳，由于液压驱动力大，故可用于大流量的系统。

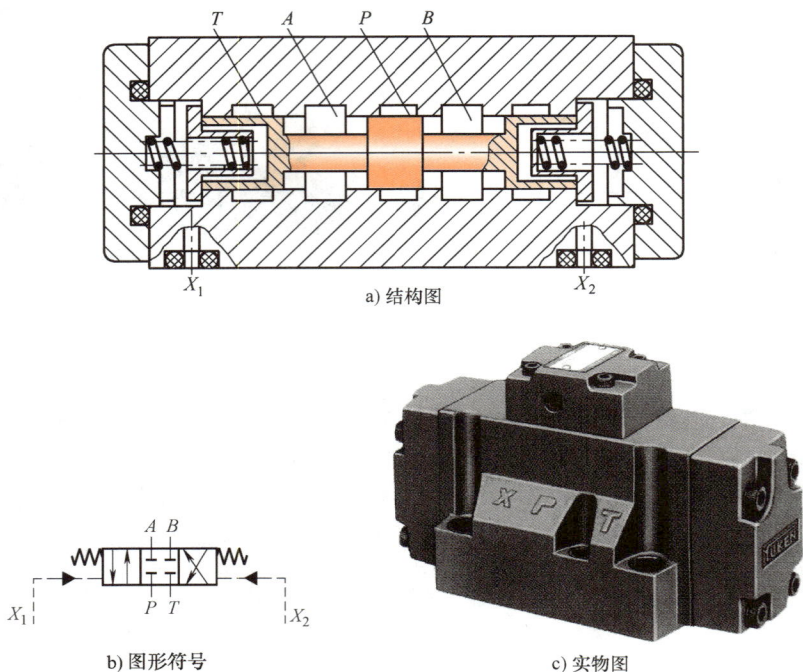

a) 结构图

b) 图形符号

c) 实物图

图 5-8 三位四通液动换向阀

（5）电液动换向阀 电液动换向阀是由电磁阀和液动阀组成的复合阀。液动阀实现主油路的换向，称为主阀；电磁阀控制主阀，称为先导阀。这种阀综合了电磁阀和液动阀的优点，具有控制方便、流量大的特点。

图 5-9 所示为电液动换向阀，当先导阀两端的电磁铁均不通电时，电磁阀处于中位，控制油液被切断，主阀芯两端均不通控制压力油，在弹簧的作用下处于中位，此时各油口均关闭。

当 1YA 通电，电磁阀处于左位，控制压力油经 P 或外接油口 P' → A' → 单向阀 1 → 主阀芯左端油腔，回油经主阀芯右端油腔 → 节流阀 6 → B' → T' → 油箱。主阀换向于左位，实现 P 与 A 相通，B 与 T 相通；同理，当 2YA 通电、1YA 断电时，则 P 与 B 相通、A 与 T 相通。图 5-9c 所示为电液动换向阀实物图。

阀体内的节流阀可以调节主阀芯的运动速度，从而控制换向时间，使其在灵敏度与平稳度之间获得调整。控制压力油可来自主油路的 P 口，也可以另设独立的油源。

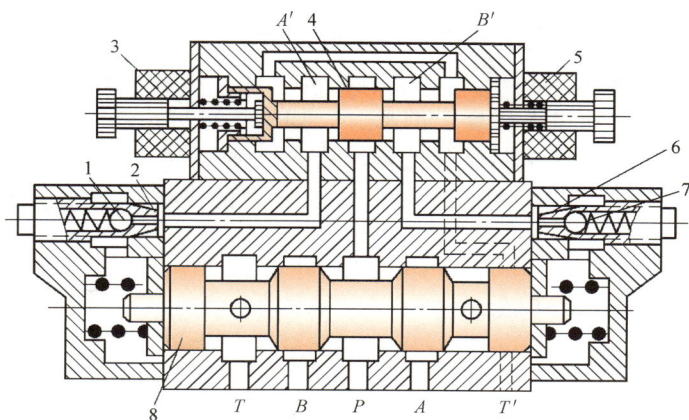

a) 结构图

电液动换向阀

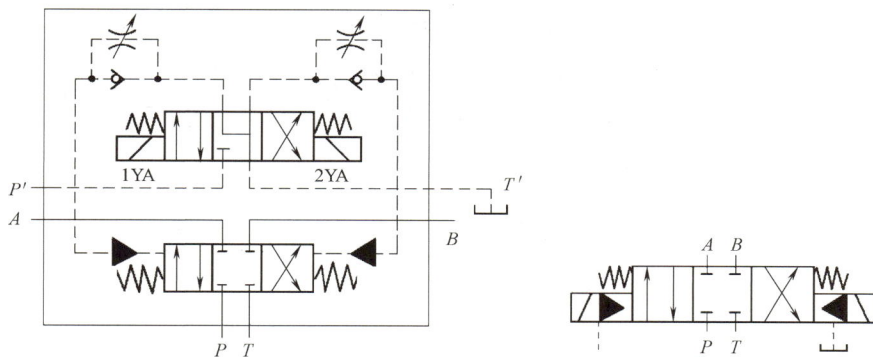

b) 图形符号

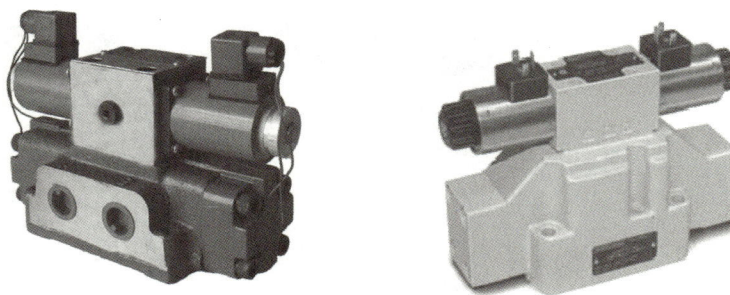

c) 实物图

图 5-9　电液动换向阀

1、7—单向阀　2、6—节流阀　3、5—电磁铁　4—电磁阀阀芯　8—液动阀阀芯

（6）手动换向阀　手动换向阀是用手动杠杆操纵阀芯换向。它有自动复位式和钢球定位式两种。图 5-10a 所示为自动复位式，可用手操纵使阀在左位或右位工作，但当操纵力取消后，阀芯便在弹簧力作用下自动恢复至中位，停止工作。因而适用于动作频繁、工作持续时间短、必须由人工操纵的场合，如工程机械的液压系统。图 5-10b 所示为钢球定位式手动换向阀，其阀芯端部的钢球定位装置可使阀芯分别停止在左、中、右三个不同的位置上，当松开手柄后，阀仍保持在原来的工作位置上，可用于工作时间较长的场合。

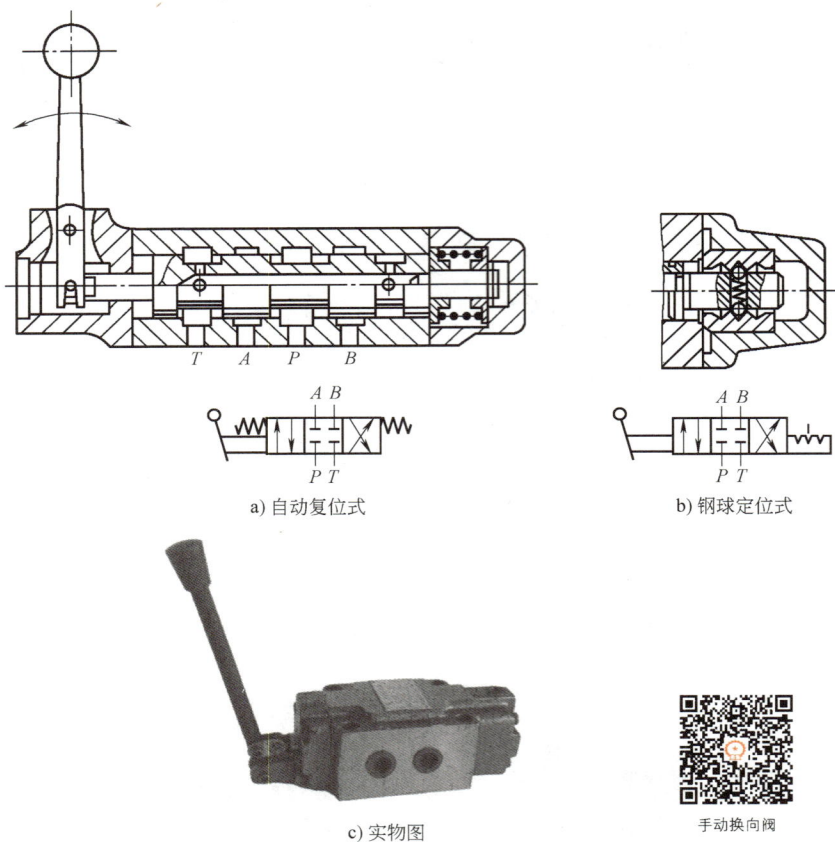

a) 自动复位式　　　　b) 钢球定位式

c) 实物图　　　　手动换向阀

图 5-10　手动换向阀

> **提示**
>
> 　　在学习换向阀相关内容时，会发现阀的种类太多，分不清几位几通阀，用什么操纵方式，是手动还是机动等。一般来说有几个方格就是几位，有几个主油路接口就是几通，要注意控制油口和泄油口不能算主油路油口。操纵方式主要看使阀芯移动的力的来源，用电磁力的就是电磁阀，靠手动的就是手动换向阀。同样是三位阀，但中位机能有很多种，中位机能不同，使用的场合也不同。

用电磁控制的方向阀有哪些？从位数上看有几位阀，各有什么特点？电磁阀与电液动阀在结构上有何不同？各适用于什么范围？

三、方向控制回路

方向控制回路的功用是利用各种方向阀来控制油液的通、断或换向，使执行元件起动或停止。常用的方向控制回路有换向回路、锁紧回路、制动回路。

1. 换向回路

各种类型的换向阀都可组成换向回路，只是性能和应用场合不同。在后面的章节中将多次出现，这里不再——列举。

2. 锁紧回路

锁紧回路可使液压缸活塞在任一位置停止，并可防止其停止后因外界影响而发生漂移或窜动。当换向阀的中位机能为 O 型或 M 型时，无需液控单向阀也能使液压缸锁紧，但由于换向阀存在泄漏，锁紧功能较差，只适用于锁紧时间短且要求不高的回路中。图 5-11 所示为采用液控单向阀的锁紧回路，三位阀左位工作时，压力油经左液控单向阀进入缸左腔，同时将右液控单向阀打开，使缸右腔油能流回油箱，液压缸活塞向右运动；反之，当三位阀处于右位工作时，压力油进入缸右腔并将左液控单向阀打开，缸左腔回油，活塞向左运动；而当三位阀处于中位或液压泵停止供油时，两个液控单向阀立即关闭，活塞停止运动。为了保证中位锁紧可靠，三位阀应采用 H 型和 Y 型机能。由于液控单向阀的密封性能好，从而能使执行元件长期锁紧。这种锁紧回路主要用于汽车起重机的支腿油路和矿山机械的液压支架的油路中。

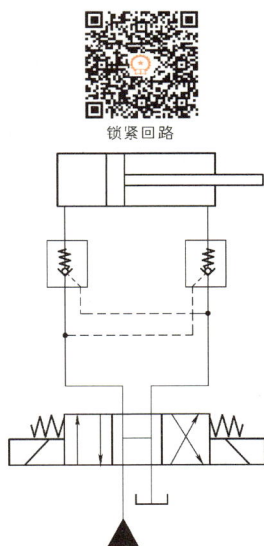

锁紧回路

图 5-11　锁紧回路

【小节习题】

（1）换向阀的"位"是指＿＿＿＿＿＿＿＿＿＿＿＿＿＿＿＿。

（2）换向阀的作用是利用＿＿＿＿＿＿＿＿＿使油路＿＿＿＿＿或＿＿＿＿＿。

（3）按阀芯运动操纵方式的不同，换向阀可分为 ＿＿＿＿＿、＿＿＿＿＿、＿＿＿＿＿、＿＿＿＿＿、＿＿＿＿＿换向阀。

（4）液控单向阀当＿＿＿＿＿＿＿＿＿，反向导通。

（5）机动换向阀利用运动部件上的＿＿＿＿＿压下阀芯使油路换向，换向时，其阀口＿＿＿＿＿，故换向平稳，位置精度高。它必须安装在＿＿＿＿＿＿＿位置。

（6）电磁换向阀的电磁铁按所接电源不同，可分为_____和_____两种；按衔铁工作腔是否有油液，又可分为_____和_____两种。

（7）电液动换向阀是由_____和_____组成的。前者的作用是_____；后者的作用是_____。

（8）三位换向阀的中位机能是阀在_____时，油口的_____。

（9）锁紧回路的作用是使液压缸活塞_____，并可防止其停止后因外界影响而发生_____。

（10）换向阀的图形符号与油路连接应画在常态位上。三位阀常态是_____，二位阀常态是_____。

（11）画出下列方向阀的图形符号。

1）液控单向阀　　　　　　　　　　2）二位二通机动阀（常开型）

3）二位二通电磁阀（常闭型）　　　4）三位四通电磁阀（O型）

5）三位四通电磁阀（M型）　　　　6）三位五通电液动阀（Y型）

7）三位四通手动阀（自动复位式）　8）二位四通行程阀

第三节　压力控制阀及压力控制回路

压力控制阀用来控制液压系统油液的压力或利用油液压力控制其他元件动作，共同特点是利用作用在阀芯上的液压力和弹簧力相平衡的原理来控制阀口开度。按功用分为溢流阀、减压阀、顺序阀、压力继电器等几类。

一、溢流阀

1. 溢流阀的结构原理

溢流阀在定量泵系统中起溢流稳压作用或在变量泵系统中起限压安全保护作用。常用的溢流阀有直动式和先导式两种。

（1）直动式溢流阀　直动式溢流阀是依靠系统中的压力油直接作用在阀芯上与弹簧力相平衡，以控制阀的启闭。图5-12a所示为低压直动式溢流阀。进油口P的压力油经阀芯3上的阻尼孔a通入阀芯底部，当进油压力较小时，阀芯在弹簧2的作用下处于下端位置，将P和T两油口隔开，阀处于关闭状态。当进口压力升高、阀芯下端产生的作用力超过弹簧的预压力时，阀芯上移，阀口被打开，将多余的油液排回油箱，即溢流。进油口的压力就不再升高，阀芯处于某一平衡位置。进油口处压力p的大小由弹簧力决定，可通过调整螺母1调整弹簧的预压力。图5-12b所示为其图形符号，图5-12c所示为阀芯为锥阀的溢流阀。图5-12d所示为直动式溢流阀实物图。

溢流阀是利用被控压力作为信号来改变弹簧的压缩量，从而改变阀口的流道面积和系统的溢流量，以此来达到稳压目的。当进油口压力升高时，阀芯上移，阀口流道面积增大，溢流量增大，使进口处压力下降。一般的直动式溢流量只适用于压力低的系统，或用于先导阀，但采取适当措施可用于高压大流量系统。例如，德国Rexroth（力士乐）公司开发的通

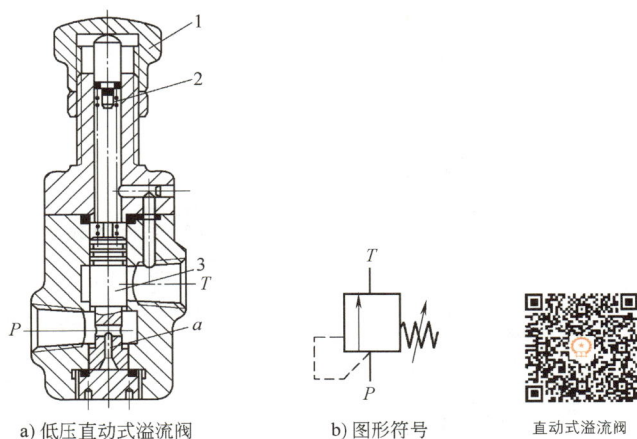

a) 低压直动式溢流阀   b) 图形符号   直动式溢流阀

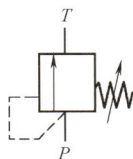

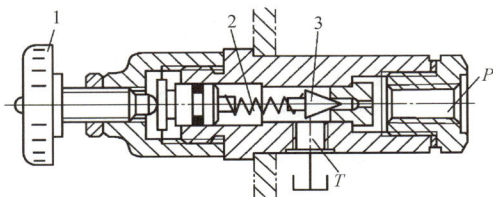

c) 阀芯为锥阀的溢流阀

d) 实物图

图 5-12   直动式溢流阀
1—调整螺母 2—弹簧 3—阀芯

径 6~20mm 的压力为 40~63MPa，通径为 25~30mm 的压力为 31.5MPa 的 DBD 型直动式溢流阀，最大流量可达 330L/min。

（2）先导式溢流阀 先导式溢流阀由先导阀和主阀两部分组成，先导阀调压、主阀溢流。图 5-13a 和图 5-13b 分别为高压、中压先导式溢流阀的结构图。在图 5-13b 中压力油从 P 口进入，经主阀芯 5 上的孔 f 进入主阀芯的下腔，同时油液又通过阻尼孔 e 后进入主阀芯上腔，并经孔 c 和 b 作用于先导阀阀芯 1 上。当进油口压力较低时，先导阀上的液压作用力不足以克服先导阀弹簧作用力时，先导阀关闭，没有油液流过阻尼孔，所以主阀芯 5 两端压力相等，在主阀弹簧作用下，主阀芯 5 处于最下端位置，溢流阀阀口 P 和 T 不通。进口压力升高，主阀上腔的压力也升高，直至先导阀上的液压力大于弹簧作用力时，先导阀打开，压力油可通过回油口 T 流回油箱。由于主阀芯上阻尼孔 e 的作用，使主阀芯上端的压力小于下端压力 p，当这个压力差对主阀芯所形成的作用力超过主阀弹簧力时，主阀芯开启，油液从 P 口流入，经主阀阀口由 T 流回油箱，实现溢流。通过调节螺母可以调节调压弹簧的预压力，从而调定液压系统的压力。先导式溢流阀的主阀弹簧主要用于克服主阀芯的摩擦力，弹

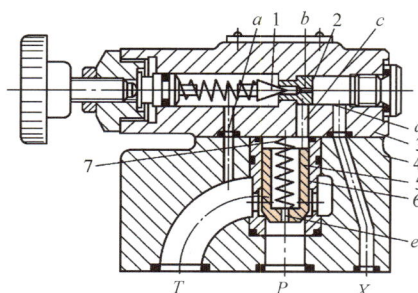

a) 高压先导式溢流阀　　　　　高压先导式溢流阀

中压先导式溢流阀

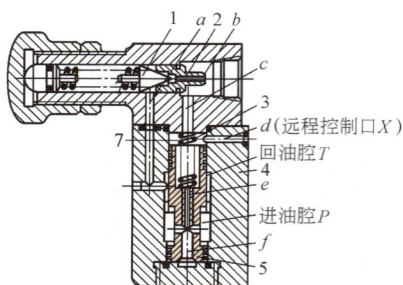

b) 中压先导式溢流阀　　　c) 图形符号

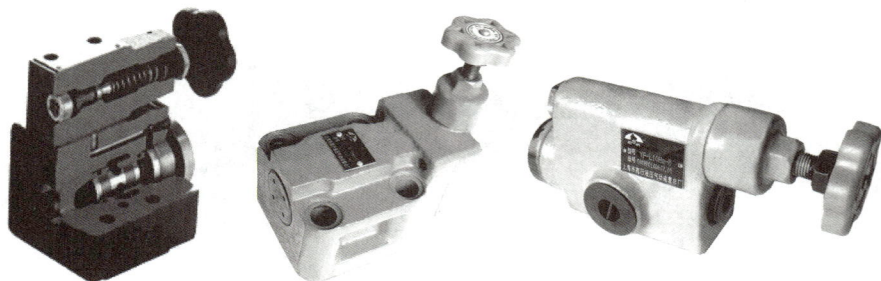

d) 实物图

图 5-13　先导式溢流阀

1—先导阀阀芯　2—先导阀阀座　3—先导阀体　4—主阀体
5—主阀芯　6—主阀套　7—主阀弹簧

簧刚度小。当溢流量变化引起主阀弹簧压缩量变化时，弹簧力变化较小。

阀体上有一个远程控制口 X，当 X 口通过二位二通阀接油箱时，主阀芯在很小的液压力作用下便可移动，打开阀口，这时系统称为卸荷。若 X 口接另一个远程调压阀，便可对系统压力实现远程控制。图 5-13c 所示为其图形符号，图 5-13d 所示为先导式溢流阀实物图。

（3）电磁溢流阀　电磁溢流阀是电磁换向阀与先导式溢流阀的组合，用于系统的多级压力控制或卸荷。图 5-14a 所示为电磁溢流阀结构，图 5-14b 所示为常闭型二位二通电磁阀组合的电磁溢流阀符号。图 5-14c 所示为电磁溢流阀实物。

电磁阀的两个油口分别与主阀上腔（先导阀前腔）及主阀溢流口相连。当电磁铁断电时，电磁阀两油口断开，先导式溢流阀起调压作用。当电磁铁通电换向时，通过电磁阀将主阀上腔与主阀回油口相连通，溢流阀溢流口全开，溢流阀卸荷（压力为零）。

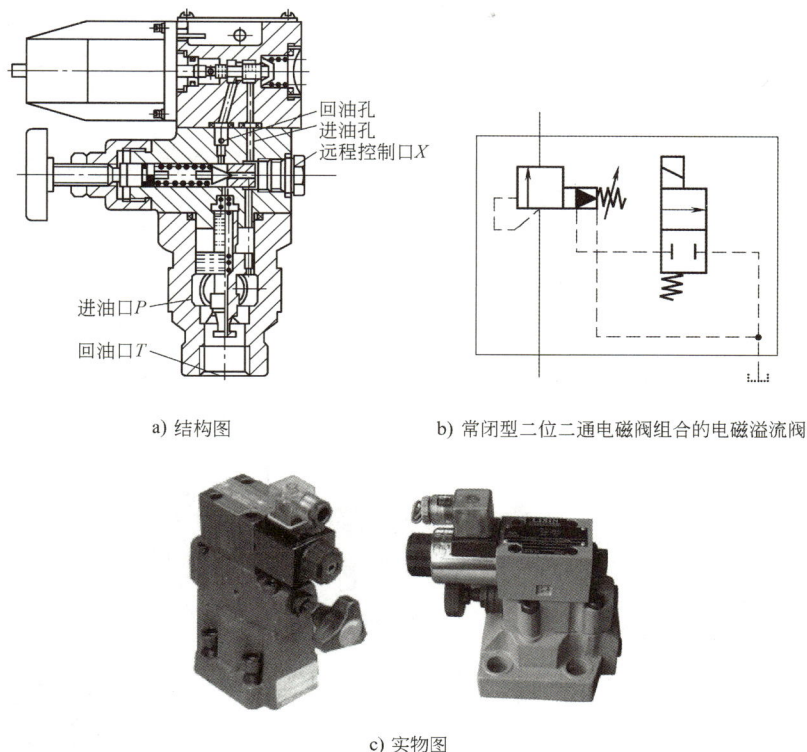

回油孔
进油孔
远程控制口X

进油口P
回油口T

a) 结构图

b) 常闭型二位二通电磁阀组合的电磁溢流阀

c) 实物图

图 5-14　电磁溢流阀

　　先导式溢流阀与电磁溢流阀在功能上的不同之处为：先导式溢流阀是用来控制液压系统的压力，电磁溢流阀除了可以控制液压系统的压力，还能在任意时刻使系统卸荷，实现多段压力控制。用不同位数和功能的电磁阀，可实现多种功能。由于电磁阀直接安装在溢流阀上，与溢流阀的回油口连接，它们之间没有配管，泵的压力还可以靠一个作用于电磁阀的电信号而遥控卸荷以得到调节，使系统得到二或三段压力控制。

想一想

　　直动式溢流阀、先导式溢流阀和电磁溢流阀在结构上有何异同之处？适用于什么场合？

2. 溢流阀的应用及调压回路

　　（1）调压溢流　在图 5-15a 中，溢流阀和定量泵组合使用，起调压溢流作用。即进入液压缸的流量由节流阀确定，多余的油液需经过溢流阀溢流回油箱，溢流阀在工作过程中是常开的，此时液压泵的出口压力即为溢流阀的设定压力，且基本上保持恒定。

　　（2）过载保护　在图 5-15b 中，溢流阀和变量泵组合使用，起过载保护作用。此系统中，变量泵出口流量可随负载变化自动适应执行元件运动速度，无多余流量，泵的工作压力随负载变化。当负载升高时，系统压力一旦过载，溢流阀立即打开，起安全保护作用，故称

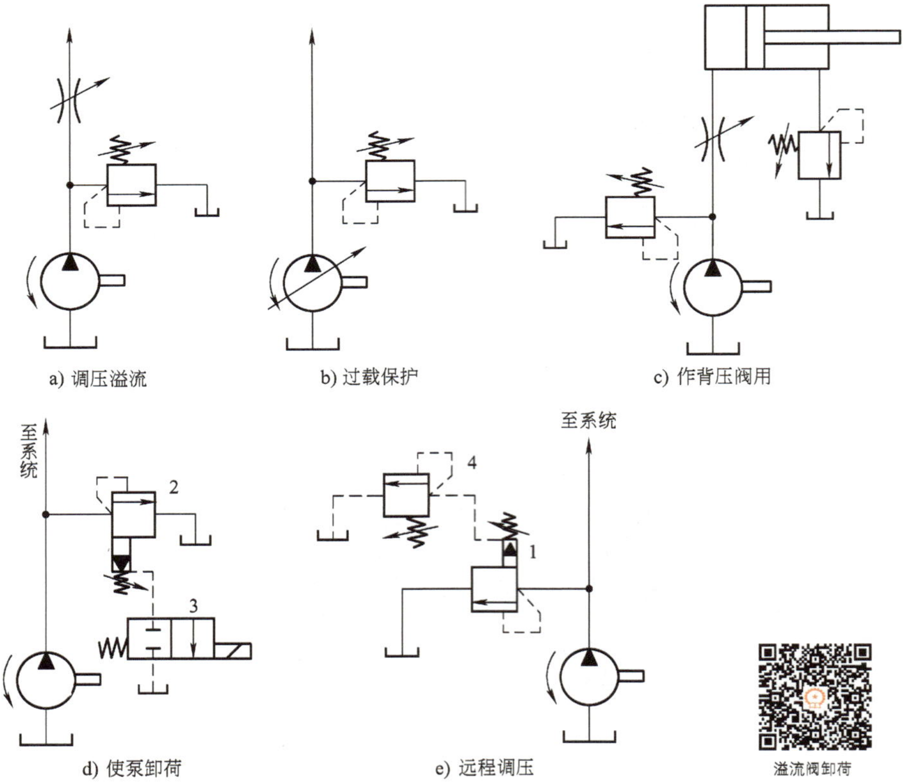

a) 调压溢流　　　　　　b) 过载保护　　　　　　c) 作背压阀用

d) 使泵卸荷　　　　　　e) 远程调压　　　　　溢流阀卸荷

图 5-15　溢流阀的应用

1、2—先导式溢流阀　3—电磁阀　4—远程调压阀

其为安全阀。

（3）作背压阀用　在图 5-15c 中，将溢流阀安置在液压缸的回油路上，可以产生背压力，提高执行元件的运动平稳性，此时宜用低压溢流阀。

（4）使泵卸荷　在图 5-15d 中，用二位二通电磁阀 3 与先导式溢流阀组合可起卸荷作用，当电磁铁通电时，先导式溢流阀 2 的远程控制口和油箱相通，主阀芯打开，阀口迅速开至最大，泵输出的油液全部回油箱，泵处于卸荷状态。

（5）远程调压　在图 5-15e 中，将先导式溢流阀 1 的控制口接远程调压阀 4，先导式溢流阀 1 的设定压力必须大于远程调压阀 4 的设定压力。系统的压力由阀 4 远程调节控制。只要达到远程调压阀的设定压力，远程调压阀便开启，主阀开始溢流，此时主阀的先导阀并不开启，系统压力决定于阀 4 的设定压力。

二、减压阀

1. 减压阀的结构原理

减压阀的作用是降低液压系统中某一支路的油液压力，使一个油源能同时提供两个或多个不同压力的输出。减压阀在各种液压设备的夹紧系统、润滑系统和控制系统中应用较多。根据减压阀所控制的压力不同，它可分为定值减压阀、定差减压阀和定比减压阀。

定值减压阀简称减压阀，能使出油口压力低于进油口压力，并能保持出油口压力近似恒定。减压阀也分为直动式和先导式,其中先导式减压阀应用较广。图 5-16a、b 所示为先导式减压阀的结构图和图形符号。它由两部分组成,先导阀调压,主阀减压。压力油从进油口 P_1 流入,经减压阀阀口 h 后从出油口 P_2 流出。出口油液通过小孔 d 进入主阀阀芯 5 的下腔,同时通过阻尼小孔 e 流入主阀阀芯的上腔,并经孔 b、a 作用于先导阀阀芯 3 上。当出口压力 p_2 低于调压弹簧 2 的设定压力时,先导阀关闭,主阀阀芯上、下腔油压相等,在主阀弹簧 4 作用下,主阀阀芯处于最下端位置。这时减压阀节流口 h 开度最大,不起减压作用,其进口油压 p_1 与出口油压 p_2 基本相等。当 p_2 达到先导阀弹簧设定压力时,先导阀开启。由于主阀阀芯下腔油液经阻尼孔 e 入上腔,再经孔 a、先导阀开口、孔 c、泄油口 Y 流回油箱,使主阀阀芯两端产生压力差。当此压力差对阀芯产生的作用力克服主阀阀芯的弹簧力而使阀芯上移时,节流口开度 h 减小,节流口压降 Δp 增加,阀起减压作用,即 $p_2 = p_1 - \Delta p$。若出口压力受外界干扰而变动时,减压阀将会自动调整减压阀节流口开度 h 来保持调定的出口压力值基本不变。当减压阀的出口油路的油液不再流动时,由于先导阀泄油未停止,减压口仍有油液流动,阀仍然处于工作状态,出口压力保持调定值不变。减压阀出口压力的大小,可通过调压弹簧 2 进行调节。图 5-16c 所示为先导式减压阀实物图。

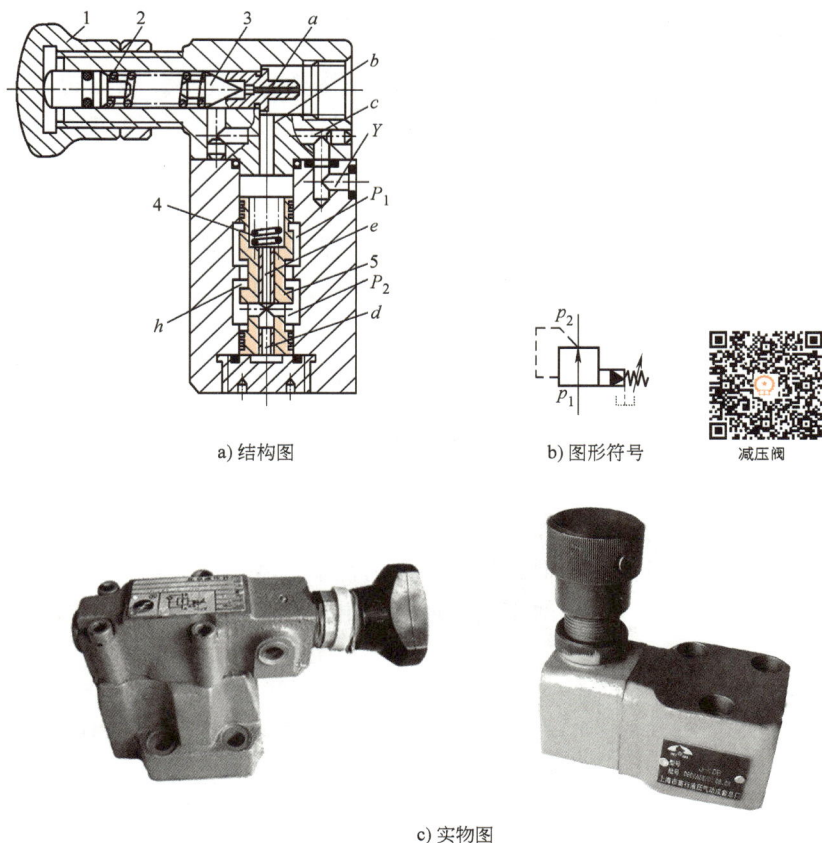

a) 结构图   b) 图形符号   减压阀

c) 实物图

图 5-16　先导式减压阀

1—调节螺母　2—调压弹簧　3—先导阀阀芯　4—主阀弹簧　5—主阀阀芯

2. 减压回路

当泵的输出压力是高压而支路要求低压时,可以采用减压回路,如机床液压系统中的定位、夹紧、分度以及液压元件的控制油路等。

图 5-17a 所示为夹紧油路上的减压回路，泵的供油压力根据负载大小由溢流阀 2 来调节，夹紧缸所需压力由减压阀 3 调节。单向阀 4 的作用是当主油路压力降低（低于减压阀设定压力）时防止油液倒流，使支路和主回路隔开，起保压作用。

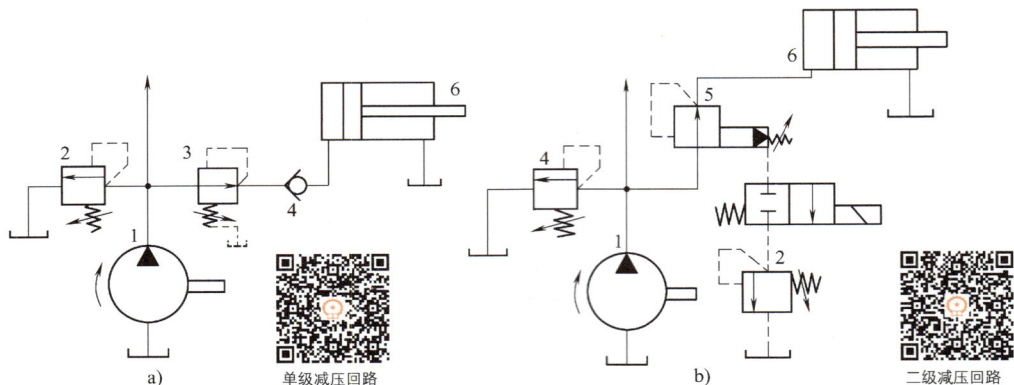

图 5-17　减压回路

1—定量泵　2—溢流阀　3—减压阀　4—单向阀　5—先导式减压阀　6—液压缸

减压回路中也可以两级或多级减压。图 5-17b 所示为利用先导式减压阀 5 的远控口接远控溢流阀 2，则可由阀 5、阀 2 各调得一种低压。但要注意，阀 2 的设定压力值一定要低于阀 5 的设定减压值。

为了使减压回路工作可靠，减压阀的最低设定压力不应小于 0.5MPa，最高设定压力至少应比系统压力小 0.5MPa。当减压回路中的执行元件需要调速时，调速元件应放在减压阀的后面，以避免减压阀泄漏口流回油箱的油液对执行元件的速度产生影响。

三、顺序阀

1. 顺序阀的结构与原理

顺序阀是以压力为控制信号，自动接通或断开某一支路的压力阀，可以实现各执行元件动作的先后顺序。按控制方式不同，顺序阀可分为内控式和外控式，外控式也称为液控式。按结构不同，顺序阀可分为直动式和先导式。

顺序阀的工作原理与溢流阀相似，其主要区别在于：溢流阀的出口接油箱，而顺序阀的出口接执行元件。顺序阀的内泄漏油不能用通道与出油口相连，而必须和专用的泄油口接通油箱。

图 5-18 所示为直动式顺序阀，常态下进油口 P_1 与出油口 P_2 不通。进口油液经阀体 3 和下盖 1 上的油道到控制活塞 2 的底部，当进口油压低于弹簧 5 的设定压力时，阀口关闭。当进口油压力高于弹簧设定压力时，控制活塞 2 在油液压力作用下克服弹簧力将阀芯 4 顶起，使 P_1 与 P_2 相通，弹簧腔的泄漏油从泄油口 Y 流回油箱。因顺序阀的控制油直接从进油口 P_1 引入，故称为内控外泄式顺序阀。将图 5-18 中的下盖 1 旋转 90° 或 180° 安装，切断原控制油路，将外控口 X 的螺塞取下，接通控制油路，则阀设定压力由外部压力油控制，构成外控外泄顺序阀。若再将上盖旋转 180° 安装，并将外泄口 Y 堵塞，弹簧腔与出油口相通，构成外控内泄顺序阀。

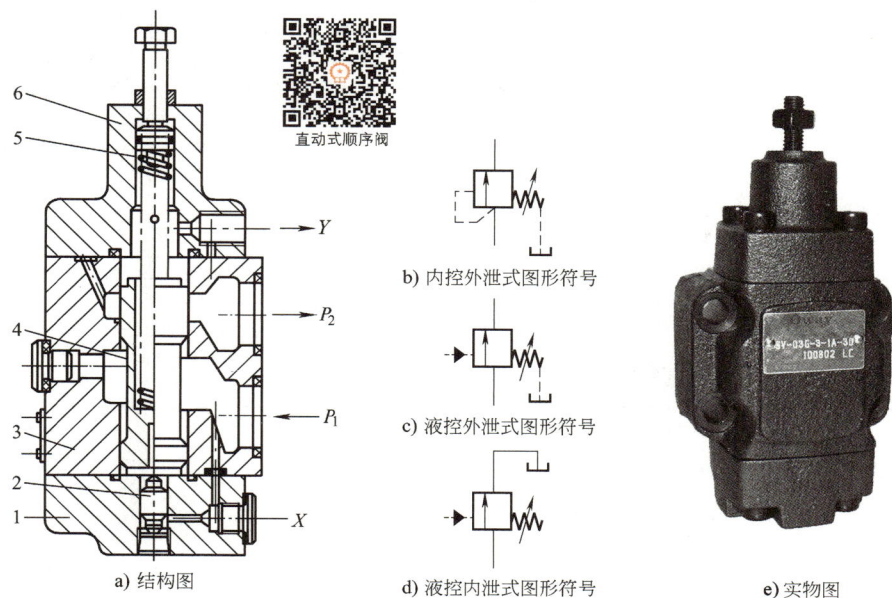

b) 内控外泄式图形符号

c) 液控外泄式图形符号

d) 液控内泄式图形符号

e) 实物图

a) 结构图

图 5-18　直动式顺序阀

1—下盖　2—活塞　3—阀体　4—阀芯　5—弹簧　6—上盖

图 5-19 所示为先导式顺序阀。

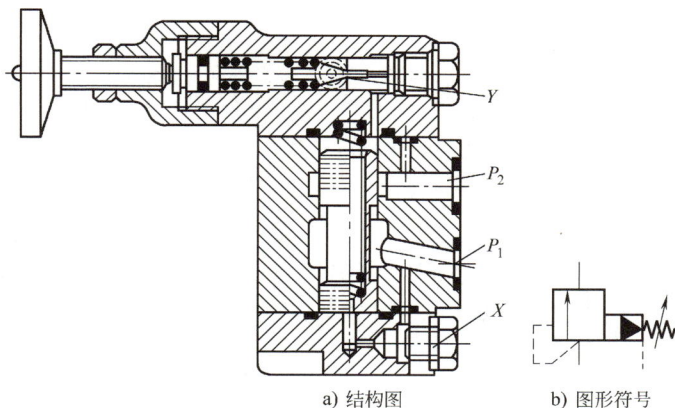

a) 结构图　　　b) 图形符号

图 5-19　先导式顺序阀

2. 溢流阀、减压阀、顺序阀的比较

表 5-4 为溢流阀、减压阀和顺序阀的结构和性能的比较。

表 5-4　溢流阀、减压阀和顺序阀的结构和性能的比较

名称　　项目	溢流阀	减压阀	顺序阀
使阀设定的压力油油源	进油口	出油口	进油口、独立的油源
泄油形式	内泄式	外泄式	外泄式、内泄式
阀口状态	常闭	常开	常闭

（续）

名称 项目	溢流阀	减压阀	顺序阀
出油口情况	出油口与油箱相连	与减压回路相连	与执行元件、油箱相连
在系统中的连接方式	并联	串联	顺序动作时串联 作卸荷阀时并联
功用	限压、保压、稳压	减压、稳压	控制回路的通断、并控制动作顺序
工作原理	利用控制压力与弹簧力相平衡的原理，通过改变阀开口量大小，来控制系统的压力		
结构	结构基本相同，只是泄油路不同		

💡 提示

　　压力阀是液压传动中的主要控制元件，液压系统传递压力，就靠压力阀来控制。从上面的学习我们可看出压力阀中的溢流阀、减压阀和顺序阀，在结构上基本相同，原理都是利用油液的压力与弹簧力平衡，来改变阀开口的大小或时间。溢流阀控制进口的压力，减压阀控制出口的压力，顺序阀控制执行元件的动作顺序。

3. 顺序阀的应用

（1）顺序动作回路　图 5-20 所示为机床夹具用单向顺序阀先定位，后夹紧的顺序动作回路。当电磁阀断电时，压力油先进入定位缸 A 的下腔，缸 A 上腔回油，活塞上移，实现定位。定位后，缸 A 活塞停止运动，油路压力升高，达到顺序阀设定压力时，顺序阀开启，压力油经顺序阀进入夹紧缸下腔，活塞上移，实现夹紧。顺序阀的设定压力至少应比先动缸的最高压力大 $0.5 \sim 0.8\mathrm{MPa}$，以保证动作顺序可靠。

（2）平衡回路　为了防止立式液压缸及工作部件在停止时因自重而下滑，或在下行时超速，可在活塞下行的回油路上设置顺序阀，使其产生适当的阻力，以平衡运动部件的重量，这种回路称为平衡回路。

图 5-21 所示是用单向顺序阀组成的平衡回路，图 5-21a 为直动式顺序阀平衡回路，图 5-21b 为液控顺序阀的平衡回路。顺序阀的设定压力应稍大于由工作部件自重在液压缸下腔中所形成的压力。这样工作部件在静止时，顺序阀关闭而

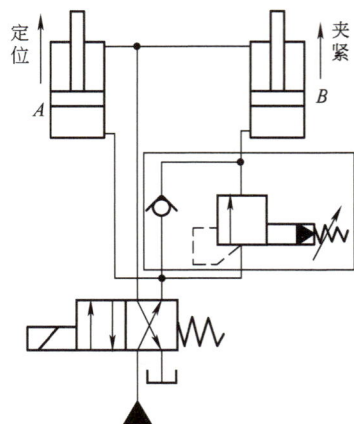

图 5-20　顺序动作回路

不会自行下滑。换向阀在左位工作时，压力油进入上腔，在缸下行时，顺序阀开启使液压缸下腔产生的背压能平衡自重，不会产生超速现象。用单向顺序阀组成的平衡回路由于回油腔有背压，功率损失较大。

四、压力继电器

1. 压力继电器

压力继电器是一种将油液的压力信号转换成电信号的电液控制元件，当油液压力达到压力继电器的设定压力时，即发出电信号，以控制电磁铁、电磁离合器、继电器等元件动作，使油路卸压、换向、执行元件实现顺序动作，起安全保护作用等。

图 5-22 所示为柱塞式压力继电器的结构、图形符号和实物图。当从压力继电器下端进油口通入的油

a) 直动式顺序阀　　　　　b) 液控顺序阀

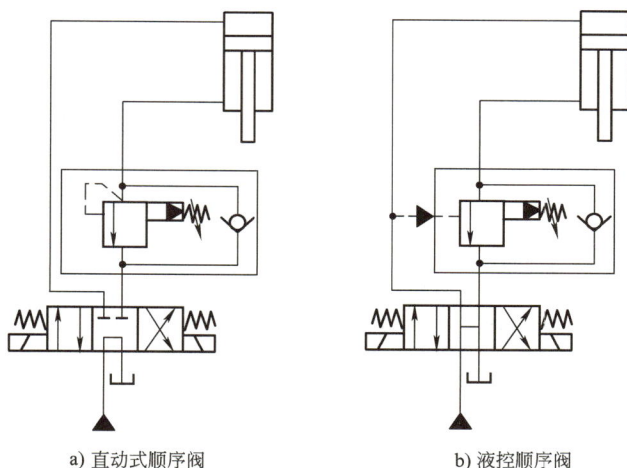

图 5-21　平衡回路

液达到设定压力值时，推动柱塞 1 上移，通过顶杆推动微动开关 3 闭合，发出电信号。当进

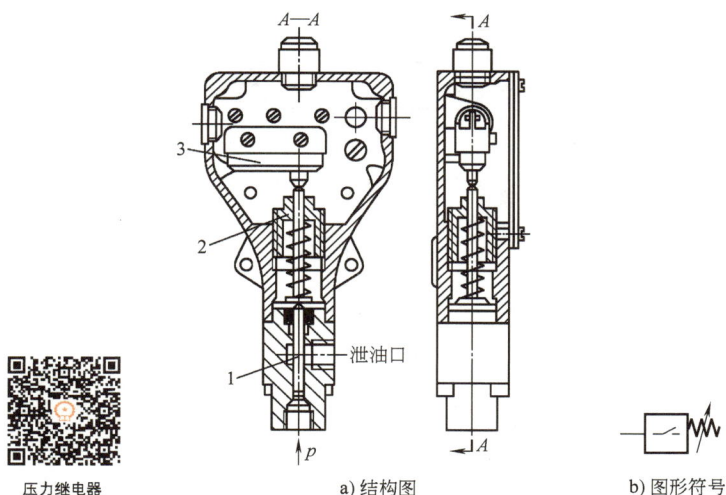

压力继电器　　　　　a) 结构图　　　　　b) 图形符号

c) 实物图

图 5-22　压力继电器

1—柱塞　2—调节螺母　3—微动开关

油口压力降低到设定压力值以下时，弹簧使柱塞下移，压力继电器复位切断电信号。压力继电器发出信号时的压力称为开启压力，切断电信号时的压力称为闭合压力。由于开启时的摩擦力的方向与油压方向相反，闭合时则相同，故开启压力大于闭合压力。其差值称为返回区间。调节弹簧的压缩量即可以改变压力继电器的开启压力。

2. 压力继电器的应用

图 5-23 所示回路，当 1YA 通电时，电磁阀左位工作，压力油经调速阀进入缸左腔，缸右腔回油，活塞缓慢右移，当活塞行至终点时，压力升高，压力继电器发出电信号，使 2YA 通电，1YA 断电，换向阀右位工作。压力油进入右腔，缸左腔回油，活塞快速向左退回。在这种回路中，一般中压系统压力继电器的设定压力应比液压缸的最高工作压力约高 0.5MPa，应比溢流阀的设定压力约低 0.5MPa。

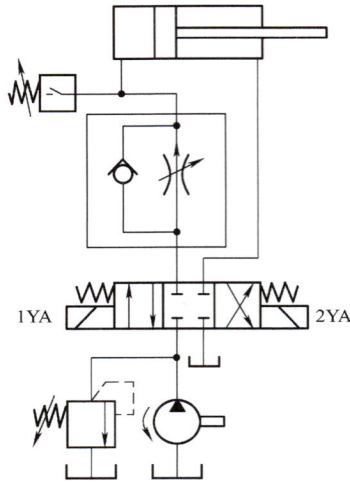

图 5-23 压力继电器的应用

五、其他的压力控制回路

1. 卸荷回路

卸荷回路的功用是在液压泵驱动电动机不需频繁起停的情况下，使液压泵在功率输出接近于零的情况下运转，以减少功率损耗，降低系统发热，延长泵和电动机的寿命。因为液压泵的输出功率为其流量和压力的乘积，因而，两者任一近似为零，功率损耗即近似为零。因此液压泵的卸荷有流量卸荷和压力卸荷两种，前者主要是使用变量泵，使变量泵仅为补偿泄漏而以最小流量运转，此方法比较简单，但泵仍处在高压状态下运行，磨损比较严重；压力卸荷的方法是将泵的出口直接接回油箱，使泵在零压或接近零压的状态运转。

常见的压力卸荷方式有以下几种：

（1）用三位换向阀的卸荷回路 当中位机能为 M 型、H 型和 K 型中位机能的三位换向阀处于中位时，泵输出的油液直接回油箱，泵即卸荷。图 5-24 所示为采用 M 型中位机能的电液换向阀的卸荷回路。此回路适用于单执行元件系统和流量较小的场合。

（2）用二位二通换向阀的卸荷回路 如图 5-25 所示，电磁阀通电，泵输出的油液经二

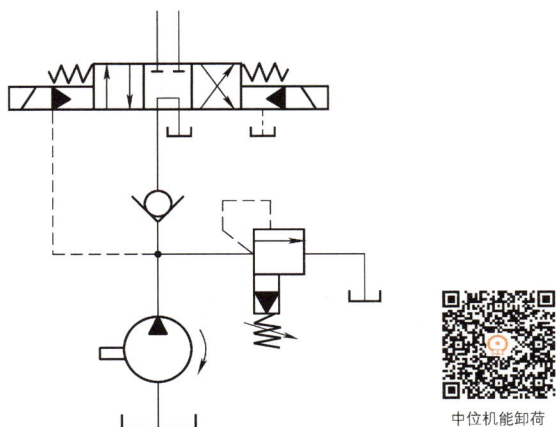

图 5-24 用 M 型中位机能的卸荷回路

位二通阀回油箱，泵即卸荷。此回路适用于流量小于 40L/min 的场合。

（3）用蓄能器保压泵的卸荷回路 如图 5-26 所示，当 1YA 通电时，液压缸向右运动夹紧工件，进油路压力升高至压力继电器设定值时，压力继电器发信号使 3YA 通电，泵卸荷，单向阀关闭，液压缸则由蓄能器持续补油保压。当液压缸压力降低时，压力继电器复位使液压泵给蓄能器充液。保压时间长短取决于蓄能器容量。此回路适用于保压时间长、要求功率损失小的场合。

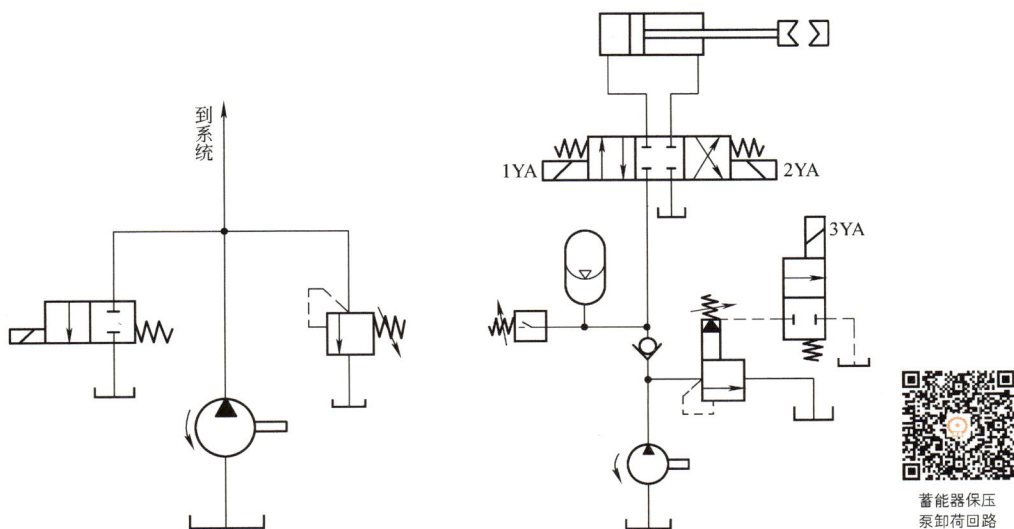

图 5-25 用二位二通换向阀的卸荷回路

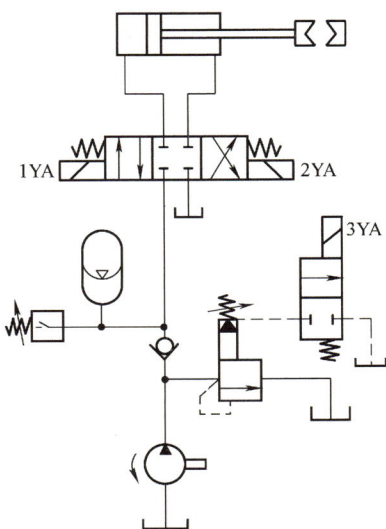

图 5-26 用蓄能器保压泵的卸荷回路

2. 增压回路

如果系统或系统的某一支油路需要压力较高但流量又不大的压力油，而采用高压泵又不经济，或者根本就没有必要增设高压泵时，就可采用增压回路，增压回路中提高压力的主要元件是增压缸或增压器。

（1）单作用增压缸的增压回路　图 5-27a 所示为利用单作用增压缸的增压回路，当系统在图示位置工作时，系统的供油压力 p_1 进入增压缸的大活塞腔，此时在小活塞腔即可得到所需的高压 p_2。当二位四通电磁换向阀右位接入系统时，增压缸返回，辅助油箱中的油液经单向阀补入小活塞腔。因而该回路只能间歇增压，所以称之为单作用增压回路。

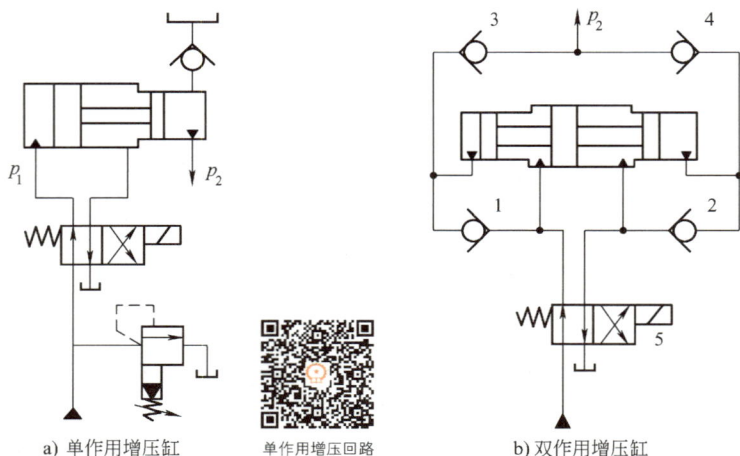

a) 单作用增压缸　　单作用增压回路　　b) 双作用增压缸

图 5-27　增压回路

1、2、3、4—单向阀　5—换向阀

（2）双作用增压缸的增压回路　图 5-27b 所示为采用双作用增压缸的增压回路，能连续输出高压油，在图示位置，液压泵输出的压力油经换向阀 5 和单向阀 1 进入增压缸左端大、小活塞腔，右端大活塞腔的回油通油箱，右端小活塞腔增压后的高压油经单向阀 4 输出，此时单向阀 2、3 被关闭。当增压缸活塞移到右端时，换向阀通电换向，增压缸活塞向左移动。同理，左端小活塞腔输出的高压油经单向阀 3 输出，这样，增压缸的活塞不断往复运动，两端便交替输出高压油，从而实现了连续增压。

增压回路利用压力较低的液压泵，获得压力较高的液压油，节省了能源，而且系统工作可靠，噪声小。

【小节习题】

（1）液压系统中常用的溢流阀有_____和_____两种。前者用于_____，后者用于_____。

（2）先导式溢流阀由_____和_____两部分组成。

（3）溢流阀在液压系统中，主要作用是_____、_____、_____、_____和_____。

（4）减压阀工作时，使_____低于_____，从而起到减压作用。

（5）顺序阀按控制方式分可分为_____和_____。

（6）压力继电器是一种能将_____转变为_____的转换元件，压力继电器发出电信号时的压力称为_____。

（7）减压阀常态时进出油口_____，而溢流阀进出油口_____。

（8）平衡回路是为了防止_____在停止时因自重而下滑，或在下行时超速，在活塞下行的回油路上设置顺序阀。

（9）液压传动中卸荷方式有_____和_____。

（10）当三位阀的中位机能为_____、_____和_____型时，阀在中位可以使泵卸荷。

（11）画出下列压力阀的图形符号

　　　A. 先导式溢流阀　B. 减压阀　C. 液控顺序阀　D. 压力继电器

（12）讨论题

1）先导式溢流阀主阀上的阻尼孔堵塞时，溢流阀会出现什么故障？若先导阀座上的进油小孔堵塞了，又会出现什么故障？

2）当压力阀的铭牌丢失或不清楚时，在不用拆卸的情况下，如何识别溢流阀、减压阀及顺序阀？

第四节　流量控制阀及速度控制回路

流量控制阀的功用就是通过改变阀口流道面积的大小来调节通过阀口的流量的大小，常用的流量控制阀有节流阀、调速阀、溢流节流阀和同步阀等。

一、节流阀

1. 节流特性

（1）流量特性　节流阀的流量特性取决于节流口的结构形式，节流口通常有三种基本形式：薄壁小孔、细长小孔和厚壁小孔，但无论节流口采用何种形式，都可用小孔的流量公式 $q = KA\Delta p^m$ 来表示，当系数 K 和 Δp、指数 m 一定时，只要改变节流口面积 A 就可调节通过阀的流量。

（2）流量稳定性　在系统中，当节流阀的流道截面积调定后，要求流量 q 能保持稳定不变，以使执行元件获得稳定的速度。实际上当流道截面积调定后，通过节流口的流量 q 还受其他因素的影响。

1）压差对流量的影响。节流阀两端压差 Δp 变化时，通过它的流量要发生变化，三种结构形式的节流口中，通过薄壁小孔的流量受到压差改变的影响最小。

2）温度对流量的影响。油温影响到油液黏度，对于细长小孔，油温变化时，流量也会随之改变。对于薄壁小孔，黏度对流量则几乎没有影响，故油温变化时，薄壁小孔的流量基本不变。

3）节流口的堵塞。节流阀的节流口可能因油液中的杂质或由于油液氧化后析出的胶质、沥青等引起局部堵塞，这就改变了原来节流口流道面积的大小，使流量发生变化，尤其是当开口较小时，这一影响更为突出，严重时会完全堵塞而出现断流现象。因此节流口的抗堵塞性能也是影响流量稳定性的重要因素，尤其会影响流量阀的最小稳定流量。一般节流口流道面积越大，节流通道越短，越不容易堵塞，当然油液的清洁度也对堵塞产生有影响。一般流量控制阀的最小稳定流量为 0.05L/min。

2. 节流阀

图 5-28 所示为一种普通节流阀的结构图、图形符号和实物图。这种节流阀的节流口为轴向三角槽式。压力油从进油口 P_1 流入，经阀芯 1 左端的三角槽后，再从出油口 P_2 流出。调节手轮 3，可通过推杆 2 使阀芯做轴向移动，以改变节流口的流道截面积来调节流量。阀芯在弹簧的作用下始终贴紧在推杆上，这种节流阀的进出油口可互换。节流阀能正常工作的最小流量限定值称为节流阀的最小稳定流量。轴向三角槽式节流口的最小稳定流量为 30～50mL/min，它影响执行元件的最低速度值。

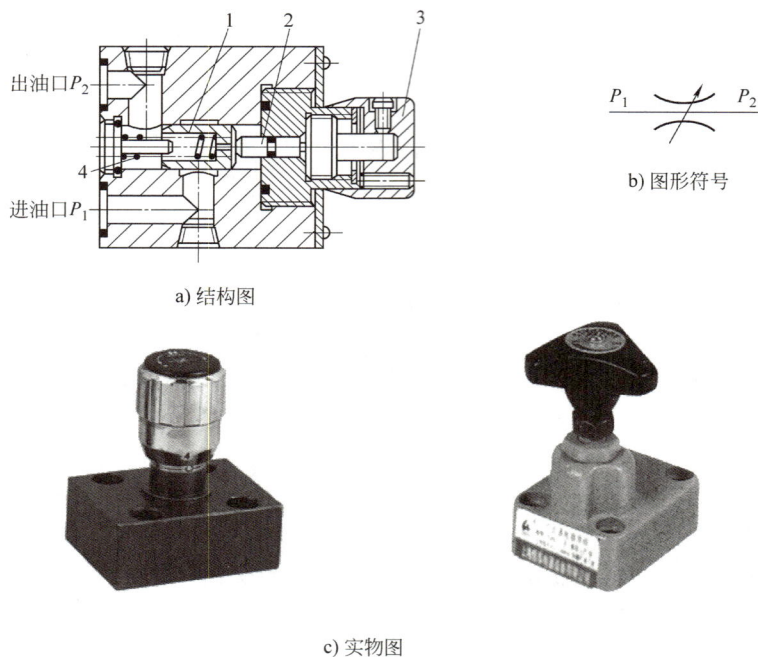

a) 结构图

c) 实物图

图 5-28　节流阀

1—阀芯　2—推杆　3—调节手轮　4—弹簧

节流阀结构简单，制造容易，体积小，使用方便，造价低。但负载和温度的变化对流量稳定性的影响较大，因此只适用于负载不大和温度不高，或速度稳定性要求不高的液压系统。

二、调速阀

调速阀是由定差减压阀与节流阀串联而成的组合阀。节流阀调节通过的流量，定差减压阀能自动保持节流阀前后的压力差为定值，使通过节流阀的流量不受负载变化的影响。

图 5-29 所示为调速阀的结构图、图形符号和实物图，调速阀的进口压力 p_1 由溢流阀调节，工作时基本保持恒定。压力油由进入调速阀后，先经过定差减压阀的阀口后压力降为 p_2，然后经节流阀流出，其压力为 p_3。节流阀前后的压力油分别作用在定差减压阀阀芯的两端。若忽略摩擦力和液动力，当减压阀阀芯在弹簧力 F_s 和油液压力的作用下处于某一平衡位置时，则有

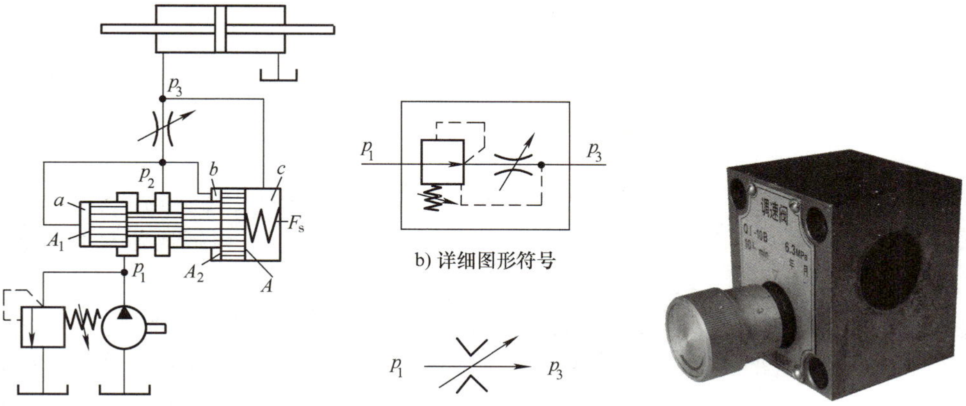

a) 结构图　　　b) 详细图形符号　　　c) 简化图形符号　　　d) 实物图

图 5-29　调速阀

$$p_2 A_1 + p_2 A_2 = p_3 A + F_s \qquad (5-1)$$

式中 A_1、A_2 和 A 分别为 a、b、c 腔内压力油作用于阀芯的有效面积，且 $A = A_1 + A_2$，故

$$p_2 - p_3 = \Delta p = \frac{F_s}{A}$$

因为弹簧刚度较低，且工作过程中减压阀阀芯位移较小，可认为弹簧力基本保持不变，故节流阀两端压力差不变，可保持通过节流阀的流量稳定。

若调速阀出口压力 p_3 因负载增大而增大时，作用在减压阀右端的力随之增加，阀芯失去平衡而左移，于是开口增大，液阻减小，减压阀的减压作用减小，使 p_2 也随之增加，直到阀芯在新的位置上得到平衡为止。因此，压力差基本保持不变。同理，当 p_3 减小时，p_2 也随之减小，故压力差仍保持不变。由于定差减压阀的自动调节作用，使节流阀前后的压力差保持不变，从而保持了流量的稳定。

调速阀和节流阀特性比较如图 5-30 所示。从图中可看出，节流阀的流量随压差的变化较大，而调速阀在进出口压力差 Δp 大于一定数值后，流量保持基本恒定。调

图 5-30　调速阀和节流阀特性比较

速阀在压差小于 Δp_{min} 区域内，减压阀不起减压作用，此时其流量特性与节流阀相同。因此，要使调速阀正常工作，必须保证有一个最小压力差（中低压调速阀为 0.5MPa）。

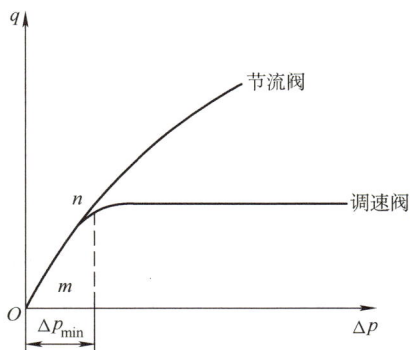

💡 提示

节流阀与调速阀在结构上有区别，在调速的性能上调速阀的速度稳定性优于节流阀，但调速的原理相同，都是通过改变节流阀的流道面积来调节流量大小。

三、速度控制回路

速度控制回路是控制执行元件运动速度的回路，包括调速回路、快速运动回路和速度换接回路。

1. 调速回路

调速回路的基本原理：液压缸的运动速度 v 由输入流量和液压缸的有效作用面积 A 决定，即 $v = q/A$。从液压马达的工作原理可知，液压马达的转速 n_M 由输入流量和液压马达的排量 V_M 决定，即 $n_M = q/V_M$。

要调节液压马达的转速 n_M 或液压缸的运动速度 v，可通过改变输入流量 q、改变液压马达的排量 V_M 和改变缸的有效作用面积 A 等方法来实现。由于液压缸的有效面积 A 是定值，只有改变流量 q 的大小来调速，而改变输入流量 q，可以通过采用流量阀或变量泵来实现，改变液压马达的排量 V_M，可通过采用变量液压马达来实现，因此，调速回路主要有以下三种方式：

第一，节流调速回路：由定量泵供油，用流量阀调节进入或流出执行元件的流量来实现调速；

第二，容积调速回路：用调节变量泵或变量马达的排量来调速；

第三，容积节流调速回路：采用变量泵和流量阀相配合的调速方法。

（1）节流调速回路　回路结构简单、成本低、使用维修方便，但其能量损失大、效率低、发热大，故一般只用于小功率的场合。根据流量阀位置的不同，可分为进油路节流调速回路、回油路节流调速回路和旁油路节流调速回路三种形式。

1）进油路节流调速回路：进油路节流调速回路是将节流阀装在执行元件的进油路上，调速原理如图 5-31a 所示，调节节流阀阀口大小，便能控制进入液压缸的流量，多余的油液经溢流阀溢流回油箱，而达到调速目的，油路中有溢流损失，又有节流损失，功率损失大。

根据进油节流调速回路的特点，节流阀进油节流调速回路适用于低速、轻载、负载变化不大和对速度稳定性要求不高的场合。

① 速度负载特性。液压缸在稳定工作时，其受力平衡方程为

$$p_1 A = F + p_2 A \tag{5-2}$$

式中　p_1、p_2——缸的进油压力和回油压力，由于回油腔通油箱，$p_2 = 0$；

F——缸的负载；

A——缸的有效工作面积。

因为 $p_2 = 0$，所以 $p_1 = F/A$。

泵的供油压力 p_p 由溢流阀调定为恒定，故节流阀两端的压力差为

$$\Delta p = p_p - p_1 = p_p - \frac{F}{A} \tag{5-3}$$

经节流阀进入液压缸的流量为

$$q_1 = KA_T \Delta p^m = KA_T \left(p_p - \frac{F}{A} \right)^m \tag{5-4}$$

本回路的速度负载特性方程为

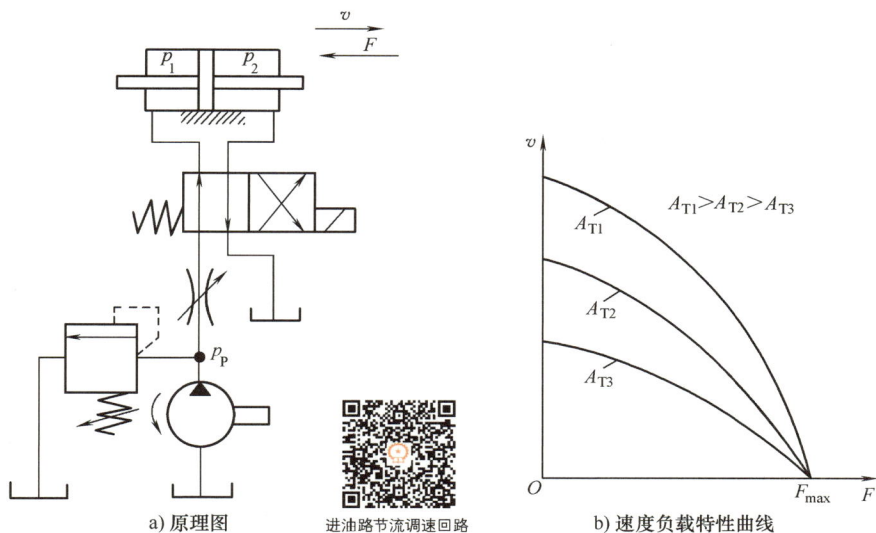

图 5-31　进油路节流调速回路

$$v = \frac{q_1}{A} = \frac{KA_\mathrm{T}}{A}\left(p_\mathrm{p} - \frac{F}{A}\right)^m \tag{5-5}$$

若按式（5-5）选用不同的 A_T 值画 v—F 坐标曲线图，可得一组曲线，即为本回路的速度负载特性曲线，如图 5-31b 所示。速度负载特性曲线表明速度负载变化的规律，曲线越陡，说明负载变化对速度的影响越大，速度刚度越低。

🔍 小知识

1）从图 5-31b 可知，当节流阀开口 A_T 不变时，活塞的运动速度 v 随负载 F 的增加而降低，速度刚度较低。

2）当节流阀开口 A_T 一定时，负载较小的区段曲线较平缓，速度刚度高，负载较大的区段曲线较陡，速度刚度低。

3）在相同负载下工作时，当节流阀开口较小，活塞的速度 v 较低，曲线较平缓，速度刚度高；节流阀开口较大，活塞的速度 v 较高，曲线较陡，速度刚度低。

② 最大承载能力。由图 5-31b 还可以见到，三条特性曲线交汇于横坐标轴上的一点，该点对应的 F 值即为最大负载。这说明最大承载能力 $F_{\max}$ 与速度调节无关。因最大负载时缸停止运动，令式（5-5）为零，即得值为

$$F_{\max} = p_\mathrm{p} A \tag{5-6}$$

③ 功率和效率。液压泵的输出功率为

$$P_\mathrm{p} = p_\mathrm{p} q_\mathrm{p} = 常量$$

式中，q_p 是液压泵输出的流量。

液压缸的输出功率为

$$P_1 = Fv = F\frac{q_1}{A} = p_1 q_1 \tag{5-7}$$

回路的功率损失为

$$\Delta P = P_p - P_1 = p_p q_p - p_1 q_1 = p_p q_y + \Delta p q_1 \tag{5-8}$$

式中　q_y——通过溢流阀的溢流量，$q_y = q_p - q_1$；

Δp——节流阀两端的压力差。

由式（5-8）可知，这种调速回路的功率损失由两部分组成，即溢流阀损失和节流损失。回路的效率为

$$\eta = \frac{P_1}{P_p} = \frac{p_1 q_1}{p_p q_p} \tag{5-9}$$

由于存在两部分功率损失，节流调速回路的效率较低。

2）回油路节流调速回路：回油路节流调速回路是将节流阀装在执行元件的回油路上，如图 5-32 所示。用节流阀调节液压缸输出的流量，控制进入液压缸的流量。

回油路节流调速回路的速度负载特性曲线与进油路节流调速回路的速度负载特性曲线相同。但这两种调速回路仍有不同之处：回油路节流调速回路由于液压缸的回油腔存在背压，因而能承受一定的负值负载，故其运动平稳性较好；回油路节流调速回路，经过节流阀发热后的油液直接流回油箱冷却，对液压缸泄漏影响较小；在停车后，液压缸回油腔中的油液会由于泄漏而形成空隙，重新起动时由于进油路上没有节流阀控制流量，会使活塞产生前冲。

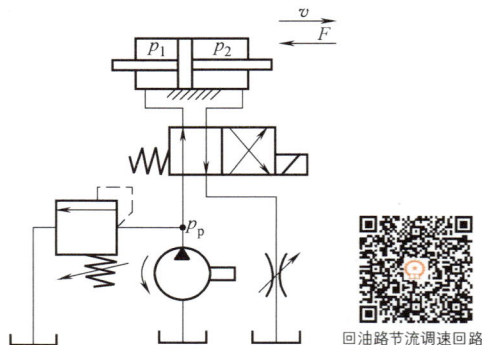

图 5-32　回油路节流调速回路

3）旁油路节流调速回路：这种节流调速回路是将节流阀装在与液压缸并联的支路上，如图 5-33a 所示。节流阀分流了油泵的流量，从而控制了进入液压缸的流量，调节节流阀的流道面积，即可实现调速。回路中的溢流阀只起安全作用，常态时关闭。

图 5-33b 所示为旁路节流调速回路的速度负载特性曲线，由图可知该回路的特点：

① 增大节流阀开度，活塞运动速度减小；当节流阀的开度不变时，负载增加，活塞运动速度下降很快，其速度刚度比进、回油节流调速低。

② 在负载一定时，节流阀的开度越小，其速度刚度越高，能承受的最大负载就越大。

③ 液压泵的工作压力随负载变化而变化，回路中只有节流损失而无溢流损失，因此这种回路的效率较高。

④ 因液压缸的回油腔无背压力，所以其运动平稳性较差，不能承受负值负载。

要点

三种节流调速回路性能比较见表 5-5。

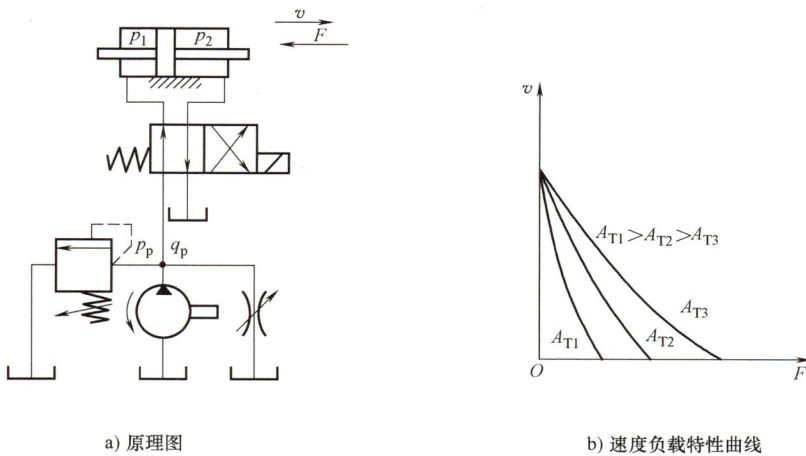

a) 原理图   b) 速度负载特性曲线

图 5-33   旁油路节流调速回路

表 5-5   三种节流调速回路性能比较

特　　性	节流调速回路		
	进油路节流调速回路	回油路节流调速回路	旁油路节流调速回路
运动平稳性	平稳性较差，不能在负值负载下工作	平稳性较好，可以在负值负载下工作	平稳性较差，不能在负值负载下工作
最大承载能力	最大负载由溢流阀所调定压力来决定	同左	最大负载随节流阀开口增大而减小，低速承载能力差
调速范围	较大	同左	由于低速稳定性差，故调速范围较小
功率损耗	低速、轻载时功率损耗较大、效率低，发热大	同左	功率损耗与负载成正比。效率较高，发热小
发热的影响	油液通过节流阀后直接进入液压缸，影响较大	油液通过节流阀后直接流回油箱冷却，影响较小	油液通过节流阀后直接流回油箱冷却，影响较小
起动冲击	停车后起动冲击小	停车后起动有冲击	停车后起动有冲击
压力控制	便于实现压力控制	实现压力控制不方便	便于实现压力控制

（2）容积调速回路 根据油路的循环方式不同，容积调速回路分为开式和闭式回路两种。

开式回路中，泵从油箱吸油，执行元件的回油仍返回油箱。其优点是油液在油箱中便于沉淀杂质、析出气体，并得到良好的冷却，但油箱尺寸较大，污物容易侵入。

闭式回路中，液压泵的吸油口与执行元件的回油口直接连接，油液在系统内循环。其优点是结构紧凑、油气隔绝、运动平稳、噪声小，但散热条件较差。闭式回路中需设置补油装置。

根据液压泵和液压马达或液压缸组合方式不同，容积调速回路分三种形式：

1）变量泵和定量执行元件组成的容积调速回路：图 5-34a 所示为变量泵和液压缸组成

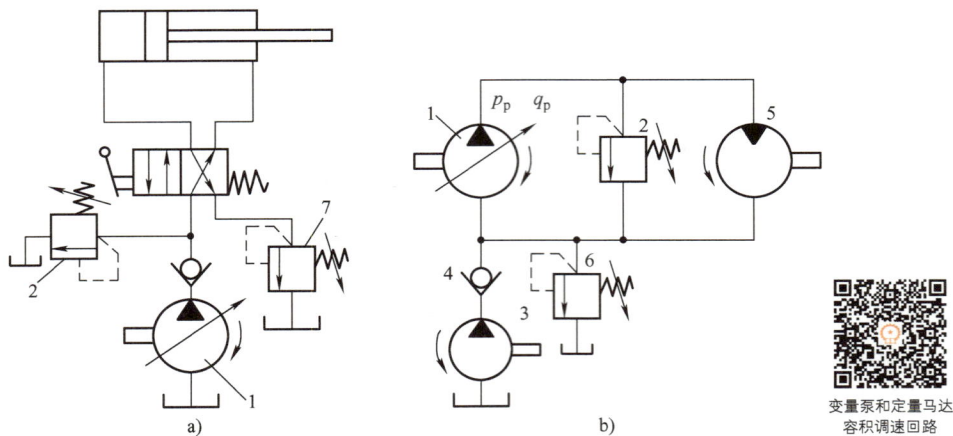

图 5-34　变量泵和定量执行元件组成的容积调速回路

1—变量泵　2、6—溢流阀　3—辅助泵　4—单向阀　5—定量液压马达　7—背压阀

的容积调速回路，图 5-34b 所示为变量泵和定量液压马达组成的容积调速回路。这两种回路均采用改变变量泵 1 的输出流量 q_p 来调速的。工作时，溢流阀 2 作安全阀用，它可限定液压泵的最高压力。

这种回路特性如下：

① 若不计损失，液压缸活塞的运动速度 $v = q/A$，液压马达的转速 $n_m = q/V_M$，因缸的有效作用面积 A 和液压马达的排量 V_M 为定值，所以调节变量泵的排量，即改变了泵的流量 q 便可调节活塞的运动速度或液压马达的转速，且调速范围大。

② 若不计损失，液压马达的输出转矩 $T_M = \dfrac{p_p V_M}{2\pi}$，液压缸的输出力 $F = p_p A$，其中 V_M 和 A 为定值，p_p 为变量泵的压力，由溢流阀 2 调定。液压马达（或液压缸）输出的最大转矩（或输出力）不变，故这种调速为恒转矩（恒输出力）调速。

③ 若不计损失，液压马达（或液压缸）输出的功率等于液压泵的输入功率，即 $P_M = P_p = p_p V_p n_p = p_p V_M n_m$。式中泵的压力 p_p、马达的排量 V_M 为常量，因此马达的输出功率随转速 n_m 呈线性变化。

2）定量泵和变量液压马达组成的容积调速回路：图 5-35 所示回路中，定量泵 1 的输出流量不变，调节变量液压马达 3 排量 V_M，便可改变其转速。

这种回路的特性如下：

① 根据 $n_m = q_p/V_M$ 可知，马达输出与排量 V_M 成反比，V_M 过小则马达的输出转矩将减小，甚至不能带动负载，故这种调速回路的调速范围较小。

② 由液压马达的转矩公式 $T_M = \dfrac{p_p V_M}{2\pi}$ 可知，若 V_M 减小，n_m 增加，则 T_M 下降。

③ 定量泵输出流量是不变的，泵的压力由溢流阀 2 调定。若不计损失，则马达输出的最大功率是不变的，故这种调速为恒功率调速。

3）变量泵和变量马达组成的容积调速回路：图 5-36a 所示的回路中，变量泵 1 正反向

图 5-35　定量泵和变量液压马达组成的
容积调速回路
1—定量泵　2、4—溢流阀　3—变量液压马达

供油，液压马达 2 即正反向旋转，单向阀 6 和 9 用于使定量泵 4 双向补油，单向阀 7、8 使安全阀 3 在两个方向都能起过载保护作用。这种调速回路是前面两种调速回路的组合，调速时将液压泵和液压马达的排量分阶段调节，即在低速阶段由 q_p 调节（此时 V_M 保持在最大），在高速阶段由 V_M 调节（此时 q_p 保持在最大），这样就扩大了调速范围。

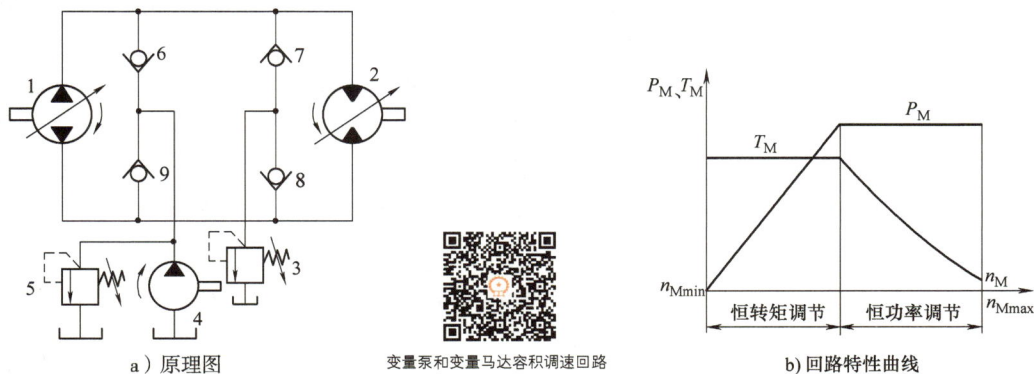

a）原理图　　　变量泵和变量马达容积调速回路　　　b）回路特性曲线

图 5-36　变量泵和变量马达组成的容积调速回路
1—变量泵　2—液压马达　3—安全阀　4—定量泵　5—溢流阀　6、7、8、9—单向阀

这种回路在低速段将马达的排量固定在最大值上，由小到大调节泵的排量来调速，其最大输出转矩不变；在高速段将泵的排量固定在最大值上，由大到小调节马达的排量来调速。其最大输出功率不变。回路总的调速范围等于泵调速范围与马达调速范围的乘积，所以它适用于机床主运动等大功率的液压系统。其特性曲线如图 5-36b 所示。

（3）容积节流调速回路　容积调速回路，虽然具有效率高、发热小的优点，但随着负载增加，容积效率将下降，于是速度发生变化，尤其低速时稳定性更差，因此有些机床的进给系统为了减少发热并满足速度稳定性的要求，常采用容积节流调速回路。这种回路的特点

是效率高，发热小，速度稳定性比容积调速好。

图 5-37a 所示为限压式变量泵和调速阀组成的容积节流调速回路。调速阀装在进油路上，调节调速阀就可以控制进入液压缸的流量，限压式变量泵的输出流量 q_p 和液压缸所需流量 q_1 相适应。若 $q_p > q_1$，则泵的出口压力上升，使泵的偏心量自动减小；若 $q_p < q_1$，则泵的出口压力会降低，使泵的偏心量自动增大，使 q_p 增加。

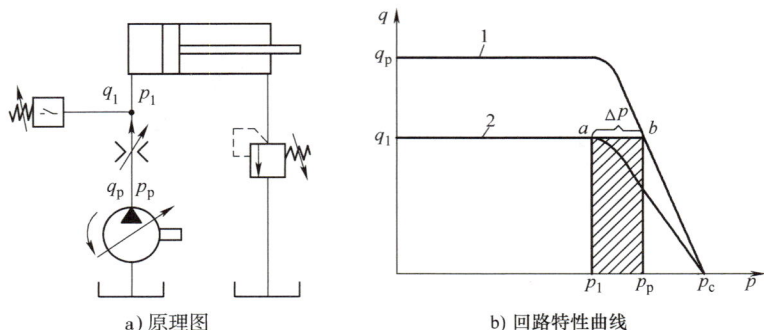

a）原理图　　　　　　　　　　b）回路特性曲线

图 5-37　限压式变量泵和调速阀容积节流调速回路

图 5-37b 是限压式变量泵和调速阀联合调速的特性曲线。图中曲线 1 为限压式变量泵的压力和流量特性曲线，曲线 2 是调速阀在某开口的压力和流量特性曲线。a 点为液压缸的工作点，此时通过调速阀进入液压缸的流量为 q_1，压力 p_1。液压泵的工作点则在 b 点，泵的输油量与调速阀相适应均为 q_1，泵的工作压力为 p_p。如果限压式变量泵的限压螺钉调节合理，在不计管路损失的情况下，可使调速阀保持最小稳定压差值，一般 $\Delta p = 0.5\text{MPa}$。此时，不仅能使活塞的运动速度不随负载而变，而且通过调速阀的功率损失（图中阴影部分面积）为最小，这种情况说明变量泵限压值调节最合理。如果调得过小，会使 $\Delta p < 0.5\text{MPa}$，这时调速阀中的减压阀将不能正常工作，输出流量随液压缸压力增加而下降，使活塞运动速度不稳定。如果在调节限压螺钉时将调得过大，则功率损失增大，油液容易发热。

想一想

节流调速回路、容积调速回路、容积节流调速回路各有什么特点？适用于什么范围？

---

2. 快速运动回路

快速运动回路的功用在于使执行元件获得所需要的高速度，以提高系统的工作效率，常见有以下几种。

（1）液压缸差动连接快速运动回路　图 5-38 所示回路，阀 3 和阀 4 在左位工作时，液压缸差动连接快速运动；当 3YA 通电时，差动连接即被切断，液压缸回油经调速阀，实现工进；阀 3 切换至右位后，液压缸有杆腔进油，即快退。这种快速回路可在不增加泵流量的情况下，提高执行元件的运动速度，其结构简单、经济，但快、慢速的转换不够平稳。

（2）双泵供油快速运动回路　图 5-39 所示回路中，2 为低压大流量泵，1 为高压小流量泵。在快速时，泵 1 和泵 2 同时向液压系统供油；工进时，系统压力升高，液控顺序阀 3 开启，使泵 2 卸荷，此时单向阀 4 关闭，由泵 1 单独向系统供油。这种快速回路功率利用合理，效率较高，但回路较复杂，成本较高。常用于执行元件快进和工进速度相差很大的机床进给系统。

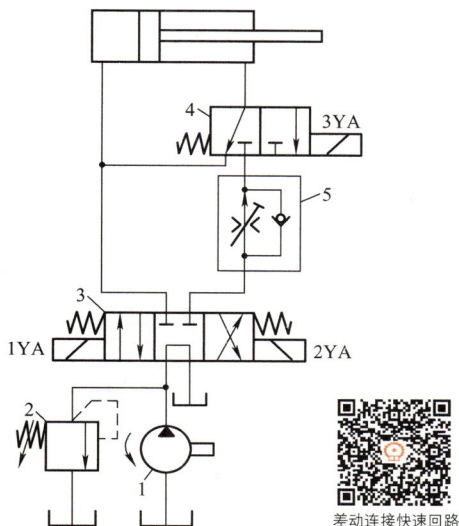

图 5-38　液压缸差动连接快速运动回路
1—定量泵　2—溢流阀
3、4—电磁阀　5—单向调速阀

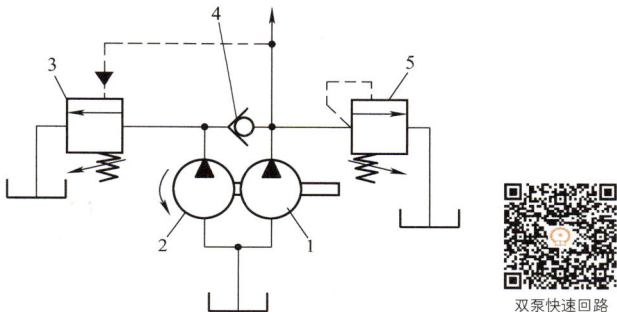

图 5-39　双泵供油快速运动回路
1—高压小流量泵　2—低压大流量泵　3—液控顺序阀
4—单向阀　5—溢流阀

（3）蓄能器快速运动回路　图 5-40 所示回路中，系统短期需要大流量时，换向阀 5 处于左位或右位，由泵 1 和蓄能器 4 同时向液压缸 6 供油；当系统停止工作时，换向阀 5 处在中间位置，这时泵便经单向阀 3 向蓄能器充液，蓄能器压力升高后，达到液控顺序阀 2 设定压力后，阀口打开，使泵卸荷。这种快速回路可用小流量的泵获得较高的运动速度，但蓄能器充液时，液压缸必须停止工作，在时间上有些浪费。

3. 速度换接回路

速度换接回路的功用是使液压执行元件在实现工作循环的过程中，进行速度转换，且具有较高的速度换接平稳性。

（1）快速与慢速的换接回路 图 5-41 所示为用行程阀实现快慢速转换的回路。在图示状态下，液压缸快进；

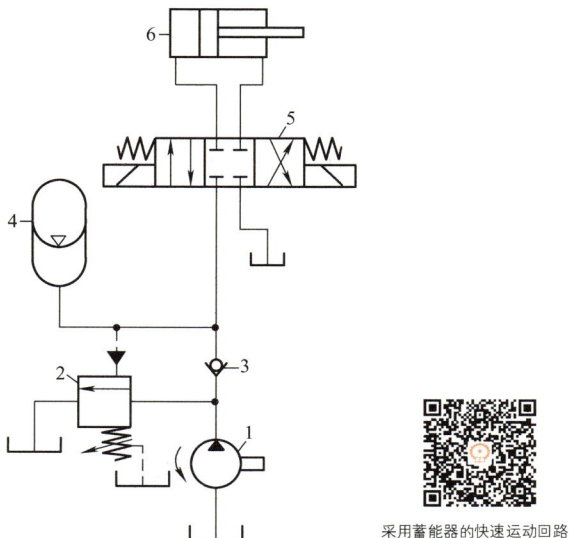

图 5-40　蓄能器快速运动回路
1—泵　2—液控顺序阀　3—单向阀
4—蓄能器　5—换向阀　6—液压缸

101

当运动部件上的挡块压下单向行程调速阀5时，行程阀关闭，液压缸右腔的油液必须通过单向行程调速阀6才能流回油箱，液压缸就由快进转换为慢速工进。这种快慢速转换比较平稳，换接点位置较准确，但行程阀必须安装在执行元件附近，且不能改变其位置，管道连接较为复杂。若将行程阀改换为电磁阀，则安装连接方便，但速度换接平稳性、可靠性及换接精度都较差。

（2）两种工进速度的换接回路 图 5-42 所示为用两个调速阀来实现不同的工进速度的换接回路。为实现两次工进速度，常用两个调速阀串联或并联在油路中，用换向阀进行切换，图 5-42a 所示为两个调速阀串联来实现两次工进速度的换接回路，第二工进速度小于第一工进速度，调速阀4的开口小于调速阀3，这种回路速度换接平稳性好。图 5-42b 所示为两个调速阀并联来实现两次进给速度的换接回路，两个调速阀可以分别调整，两次工进速度互不限制。但一个调速阀工作时另一个调速阀无油通过，其定差减压阀开口位置最大，在速度转换的瞬间，通过该调速阀的流量过大会造成液压缸突然发生前冲现象。

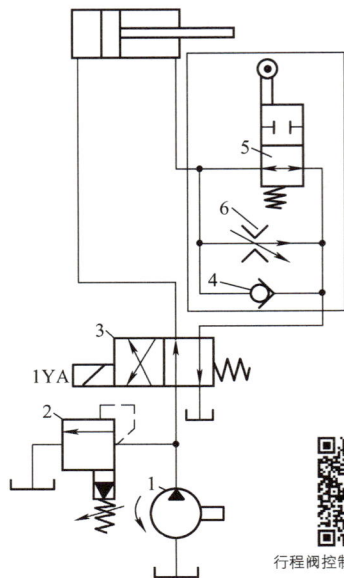

图 5-41　快慢速转换回路

1—泵　2—溢流阀　3—换向阀

4、5、6—单向行程调速阀

a) 调速阀串联的慢速换接回路　　　b) 调速阀并联的慢速换接回路

图 5-42　两种工进速度的换接回路

1—泵　2、5—换向阀　3、4—调速阀　6—溢流阀　7—单向阀

【小节习题】

（1）调速阀是由_____与_____串联而成的，这种阀无论其进出压力如何变化，其_____均能保持为定值，故能保证流道面积不变时流量稳定。

（2）节流阀两端压差 Δp 变化时，通过它的_____发生变化，三种结构形式的节流口中，通过_____小孔的流量受到压差改变的影响最小。

（3）液压系统的调速方法有_____、_____和_____。

（4）节流调速回路按流量阀安装位置的不同，分_____、_____和_____。

（5）进、回油节流调速回路的功率损失有_____和_____。

（6）常用的快速运动回路有_____、_____和_____。

（7）容积调速回路分为_____、_____和_____。

（8）在快慢速转换回路中，可用_____或_____实现执行元件快慢速的转换。

（9）双泵供油快速回路，快进时由_____供油，工进时_____供油。

（10）容积节流调速回路的特点是_____，_____，速度稳定性比容积调速回路好。

第五节　多缸工作控制回路

在液压系统中，由一个油源向多个液压缸供油时，各执行元件间有两种可能的动作，即顺序动作或同步动作。

一、顺序动作回路

顺序动作回路的功用是使多缸液压系统中的各液压缸按规定的顺序依次动作，常用控制方式分行程控制和压力控制两大类。

1. 行程控制的顺序动作回路

（1）用行程开关控制的顺序动作回路　如图 5-43 所示，1YA、2YA 断电，电磁阀 1、2 均为右位工作，两个缸的活塞均处于右端。当 1YA 通电时，电磁阀 1 左位工作，缸 A 活塞左移，实现动作①；当运动到预定位置时，挡块 3 压下行程开关 S_1，使 2YA 通电，电磁阀 2 左位工作，缸 B 活塞左移，实现动作②；当挡块 4 压下行程开关 S_2，使 1YA 断电，电磁阀 1 为右位工作，缸 A 活塞右移，实现动作③；当挡块 3 压下开关 S_3，使 2YA 断电时，电磁阀 2 右位工作，缸 B 活塞右移，实现动作④。当缸 B 活塞运动至挡块 4 压下行程开关 S_4 时，又使 1YA 通电，开始下一个工作循环。这种回路使用方便，调整行程开关位置可调整液压缸的行程大小和动作顺序，应用十分广泛。

（2）采用行程阀控制的顺序动作回路　在图 5-44 所示状态下，两液压缸均退至右端。

电磁铁 1YA 通电，电磁阀 1 左位工作，缸 B 活塞先向左运动，当挡块 3 压下行程阀 2 后，油液进入缸 A 右腔，活塞左移。当电磁阀 1 断电时，液压缸 B 活塞右移，当挡块 3 脱离行程阀 2 时，液压缸 A 的活塞右移。该回路动作灵敏，工作可靠，但调整和改变动作顺序较困难。

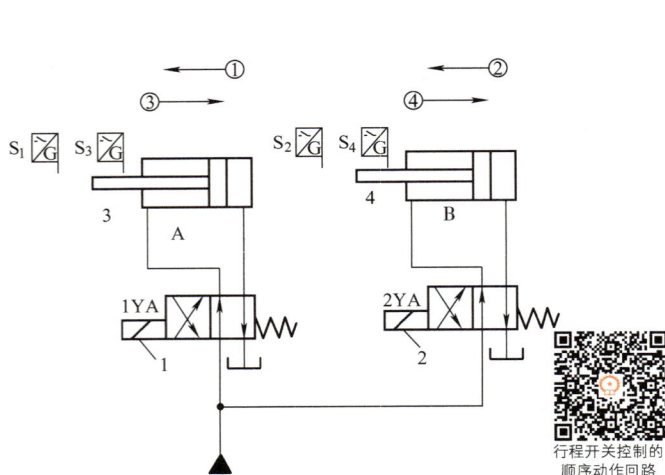

图 5-43　行程开关控制的顺序动作回路

1、2—电磁阀　3、4—挡块

图 5-44　行程阀控制的顺序动作回路

1—电磁阀　2—行程阀　3—挡块

2. 压力控制的顺序动作回路

压力控制是利用液压系统工作过程中的压力的变化使所控制执行元件按顺序动作。图 5-45 所示为顺序阀控制的顺序动作回路，液压油经减压阀、单向阀和电磁换向阀的右位后，油路分为两支。由于顺序阀的设定压力高于液压缸 A 的工作压力，液压油先进入液压缸 A 的上腔向下推动活塞运动。定位完成后，系统压力升高，达到顺序阀的设定压力，打开顺序阀，压力油进入液压缸 B 的上腔，推动其活塞下行，完成夹紧动作。加工完毕后，电磁阀换向，两液压缸同时返回。

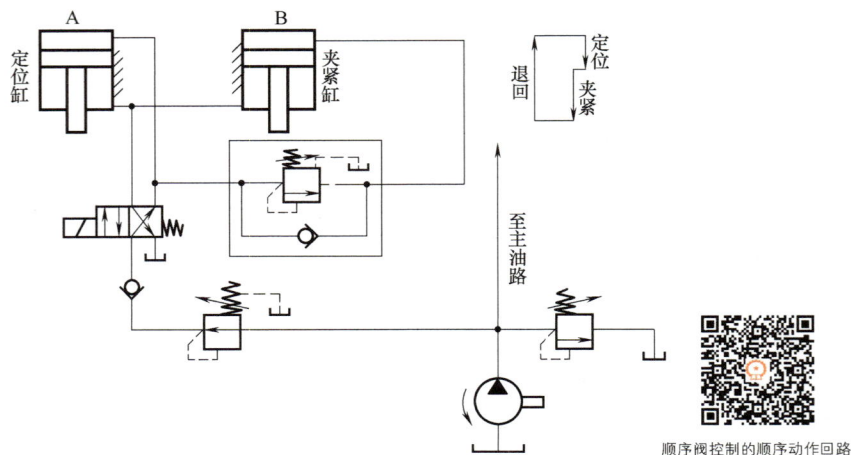

图 5-45　顺序阀控制的顺序动作回路

图 5-46 所示为用压力继电器控制的顺序动作回路，按起动按钮，1YA 通电，液压缸 1 活塞向右运动，当液压缸 1 行至终点后，压力升高，压力继电器 1KP 动作，使电磁铁 3YA 通电，液压缸 2 活塞向右运动。按返回按钮，1YA、3YA 断电，4YA 通电，液压缸 2 活塞向左退回。液压缸 2 活塞退回原位后，回路压力升高，压力继电器 2KP 动作，使 2YA 通电，液压缸 1 活塞后退。

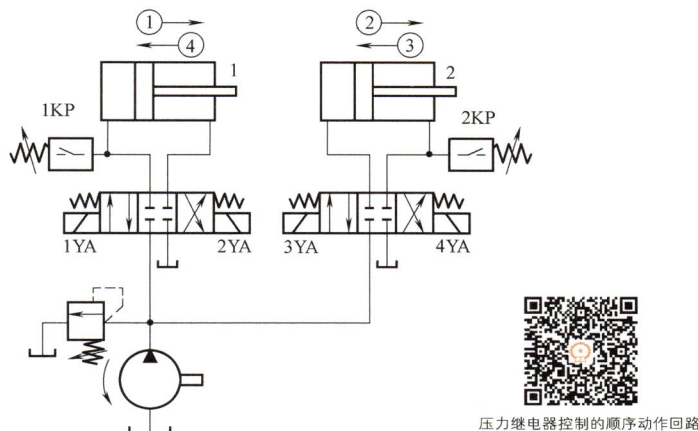

图 5-46　压力继电器控制的顺序动作回路
1、2—液压缸

二、同步回路

同步回路的功用是保证系统中两个或两个以上液压缸在运动中保持相同的位移或速度。

（1）串联液压缸同步回路　图 5-47 所示为带补偿装置的串联液压缸同步回路。当两缸活塞同时下行时，若液压缸 5 活塞先到达行程端点，则挡块压下行程开关 S_1，电磁铁 3YA 通电，电磁阀 3 左位工作，压力油经电磁阀 3 和液控单向阀 4 进入液压缸 6 上腔，进行补油，使其活塞继续下行到达行程端点。如果液压缸 6 活塞先到达行程端点，行程开关 S_2 使电磁铁 4YA 通电，电磁阀 3 右位工作，压力油进入液控单向阀 4 的控制口，打开液控单向阀 4，液压缸 5 下腔与油箱接通，使其活塞继续下行到达行程端点，从而消除积累误差。

（2）采用调速阀的同步回路　图 5-48 所示是两个并联液压缸，两个调速阀分别调节两个液压缸的活塞的运动速度。由于调速阀具有负载变化时保持流量稳定这一特点，所以只要调整两个调速阀开口的大小，就能使两个液压缸保持同步。这种回路结构简单，但调整比较麻烦，同步精度不高。

三、多缸快慢速互不干扰回路

在一泵多缸的液压系统中，往往由于一个液压缸的快速运动，造成系统的压力下降，影响其他液压缸的正常工作，因此在工作进给要求比较稳定的多缸系统中，必须采用快慢速互不干扰回路。

图 5-49 所示为双泵供油互不干扰回路，液压缸 13 和 14 要分别完成"快进→工进→快退"的工作循环，当 3YA、4YA 通电时，两缸均由低压大流量泵 2 供油，并形成差动连接实现快进。若液压缸 13 先完成快进动作，挡块压下行程开关 S_1，使电磁铁 1YA 通电，3YA 断电，液压缸 13 改为高压小流量泵 1 供油，由调速阀 5 获得慢速工进，不受液压缸 14 的影

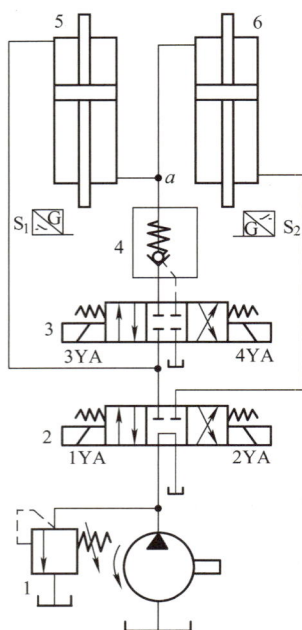

图 5-47 带补偿装置的串联液压缸同步回路
1—溢流阀　2、3—电磁阀　4—液控单向阀　5、6—液压缸

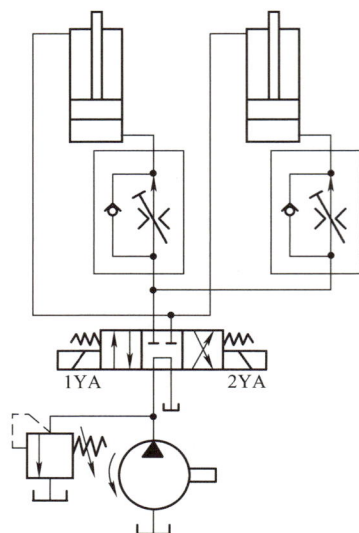

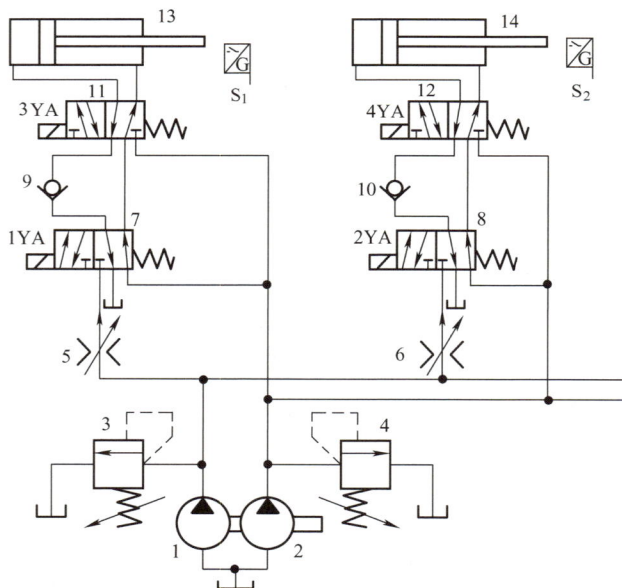

图 5-48 采用调速阀的同步回路

图 5-49 双泵供油互不干扰回路
1—高压小流量泵　2—低压大流量泵　3、4—溢流阀　5、6—调速阀
7、8、11、12—二位五通电磁阀　9、10—单向阀　13、14—液压缸

响。若两缸都转换为工进，都由高压小流量泵 1 供油后，如缸 14 改为大流量泵 2 供油，使活塞快速退回，这时缸 13 仍由泵 1 供油，继续完成工进，不受缸 14 的影响。当所有电磁铁

都断电时，两缸均停止运动。

两缸工进时的工作压力由泵 1 出口处溢流阀 3 调定，压力较高，两缸快进时的工作压力由泵 2 出口处的溢流阀 4 调定，压力较低。

第六节 其他液压控制阀及其应用

一、电液比例阀

电液比例阀简称比例阀，它是一种把输入的电信号按比例地转换成力或位移，从而对压力、流量等参数进行连续控制的一种液压阀。比例阀由直流比例电磁铁与液压阀两部分组成。液压阀部分与普通的液压阀差别不大，而直流比例电磁铁和一般电磁阀所用的电磁铁不同。电液比例阀可以根据输入的电信号大小连续地按比例对液压系统的参数实现远距离调节和计算机控制。比例阀按其控制的参数可分为：比例压力阀、比例流量阀、比例方向阀三大类。

1. 电液比例压力阀

图 5-50 所示为电液比例压力先导阀，用一个直流比例电磁铁取代原有的手调装置。比例电磁铁电磁吸力与输入的电流成正比，只要连续地按比例调节输入电流，就能连续地按比例控制锥阀的设定压力 p。这种阀可作为直动式压力阀使用，也可作为先导式压力阀，与普通溢流阀、减压阀、顺序阀组合，构成电液比例溢流阀、电液比例减压阀、电液比例顺序阀。

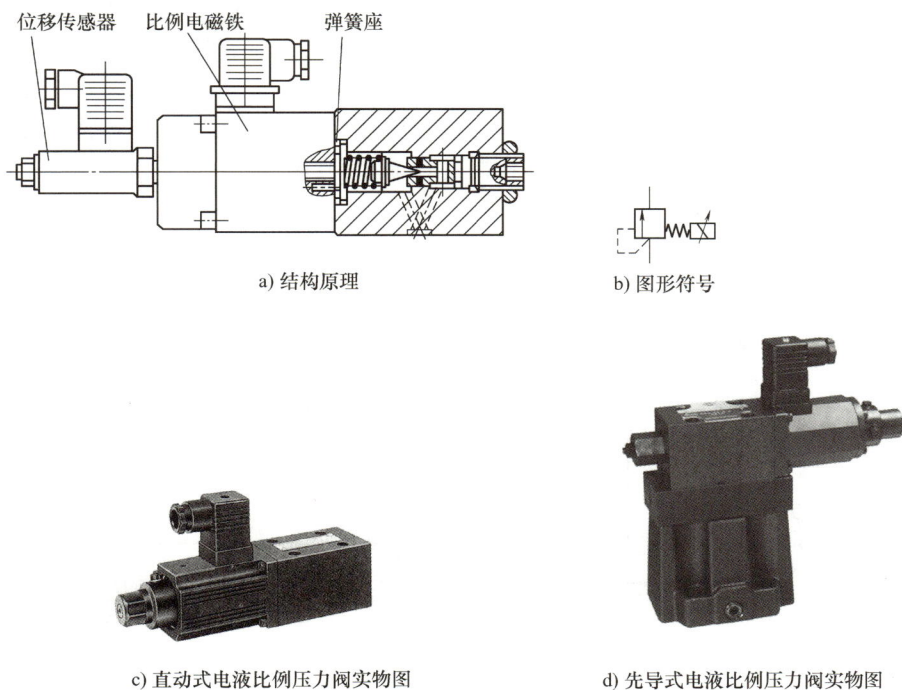

a) 结构原理　　　　　　　　　　b) 图形符号

c) 直动式电液比例压力阀实物图　　　　d) 先导式电液比例压力阀实物图

图 5-50　电液比例压力先导阀

2. 比例阀的应用

图 5-51a 所示为比例溢流阀调压的多级调压回路。图中 1 为比例溢流阀。改变输入电流 I，即可控制系统的工作压力。它比利用普通溢流阀（图 5-51b）的多级调压回路用液压元件少，回路简单，且可对系统压力进行连续控制。

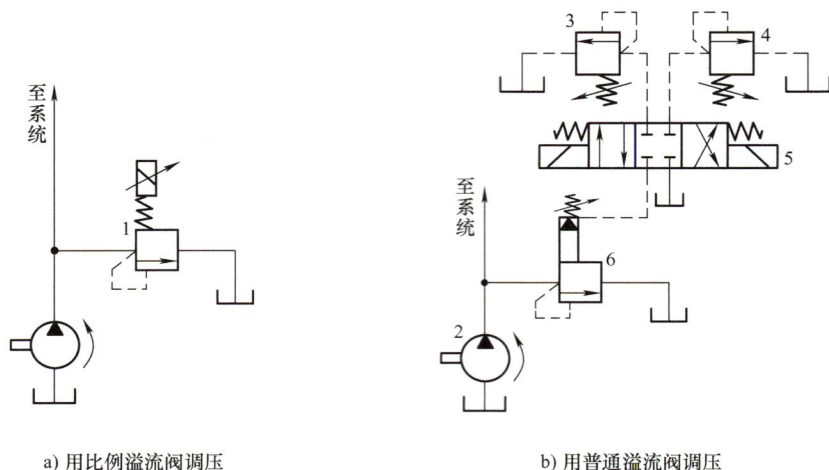

a) 用比例溢流阀调压　　　　　　b) 用普通溢流阀调压

图 5-51　调压回路对比图

1—比例溢流阀　2—泵　3、4—溢流阀　5—三位四通电磁阀　6—先导式溢流阀

图 5-52a 所示为采用比例调速阀的调速回路。改变比例调速阀输入电流即可使液压缸获得所需要的运动速度。比例调速阀可在多级调速回路中代替多个调速阀，也可用于远距离速度控制。图 5-52b 所示为采用普通调速阀的调速回路。

总之，采用比例阀能使液压系统简化，所用液压元件数大为减少，既能提高液压系统的性能参数及控制适应性，又能明显提高其控制的自动化程度。

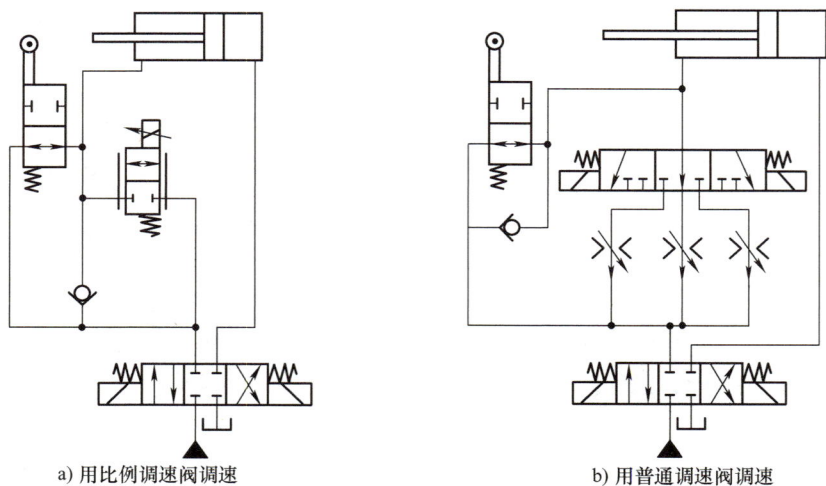

a) 用比例调速阀调速　　　　　　b) 用普通调速阀调速

图 5-52　调速回路对比图

二、插装式锥阀

1. 插装式锥阀的结构和工作原理

插装式锥阀又称逻辑阀或二通插装阀，简称插装阀。这种阀具有结构简单，标准化、通用化程度高，动作迅速、通流能力大、密封性好、抗污染能力强、液阻小、变形方便，可以高度集成，便于实现无管连接和集成化控制等优点。这种阀的出现满足了液压技术向高压、大流量、集成化方向发展的要求，在锻压机械、冶金机械、船舶、矿山等工程领域得到了广泛的应用。

插装阀主要由锥阀组件、阀体、控制盖板及先导元件组成。图 5-53a 中，阀套 2、弹簧 3 和锥阀芯 4 组成锥阀组件，插装在阀体 5 的孔内。上面的控制盖板 1 上设有控制油路与其先导元件连通。锥阀组件上配置不同的盖板，就能实现各种不同的功能。同一阀体内可装入若干个不同机能的锥阀组件，加相应的盖板和控制元件组成所需要的液压回路或系统。图 5-53b、c 所示为其符号和实物图。由于功能和结构不同，符号有所不同。

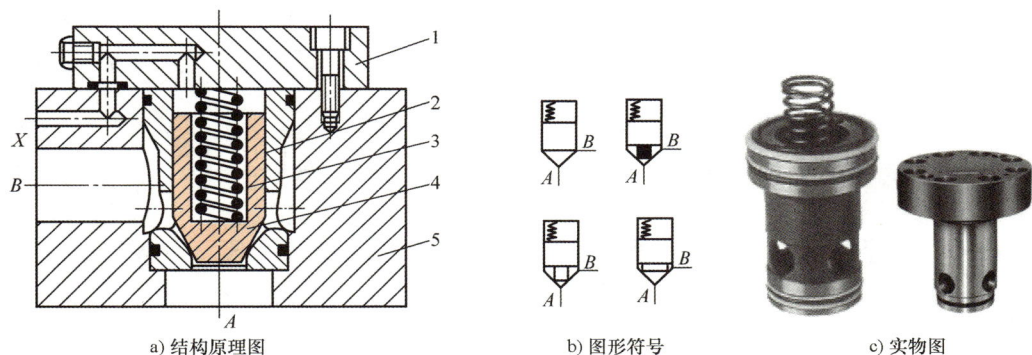

a) 结构原理图　　　　b) 图形符号　　　　c) 实物图

图 5-53　插装式锥阀

1—控制盖板　2—阀套　3—弹簧　4—锥阀芯　5—阀体

从工作原理讲，插装阀是一个液控单向阀。A、B 为主油路的通口，X 为控制油口。设 A、B、X 油口所通油腔的油液压力及有效工作面积分别为 p_A、p_B、p_X 和 A_A、A_B、A_X，弹簧的作用力 F_1，当不计阀芯质量、摩擦阻力和不考虑液动力时，插装阀的工作状态由作用在阀芯上的合力方向和大小决定，阀芯上的受力平衡式为

$$\sum F = p_X A_X - p_A A_A - p_B A_B + F_1 \tag{5-10}$$

当合力为正，即 $\sum F > 0$ 时，阀芯关闭；当合力为负，即 $\sum F < 0$ 时，阀芯开启；当合力为零，即 $\sum F = 0$ 时，阀芯在某一平衡位置上。由式（5-10）可以看出，采取适当的方式控制 X 腔的压力 p_X，就可以控制主油路 A 口与 B 口的油流方向和压力。如果采取措施控制阀芯的开度，就可控制主油路中的流量。

2. 插装阀的应用

（1）插装式方向控制阀　图 5-54a 所示为插装单向阀，将插装阀的控制油口 X 与 A 或 B

连接，形成插装单向阀。若 X 与 A 连接，则阀口 B 与 A 通，A 与 B 不通；若 X 与 B 口连接，则阀口 A 到 B 通，B 到 A 不通。

图 5-54b 所示为二位四通换向阀，当电磁阀不通电时，油口 P 与 B 通，油口 A 与 T 通；当电磁阀通电时，油口 P 与 A 通，油口 B 与 T 通。

图 5-54c 所示为三位四通换向阀，当电磁阀不通电时，控制油使 4 个插装阀关闭，油口 P、T、A、B 互不连通；当 1YA 通电时，油口 P 与 A 通，油口 B 与 T 通；当 2YA 通电时，油口 P 与 B 通，油口 A 与 T 通。

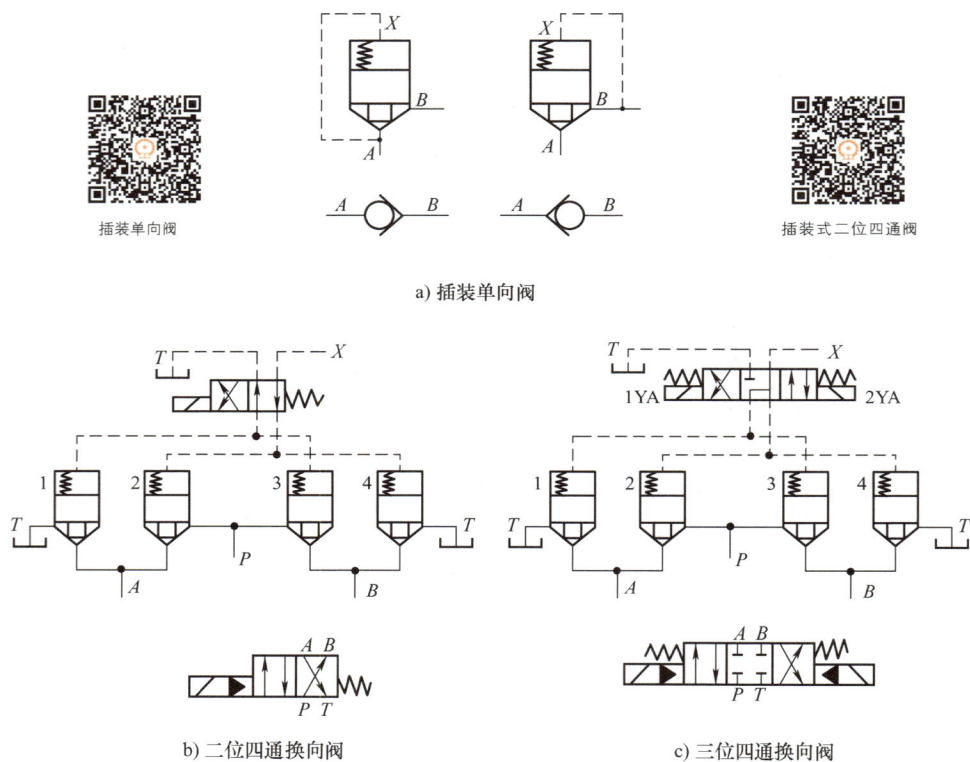

a) 插装单向阀

插装单向阀

插装式二位四通阀

b) 二位四通换向阀

c) 三位四通换向阀

图 5-54　插装式方向控制阀

1、2、3、4—插装阀

（2）插装式压力控制阀　插装式压力控制阀由插装阀和先导阀组成，如图 5-55 所示为其结构、图形符号和实物图，它的工作原理和先导式溢流阀相似，当油口 A 处压力较低时，先导阀关闭，锥阀也关闭。当油口 A 处压力达到先导阀设定压力时，先导阀开启，油液流经锥阀芯阻尼孔，在锥阀芯两端形成压力差，锥阀芯在压力差作用下克服弹簧力上移而使溢流阀口开启，起到溢流调压作用。在控制油路上作不同的连接便构成不同的插装式压力控制阀。

（3）插装式流量控制阀　在插装锥阀盖板上，增加阀芯行程调节装置，调节阀芯开口的大小，就构成了一个插装式流量控制阀，如图 5-56 所示。这种插装阀的锥阀芯上开有三角槽，用以调节流量。

a)结构图　　　　　　　　　b)图形符号

c) 实物图

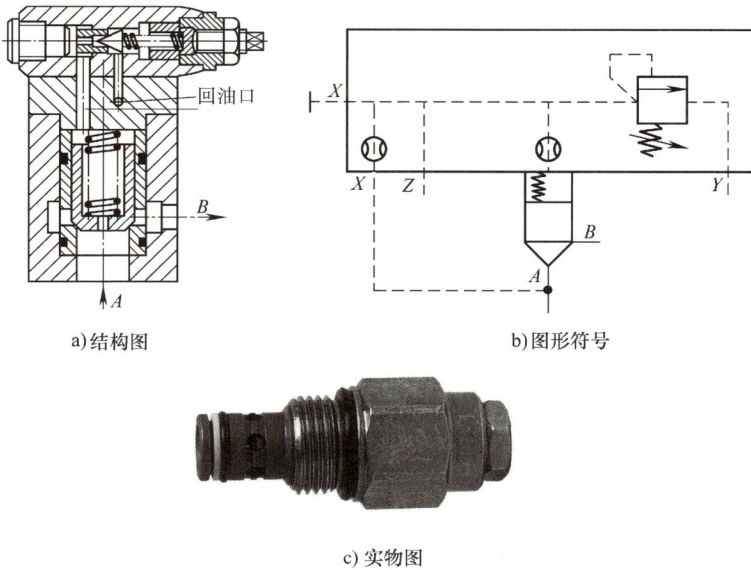

图 5-55　插装式压力控制阀

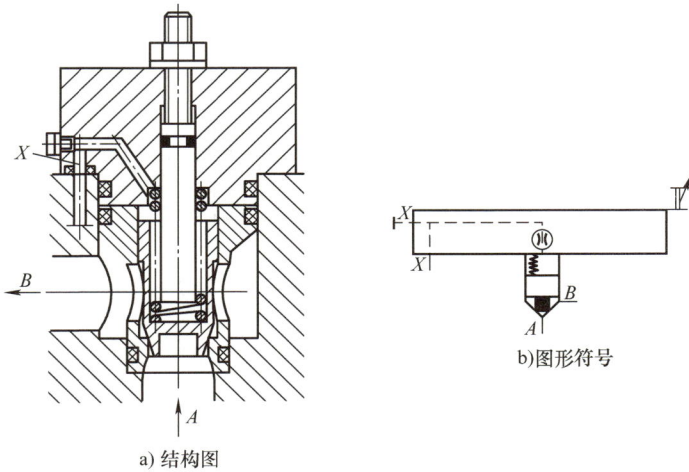

a) 结构图　　　　　　　　　b)图形符号

图 5-56　插装式流量控制阀

三、叠加阀

　　叠加阀式液压阀简称叠加阀，是在板式连接阀集成化的基础上发展起来的新型液压元件，但在配置形式上和板式连接阀、插装阀截然不同。叠加阀的阀体本身既是元件又是具有油路通道的连接体，阀体的上、下两面做成连接面。选择同一通径的叠加阀，叠合在一起用螺栓紧固，即可组成所需的液压系统。

　　叠加阀现有 5 个通径系列：$\phi6mm$、$\phi10mm$、$\phi16mm$、$\phi20mm$、$\phi32mm$，额定压力为 20MPa，额定流量为 10~200L/min。根据叠加阀的功能不同，通常分为单功能阀和复合功能阀两种。单功能阀和普通液压阀相同，有压力控制阀、流量控制阀、方向控制阀等，它们的工作原理和普通液压阀相似。复合功能阀又称多机能叠加阀，在一控制阀芯单元中可以实现两个以上的控制机能。

图 5-57 所示为叠加式液压装置示意图。最下面的是底板，底板上有进油孔、回油孔和通向液压执行元件的油孔，底板上面第一个元件一般是压力表开关，然后依次向上叠加各压力控制阀和流量控制阀，最上层为换向阀，用螺栓将它们紧固成一个叠加阀组。一般一个叠加阀组控制一个执行元件。

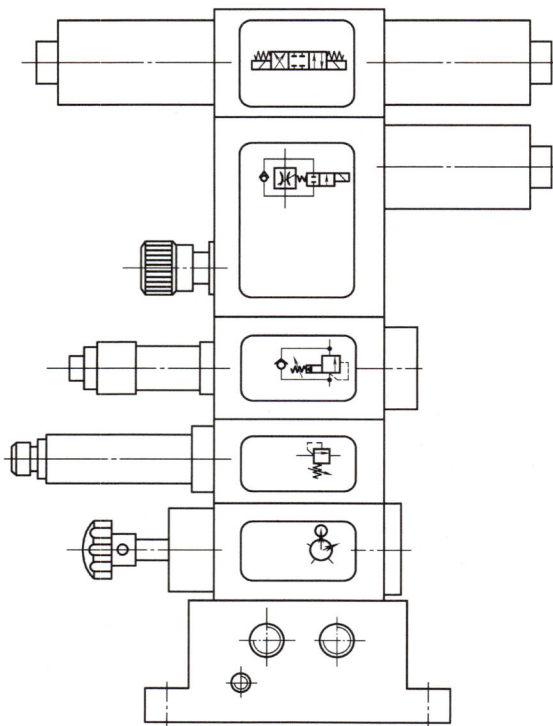

图 5-57　叠加式液压装置示意图

四、电磁支撑阀

电磁支撑阀是一种新型的组合阀，它是由泄漏量为零的二位二通电磁球阀与安全阀、单向阀、节流阀构成的组合阀，它与单作用液压缸和液压泵一起即可构成用途广泛的升降平台液压系统，广泛应用于仓库、码头等货物堆垛、现代化剧场的活动舞台升降系统、油压式升降电梯等。

图 5-58 所示为电磁支撑阀的实物图和图形符号，它的特点是体积小、重量轻、使用方便、维护简单，即使长时间支撑负载也不会下沉，安全可靠。下降操作时，仅电磁铁通电即可，不必起动液压泵。意外停电时，可推动电磁铁端的手动杆使液压缸下降。

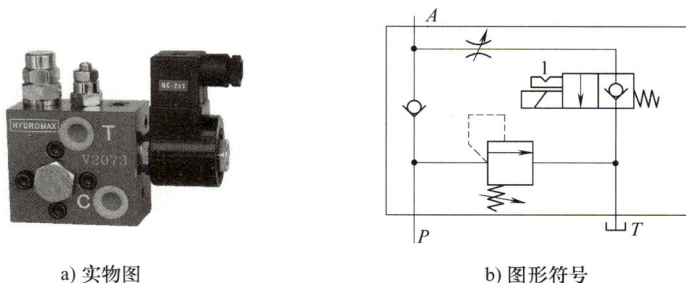

a) 实物图　　　　　　　　　b) 图形符号

图 5-58　电磁支撑阀

想一想

电磁支撑阀为什么要采用二位二通电磁球阀？能否用上面学习的电磁支撑阀设计一个剧场的活动舞台的升降液压回路？

本章小结

1. 液压阀通过调节作用在阀芯上的弹簧力或直接调节阀芯位置，以改变阀口的流道面积或通路，以此控制液流的压力、流量和方向。液压阀由阀体、阀芯、调节或控制机构三部分组成。液压阀可分为方向阀、压力阀和流量阀。液压阀的基本参数是额定压力和额定流量。

2. 单向阀正向导通，反向截止，有可靠的单向密封性；液控单向阀可控制正、反向导通。

3. 换向阀种类较多，常用位、通、操纵方式来区分，常用的操纵方式有机动、手动、液动、电磁动和电液动。

4. 压力阀是利用作用于阀上的油液压力与弹簧力平衡来控制阀口位置进行工作的。压力阀中的溢流阀、减压阀和顺序阀都有直动式和先导式。

5. 溢流阀可用于系统调压、安全限压。先导式溢流阀有远程控制口可用于远程调压、多级调压和卸荷等。

6. 减压阀用于一个泵源同时向多个支路供油的情况，起减压作用。

7. 液控顺序阀的开关与进出口压力无关，顺序阀主要用于控制系统顺序动作。

8. 压力继电器将压力信号转换为电信号，实现顺序控制和安全保护等。

9. 流量阀有节流阀、调速阀。通过节流阀的流量受负载变化的影响。通过调速阀的流量不受负载变化的影响，流量稳定性好。

10. 电磁比例阀能按输入的电信号连续地、按比例地控制系统的压力和流量。它可分为比例压力阀、比例流量阀和比例方向阀。

11. 插装阀相当于锥阀结构的液控单向阀，配以不同的先导阀可实现各种动作要求。

12. 压力回路借助于压力阀来控制系统或支路压力，如调压回路、减压回路、卸荷回路和平衡回路。调压回路主要通过溢流阀起溢流稳压、安全保护等作用，减压回路是通过减压阀起降压和保压的作用，卸荷回路有压力卸荷和流量卸荷，平衡回路用来防止立式运动部件因自重而下降。

13. 调速回路包括节流调速、容积调速和容积节流调速三种方式。节流调速有进油路、回油路和旁油路调速，它们的共同缺点是速度稳定性差、功率损失大，为了提高速度稳定性，可以用调速阀代替节流阀。容积调速也有三种形式，它们的损失小，但低速稳定性差。容积节流调速综合了容积和节流调速的优点。

14. 快速回路的作用是提高生产率，常用的快速回路有双泵供油和液压缸差动连接等多种回路。

15. 速度换接常采用行程阀和电磁阀控制，电磁阀安装连接方便，动作迅速，但换接的平稳性差，行程阀安装连接麻烦，但换接的平稳性好。

16. 常用的多缸动作回路有同步回路、顺序动作回路和互不干扰回路。常用顺序动作的控制方式有压力控制和行程控制。

本章习题

1. 选择题

（1）在液压系统原理图中，与三位换向阀连接的油路一般应画在换向阀符号的_____位置上。

A. 左格　　　　　　B. 右格　　　　　　C. 中格

（2）大流量系统的主油路换向，应选用_____。

A. 手动换向阀　　　B. 电磁换向阀　　　C. 电液换向阀　　　　D. 机动换向阀

（3）在用一个定量泵驱动一个执行元件的液压系统中，采用三位四通换向阀使泵卸荷，中位机能应选用_____。

A. P 型　　　　　　B. O 型　　　　　　C. Y 型　　　　　　　D. H 型

（4）电液换向阀中的电磁阀，应确保其在中位时液动阀两端的控制油液流回油箱，那么电磁阀的中位机能应是_____。

A. H 型　　　　　　B. Y 型　　　　　　C. M 型　　　　　　　D. P 型

（5）调速阀是用_____而成的。

A. 节流阀和顺序阀串联　　　　　　　B. 节流阀和定差减压阀串联

C. 节流阀和溢流阀串联　　　　　　　D. 节流阀和定差减压阀并联

（6）把先导式溢流阀的远程控制口接至回油箱，将会发生_____问题。

A. 没有溢流量　　　　　　　　　　　B. 进口压力为无穷大

C. 进口压力随负载增加而增加　　　　D. 进口压力调不上去

（7）减压阀进口压力基本恒定时，若通过的流量增大，会使出油口压力_____。

A. 增大　　　　B. 不变　　　　C. 略有减少　　　　D. 不确定

（8）通过减压阀的流量不变而进口压力增大时，减压阀出口压力_____。

A. 增大　　　　B. 不变　　　　C. 略有减少　　　　D. 不确定

（9）某铣床要在切削力变化范围较大的场合下顺铣和逆铣工作，在选择该铣床的调速回路时，你认为选择下列调速回路中的_____比较合适。

　　A. 采用节流阀进油路节流调速回路　　B. 采用节流阀回油路节流调速回路

　　C. 采用调速阀进油路节流调速回路　　D. 采用调速阀回油路节流调速回路

（10）溢流阀一般安装在_____的出口处，起稳压、安全等作用。

　　A. 液压缸　　　　B. 液压泵　　　　C. 换向阀　　　　D. 油箱

（11）流量阀用来控制液压系统工作的流量，从而控制执行元件的_____。

　　A. 运动方向　　　　　　　　　B. 运动速度

　　C. 压力大小　　　　　　　　　D. 动作顺序

（12）在液压系统中，_____属于压力控制阀。

　　A. 节流阀　　　　B. 顺序阀　　　　C. 单向阀　　　　D. 调速阀

（13）下列控制阀中，不属于方向阀的是_____。

　　A. 直控顺序阀　　　　　　　　B. 液控单向阀

　　C. 电液换向阀　　　　　　　　D. 电磁换向阀

（14）H型三位四通换向阀的中位特点是_____。

　　A. P、T、A、B 相通　　　　B. A 与 B 相通 P、T 封闭

　　C. P 与 T 相通 A、B 封闭　　　D. P、T 封闭 A、B 封闭

（15）压力控制阀中，使出口压力低于进口压力，并使出口压力保持恒定的阀是_____。

　　A. 先导式溢流阀　　　　　　　B. 直动式溢流阀

　　C. 减压阀　　　　　　　　　　D. 顺序阀

（16）下列基本回路中，不属于容积调速回路的是_____。

　　A. 变量泵和定量马达组成的调速回路

　　B. 定量泵和定量马达组成的调速回路

　　C. 定量泵和变量马达组成的调速回路

　　D. 变量泵和变量马达组成的调速回路

2. 判断题

（1）背压阀的作用是使液压缸回油腔中具有一定的压力，保证运动部件工作平稳。（　　）

（2）通过节流阀的流量与节流口的流道截面积成正比，与阀两端的压差大小无关。（　　）

（3）当普通顺序阀的出油口与油箱连通时，顺序阀即可当溢流阀用。（　　）

（4）当液控顺序阀的出油口与油箱连通时，顺序阀即可当卸荷阀用。（　　）

（5）当压力继电器进油口压力达到设定压力时，接通某一电路，若油路压力下降至闭合压力时，则可使电路断开而停止工作。（　　）

（6）利用远程调压阀的远程调压回路中，只有在溢流阀的设定压力高于远程调压阀的设定压力时，远程调压阀才能起调压作用。（　　）

（7）液控单向阀的功能是只允许油液向一个方向流动。（　　）

（8）利用液压缸差动连接实现的快速运动回路，一般用于空载。（　　）

（9）容积调速回路中，其主油路中的溢流阀起溢流作用。（　　）

（10）采用双泵供油的液压系统，工作进给是由高压小流量泵供油，而大流量泵卸荷。因此其效率比单泵供油系统的效率低得多。　　　　　　　　　　　　　　　　（　　）

（11）系统若要求有良好的低速稳定性，可采用容积节流调速回路。　　　　（　　）

（12）在旁路节流回路中，若发现溢流阀在系统工作时不溢流，说明溢流阀有故障。
　　　　　　　　　　　　　　　　　　　　　　　　　　　　　　　　　　　（　　）

（13）节流阀与调速阀的调速性能相同。　　　　　　　　　　　　　　　　（　　）

（14）换向阀的换向是通过改变阀芯与阀体的相对位置来实现的。　　　　　（　　）

（15）采用顺序阀的多缸顺序动作回路，其顺序阀的设定压力应低于先动作液压缸的最大工作压力。　　　　　　　　　　　　　　　　　　　　　　　　　　　　　　　（　　）

3. 分析计算题

（1）图 5-59 所示的两个系统中，各溢流阀的设定压力分别为 $p_A = 4.5\text{MPa}$，$p_B = 3\text{MPa}$，$p_C = 2\text{MPa}$。若系统的外负载趋于无限大，泵的工作压力各为多大？

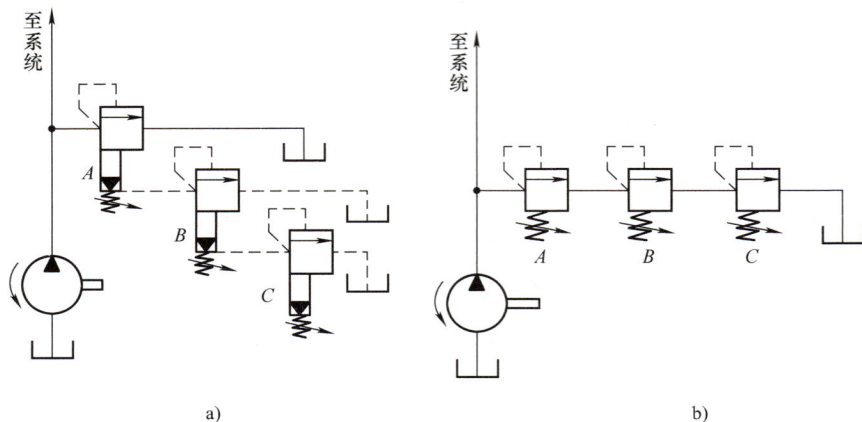

图 5-59　分析计算题（1）图

（2）如图 5-60 所示，若溢流阀的设定压力为 5MPa，减压阀的设定压力为 1.5MPa，试分析活塞在运动时和夹紧工件运动停止时，A、B 处的压力值。

（3）在图 5-61 所示回路中，若溢流阀 1 的设定压力 $p_1 = 6\text{MPa}$，溢流阀 3 的设定压力 $p_2 = 5\text{MPa}$，溢流阀 4 的设定压力 $p_3 = 4\text{MPa}$，系统负载为无限大，在不计管路流动损失时，

1）换向阀 2 处于中位时，泵的工作压力为多少？

2）换向阀 2 处于左位时，泵的工作压力为多少？

3）换向阀 2 处于右位时，泵的工作压力为多少？

（4）卸荷回路的作用是什么？常采用的卸荷方式有哪些？

（5）电液比例阀与普通液压阀相比有何优点？

（6）图 5-62 所示回路中，液压缸无杆腔有效面积 $A_1 = 100\text{cm}^2$，有杆腔的有效面积 $A_2 = 50\text{cm}^2$，液压泵额定流量为 10L/min。试确定：

1）若节流阀开口允许通过的流量为 6L/min，活塞向右移动速度 v_1 是多少？其返回的速度 v_2 是多少？

2）若节流阀串联在回油路上（其开口不变）时，v_1 是多少？v_2 是多少？

3）若节流阀的最小稳定流量为 0.05L/min，该液压缸能得到的最低速度是多少？

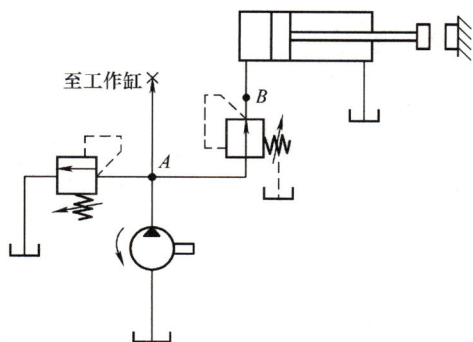

图 5-60　分析计算题（2）图

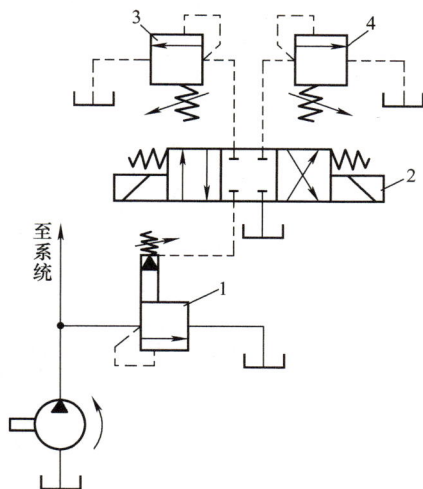

图 5-61　分析计算题（3）图

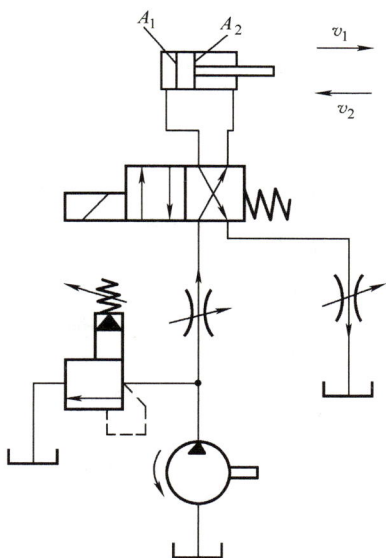

图 5-62　分析计算题（6）图

（7）图 5-63 所示回路中，液压缸工作压力 $p = 5.5\text{MPa}$，流量 $q = 2\text{L/min}$，由于快进需要，现采用 YB-25 或 YB-4/25 两种泵对系统供油，泵的总效率 $\eta_t^p = 0.8$，溢流阀的设定压力为 6MPa，双联泵中低压泵卸荷压力为 0.12MPa，不计其他损失。试分析计算用不同泵时系统的效率。

（8）试分析图5-46所示压力继电器顺序动作回路，不增加元件，如何把原来①→②→③→④的顺序改为①→②→④→③顺序动作。

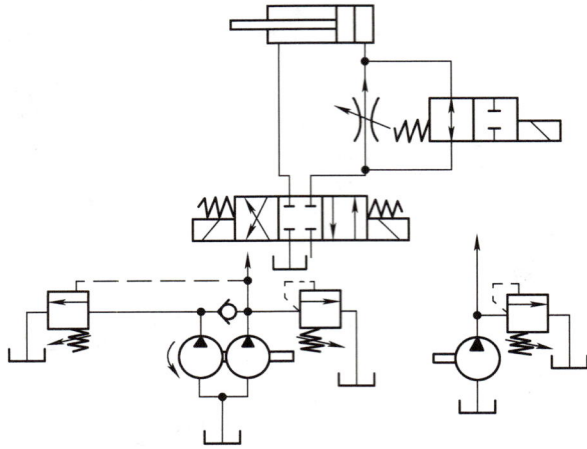

图 5-63　分析计算题（7）图

第六章 液压传动系统实例

知识目标

掌握：1. 分析液压系统的方法，能读懂液压系统原理图。
　　　2. 分析液压系统的组成及各元件在系统中的作用。
　　　3. 能看懂多张图表达的复杂液压系统。
理解：液压系统的组成及系统的各种回路。
了解：液压传动设备的功用、动作要求、动作循环要求等。

技能目标

1. 会阅读和分析一般液压系统。
2. 能掌握分析机电设备的液压系统的方法和步骤。

你知道吗？

　　液压传动系统是某些机械设备的一个重要组成部分，如组合机床的液压滑台，其液压传动系统由基本回路有机组合而成，具有特定的功能，如控制动力滑台运动的速度、方向，滑台的快慢速转换等。它可用液压系统图来表示，阅读和分析液压传动系统原理图是使用、调整、维护液压设备的基础。

　　阅读和分析液压传动系统图的步骤如下：

1）了解设备的功用及对液压系统动作和性能的要求，如工作循环、顺序动作等。

2）初步分析液压系统图，按执行元件数将其分解为若干个子系统。

3）对每个子系统进行分析，分析组成子系统的基本回路及各液压元件的作用，按执行元件的工作循环分析实现每步动作的进油和回油路线。

4）根据设备对系统中的各子系统之间的顺序、同步、互锁、防干扰等要求，分析各子系统之间的联系，读懂整个液压系统的工作原理。

5）归纳出设备液压系统的特点和使设备正常工作的要领，加深对整个液压系统的理解。

第一节　组合机床动力滑台的液压系统

一、概述

动力滑台是组合机床用以实现进给运动的通用部件，其运动由液压缸驱动。在滑台上可根据加工工艺要求安装各类动力箱和切削头，以完成车、铣、镗、钻、扩、铰、攻螺纹等加工工序，并能按多种进给方式实现自动工作循环。液压动力滑台应满足进给速度稳定、速度换接平稳、系统效率高、发热小等要求。

图 6-1 所示为 YT4543 型液压动力滑台的液压系统图。该滑台最大进给力为 45kN，进给速度范围为 6.6～600mm/min。它能完成的典型工作循环为：快进→一工进→二工进→停留→快退→原位停止。

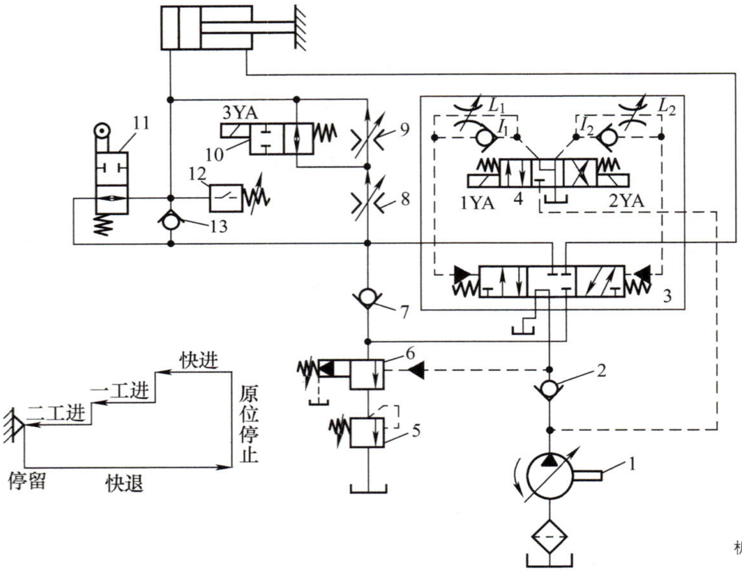

图 6-1　YT4543 型液压动力滑台的液压系统图

1—泵　2、7、13—单向阀　3、4—电液换向阀　5—背压阀　6—液控顺序阀
8、9—调速阀　10—电磁阀　11—行程阀　12—压力继电器

二、工作原理

1. 快进

按下起动按钮，电磁铁 1YA 通电，电液换向阀的先导阀 4 处于左位工作，使主阀 3 也在左位工作，其主油路为：

进油路：泵 1→单向阀 2→电液换向阀 3→行程阀 11→缸左腔。

回油路：缸右腔→电液换向阀 3→单向阀 7→行程阀 11→缸左腔。

这时形成液压缸差动连接快进。

2. 第一次工进

在快进终了时，挡块压下行程阀 11，切断了快进的进油路。压力油只能通过调速阀 8 进入液压缸左腔，系统压力升高，液控顺序阀 6 开启，单向阀 7 关闭。泵的流量也自动减小。其主油路为：

进油路：泵 1→单向阀 2→电液换向阀 3→调速阀 8→电磁阀 10→缸左腔。

回油路：缸右腔→电液换向阀 3→液控顺序阀 6→背压阀 5→油箱。

3. 第二次工进

当第一次工作进给终了，挡块压下行程开关使 3YA 通电，电磁阀 10 左位工作，压力油必须经过调速阀 8 和 9 进入液压缸左腔。实现由调速阀 9 调速的第二次工作进给，其主油路为：

进油路：泵 1→单向阀 2→电液换向阀 3→调速阀 8→调速阀 9→缸左腔。

其他油路情况与第一次工进相同。

4. 死挡铁停留

当第二次工作进给完毕后挡块碰到死挡铁，液压系统的压力进一步升高，使压力继电器 12 发出信号给时间继电器，由时间继电器延时控制滑台停留时间。这时的油路与第二次工作进给的油路相同。

5. 快退

时间继电器经延时后发出信号，使电磁铁 2YA 通电，1YA、3YA 断电。主油路为：

进油路：泵 1→单向阀 2→电液换向阀 3→缸右腔。

回油路：缸左腔→单向阀 13→电液换向阀 3→油箱。

滑台返回时为空载，系统压力低，变量泵的流量又自动增大。

6. 原位停止

当滑台快速退回到原位时，挡块压下行程开关，使 2YA 断电，换向阀处于中位，滑台停止运动。泵输出的油液经电液换向阀 3 直接回油箱，泵卸荷。

表 6-1 为该系统的电磁铁和行程阀的动作顺序。表中"+"号表示电磁铁通电或行程阀压下；"-"号表示电磁铁断电或行程阀复位。

表 6-1 电磁铁和行程阀的动作顺序表

工作循环	信号来源	电磁铁			行程阀
		1YA	2YA	3YA	
快进	起动按钮	+	-	-	-
一工进	挡块压下行程阀	+	-	-	+
二工进	挡块压下行程开关	+	-	+	+
死挡铁停留	死挡铁、压力继电器	+	-	+	+
快退	时间继电器	-	+	-	±
原位停止	挡块压下终点行程开关	-	-	-	-

提示

YT4543 动力滑台的液压系统主要的回路为速度控制回路，要重点分析调速回路和速度换接回路。

1. 液压动力滑台系统由哪些液压基本回路构成？
2. 按下起动按钮后，动力滑台工作循环的各个动作是如何自动切换的？

三、动力滑台液压系统的特点

（1）采用了限压式变量叶片泵和调速阀组成的容积节流调速回路，在回油路上设置了背压阀，能获得稳定的低速、较好的速度负载特性以及较大的调速范围。

（2）采用电液换向回路，换向平稳、无冲击。

（3）采用了限压式变量叶片泵和液压缸差动连接，实现快进，功率利用合理。

（4）采用了行程阀和液控顺序阀，实现快进与工进的转换，使速度换接平稳、可靠，且位置准确。

（5）采用压力继电器发信号，控制滑台快退，方便可靠。

（6）采用死挡铁，提高滑台工进结束时的位置精度。

【小节习题】

（1）YT4543 型动力滑台的液压系统采用_____和_____组成的调速回路，用_____实现换向，用_____实现快速运动，用_____实现快慢速的转换，用_____实现两种工进速度的转换。

（2）YT4543 型动力滑台的液压系统中，压力继电器 12 的作用是_____，液控顺序阀 6 的作用是_____，单向阀 7 的作用是_____，节流阀 L_1、L_2 的作用是_____。

（3）动力滑台液压系统由哪些基本回路组成？

（4）动力滑台液压系统的工作循环中，实现每个动作的信号来自何处？

（5）动力滑台液压系统的一工进与二工进的主油路有何不同？

第二节　数控车床的液压系统

一、系统概述

数控车床主要用于轴类和盘类回转体零件的加工，能自动完成外圆柱面、锥面、螺纹等工序的切削加工，并能进行切槽、钻、扩、铰孔等工艺，特别适宜于复杂形状零件加工。MJ-50 数控车床由液压系统驱动的部分，主要有车床卡盘的夹紧与松开、卡盘夹紧力的高低压转换、回转刀架的松开与夹紧、刀架刀盘的正转反转、尾座套筒的伸出与退回等，液压系统中各电磁铁的动作由数控系统的 PLC 控制实现。图 6-2 所示为 MJ-50 数控车床液压系统原理图。

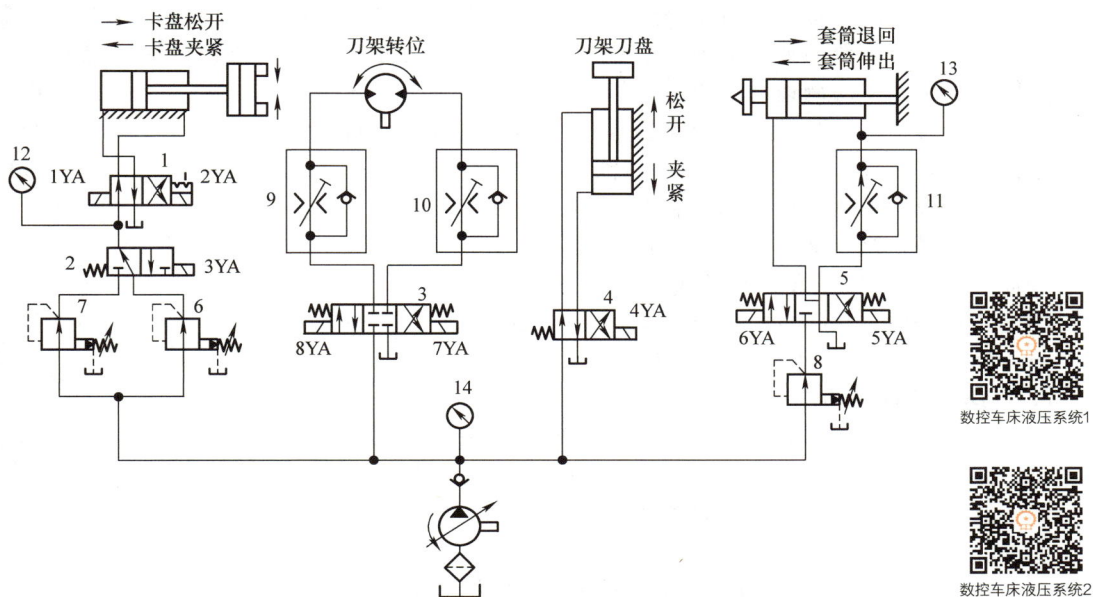

图 6-2　MJ-50 数控车床液压系统原理图

1、4—二位四通电磁阀　2—二位三通电磁阀　3、5—三位四通电磁阀
6~8—减压阀　9~11—单向调速阀　12~14—压力表

二、系统工作原理分析

1. 卡盘的夹紧与松开

主轴卡盘的夹紧与松开，由二位四通电磁阀 1 控制。卡盘的高压与低压夹紧转换，由二位三通电磁阀 2 控制。

当卡盘处于正卡（也称外卡）且在高压夹紧状态下时，夹紧力的大小由减压阀 6 来调节。正卡时，活塞杆左移，1YA 通电、3YA 断电，油路为：

进油路：泵→减压阀 6→阀 2→阀 1→夹紧缸右腔。

回油路：夹紧缸左腔→阀 1（左位）→油箱。

卡盘松开时，2YA 通电，活塞杆右移。油路为：

进油路：泵→减压阀 6→阀 2→阀 1→夹紧缸左腔。

回油路：夹紧缸右腔→阀 1（右位）→油箱。

当卡盘处于正卡且在低压夹紧状态下，夹紧力的大小由减压阀 7 来调整。

卡盘夹紧时，1YA、3YA 通电，活塞杆左移。油路为：

进油路：泵→减压阀 7→阀 2→阀 1→夹紧缸右腔。

回油路：夹紧缸左腔→阀 1（左位）→油箱。

卡盘松开时，2YA、3YA 通电，油路为：

进油路：泵→减压阀 7→阀 2→阀 1→夹紧缸左腔。

回油路：夹紧缸右腔→阀1（右位）→油箱。

2. 回转刀架动作

回转刀架换刀时，首先是刀盘松开，之后刀盘就转到指定的刀位，最后刀盘夹紧。刀盘的夹紧与松开，由二位四通电磁阀4控制。刀盘的旋转可正反转，由三位四通电磁阀3控制，其转速分别由单向调速阀9和10调节控制。

刀架正转时，4YA先通电，刀盘松开；当8YA通电时，油路为：

进油路：泵→阀3→单向调速阀9→液压马达。

回油路：液压马达→单向调速阀10→阀3→油箱。

刀架反转时，7YA通电，油路为：

进油路：泵→阀3→单向调速阀10→液压马达。

回油路：液压马达→单向调速阀9→阀3→油箱。

当4YA断电时，刀盘夹紧。

3. 尾座套筒伸缩动作

尾座套筒的伸出与缩回由三位四通电磁阀5控制。当6YA通电，套筒伸出时，油路为：

进油路：泵→阀8→阀5（左位）→液压缸左腔。

回油路：液压缸右腔→单向调速阀11→阀5（左位）→油箱。

当5YA通电时，套筒缩回时，油路为：

进油路：泵→阀8→阀5（右位）→单向调速阀11→液压缸右腔。

回油路：液压缸左腔→阀5（右位）→油箱。

电磁铁动作顺序见表6-2。

表6-2　电磁铁动作顺序表

动作			电磁铁							
			1YA	2YA	3YA	4YA	5YA	6YA	7YA	8YA
卡盘正卡	高压	夹紧	+	−	−					
		松开	−	+	−					
	低压	夹紧	+	−	+					
		松开	−	+	+					
卡盘反卡	高压	夹紧	−	+	−					
		松开	+	−	−					
	低压	夹紧	−	+	+					
		松开	+	−	+					
回转刀架	刀架正转								−	+
	刀架反转								+	−
	刀盘松开					+				
	刀盘夹紧					−				
尾座套筒	套筒伸出						−	+		
	套筒缩回						+	−		

💡 **提示**

MJ-50数控车床液压系统主要的回路为压力控制回路和速度控制回路。

三、MJ-50 数控车床液压系统的特点

1）系统采用变量叶片泵供油，减少了能量损失。

2）系统采用不同减压阀调节卡盘高压夹紧或低压夹紧时的压力大小、尾座套筒伸出工作时的预紧力大小，可适用不同工件的需要。

3）系统采用双向液压马达实现刀架的转位，可实现无级调速，并控制刀架的正、反转。

4）系统采用断电时刀盘夹紧，消除了加工过程中突然停电所带来的事故隐患。

【小节习题】

（1）卡盘夹紧采用了_____回路，分别由_____和_____起减压作用。

（2）刀架转位采用_____调速回路，正转由_____调速，反转由_____调速。

（3）电磁阀 1 起_____作用，电磁阀 2 起_____作用。

（4）刀盘在停电时处于何种工作状态，为什么？

（5）三个减压阀的作用分别是什么？

（6）系统中的液压泵有什么特点？

第三节　汽车起重机液压系统

一、系统概述

汽车起重机是一种行走设备，经常会受到冲击、振动，故要求其液压系统有较高的安全可靠性。液压起重机承载能力大，其执行元件要求完成的动作比较简单，位置精度较低。一般采用中、高压手动控制系统。图 6-3 所示为 Q2-8 型汽车起重机外形简图。液压起重机的最大起重量为 80kN，最大起重高度为 11.5m，起重装置可连续回转。图 6-4 所示为 Q2-8 型汽车起重机液压系统原理图，其液压泵由汽车发动机通过装在汽车底盘变速器上的取力箱传动。泵通过中心回转接头 9、开关 10 和过滤器 11，从油箱吸油。输出的压力油经手动阀组 1 和手动阀组 2 输送到各个执行单元。溢流阀 3 是安全阀，用以防止系统过载。

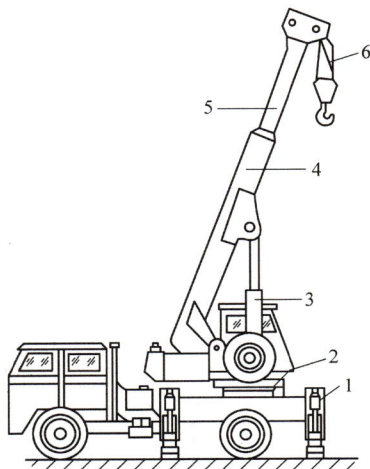

图 6-3　Q2-8 型汽车起重机外形简图

1—支腿　2—转台　3—吊臂变幅液压缸
4—基本臂　5—伸缩臂　6—起升机构

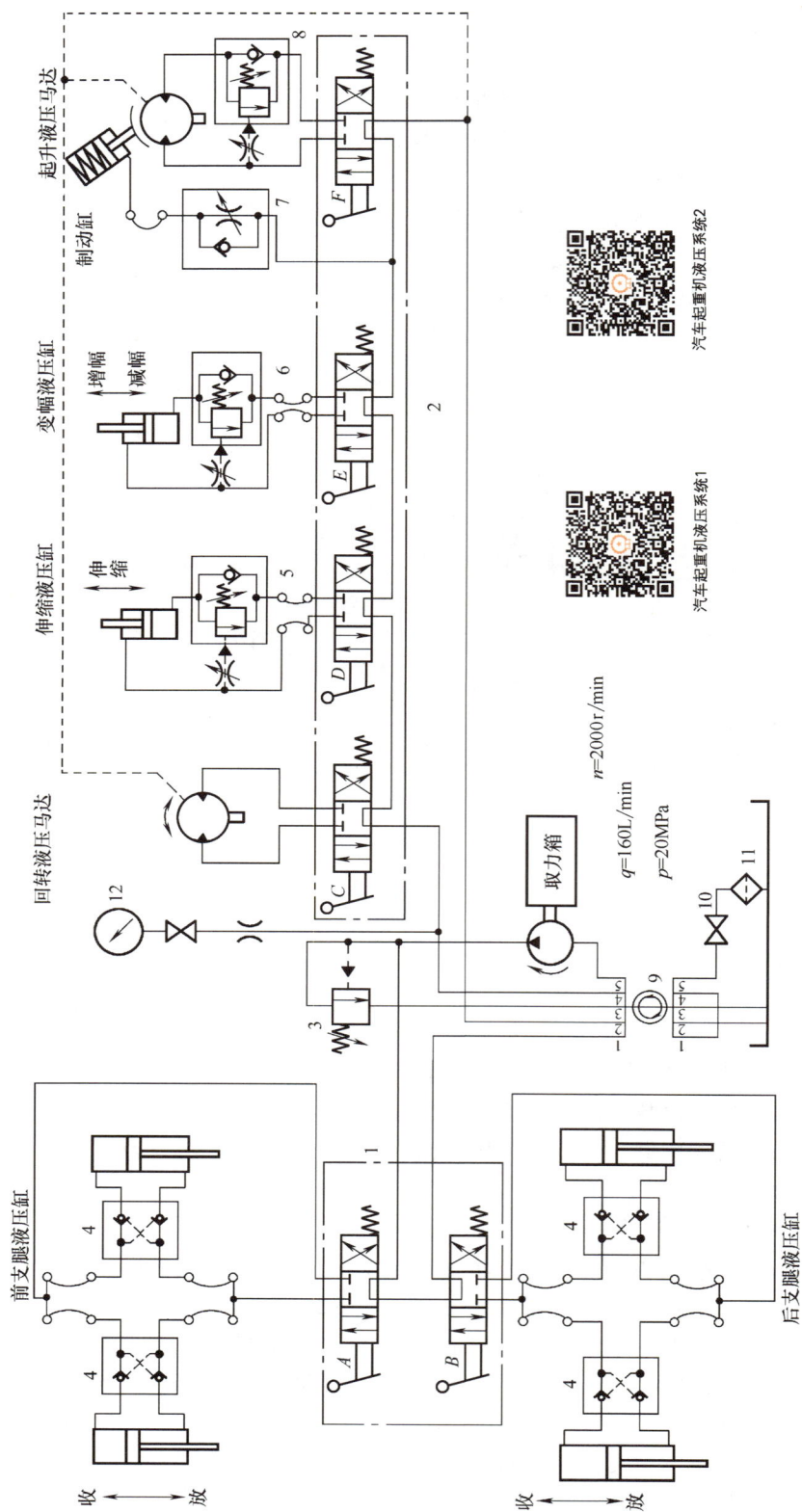

图 6-4 Q2-8 型汽车起重机液压系统原理图

1、2—手动阀组 3—溢流阀 4—双向液压锁 5、6、8—单向液压锁 7—单向节流阀
9—回转接头 10—开关 11—过滤器 12—压力表

汽车起重机液压系统1 汽车起重机液压系统2

Q2-8 型汽车起重机的动作顺序为：放下后支腿→放下前支腿→调整吊臂伸缩幅→调整吊臂起落角→起吊重物→回转→重物降下→收起前支腿→收起后支腿。

二、系统工作原理分析

1. 放下支腿

（1）放下后支腿

进油路：液压泵→手动换向阀组 1B→双向液压锁 4→后支腿液压缸上腔。

回油路：后支腿液压缸下腔→双向液压锁 4→手动换向阀组 1B→回转接头 9→油箱。

（2）放下前支腿

进油路：液压泵→手动换向阀组 1A→双向液压锁 4→前支腿液压缸上腔。

回油路：前支腿液压缸下腔→双向液压锁 4→手动换向阀组 1A→回转接头 9→油箱。

2. 吊臂伸缩

（1）伸臂

进油路：液压泵→手动换向阀组 2D→单向顺序阀 5→伸缩液压缸下腔。

回油路：伸缩液压缸上腔→手动换向阀组 2D→回转接头 9→油箱。

（2）缩臂

进油路：液压泵→手动换向阀组 2D→伸缩液压缸上腔。

回油路：伸缩液压缸下腔→单向顺序阀 5→手动换向阀组 2D→回转接头 9→油箱。

3. 吊臂变幅

（1）增幅

进油路：液压泵→手动换向阀组 2E→单向顺序阀 6→变幅液压缸下腔。

回油路：变幅液压缸上腔→手动换向阀组 2E→回转接头 9→油箱。

（2）减幅

进油路：液压泵→手动换向阀组 2E→变幅液压缸上腔。

回油路：变幅液压缸下腔→单向顺序阀 6→手动换向阀组 2E→回转接头 9→油箱。

4. 回转机构

回转机构回路，通过手动换向阀组 2C 就可获得左转、停止、右转三种不同的工况。转盘回转速度较低，一般为 1~3r/min。驱动转盘的液压马达转速也不高，故不必设置马达制动回路。

5. 起升机构

（1）重物起升

进油路：液压泵→手动换向阀组 2F→单向顺序阀 8→起升液压马达。

回油路：起升液压马达→手动换向阀组 2F→回转接头 9→油箱。

（2）重物下降

进油路：液压泵→手动换向阀组 2F→起升液压马达。

回油路：起升液压马达→单向顺序阀 8→手动换向阀组 2F→回转接头 9→油箱。

在液压马达上设有制动缸，以便在马达停转时，用制动器锁住起升液压马达。单向节流阀 7 的作用是使制动器上闸快，松闸慢，使液压马达迅速制动又避免滑降的现象。

6. 支腿收起

（1）收起前支腿

进油路：液压泵→手动换向阀组 1A→双向液压锁 4→前支腿液压缸下腔。

回油路：前支腿液压缸上腔→双向液压锁 4→手动换向阀组 1A→回转接头 9→油箱。

（2）收起后支腿

进油路：液压泵→手动换向阀组 1B→双向液压锁 4→后支腿液压缸下腔。

回油路：后支腿液压缸上腔→双向液压锁 4→手动换向阀组 1B→回转接头 9→油箱。

💡 **提示**

> Q2-8 型汽车起重机液压系统主要回路为压力控制回路和换向回路。

三、Q2-8 型汽车起重机液压系统特点

1）系统采用了平衡回路，锁紧回路和制动回路，保证起重机工作的平稳及安全、可靠。

2）系统采用手动换向阀串联油路，各机构的动作既可独立进行，又可在空载或轻载作业时，实现任意组合并同时动作，以提高工作效率。

3）系统采用 M 型中位机能换向阀组的控制，能减少功率损耗，适于起重机间歇性工作。

第四节　工程机械液压系统

一个较复杂的液压系统，系统图通常不能在一张图上完整地表示出来，需要多张图纸共同表示，如何把一个用多张图表示的复杂的液压系统有机统一起来呢？下面通过实例分析，了解多图之间的联系。例如，一个工程机械液压系统图由三张图组成：动力源液压回路（见图 6-5）、举升装置液压回路（见图 6-6）、传送装置液压回路（见图 6-7）。

举升装置有 4 个液压缸，以液压缸 1.7 为例进行介绍。

1. 举升装置上升

进油路：油箱 0.1 →液压泵 0.6 →二位三通电磁阀（右位）0.13 →三位四通电磁阀（右位）0.15 →图 6-5 标识代码 aa-2 →图 6-6 标识代码 aa-1 → 1.4 →充液阀 1.8 →液压缸 1.7 上腔。

回油路：液压缸 1.7 下腔→图 6-6 标识代码 ac-1 →图 6-5 标识代码 ac-2 →三位四通电磁阀（右位）0.15 →过滤器 0.8 →油箱 0.1 。

2. 举升装置下降

进油路：油箱 0.1 →液压泵 0.6 →二位三通电磁阀（右位）0.13 →三位四通电磁阀（左位）0.15 →图 6-5 标识代码 ac-2 →图 6-6 标识代码 ac-1 →液压缸 1.7 下腔。

回油路：液压缸 1.7 上腔→充液阀 1.8 → 1.4 →图 6-6 标识代码 ab-1 →图 6-5 标识代码 ab-2 → 过滤器 0.8 →油箱 0.1 。

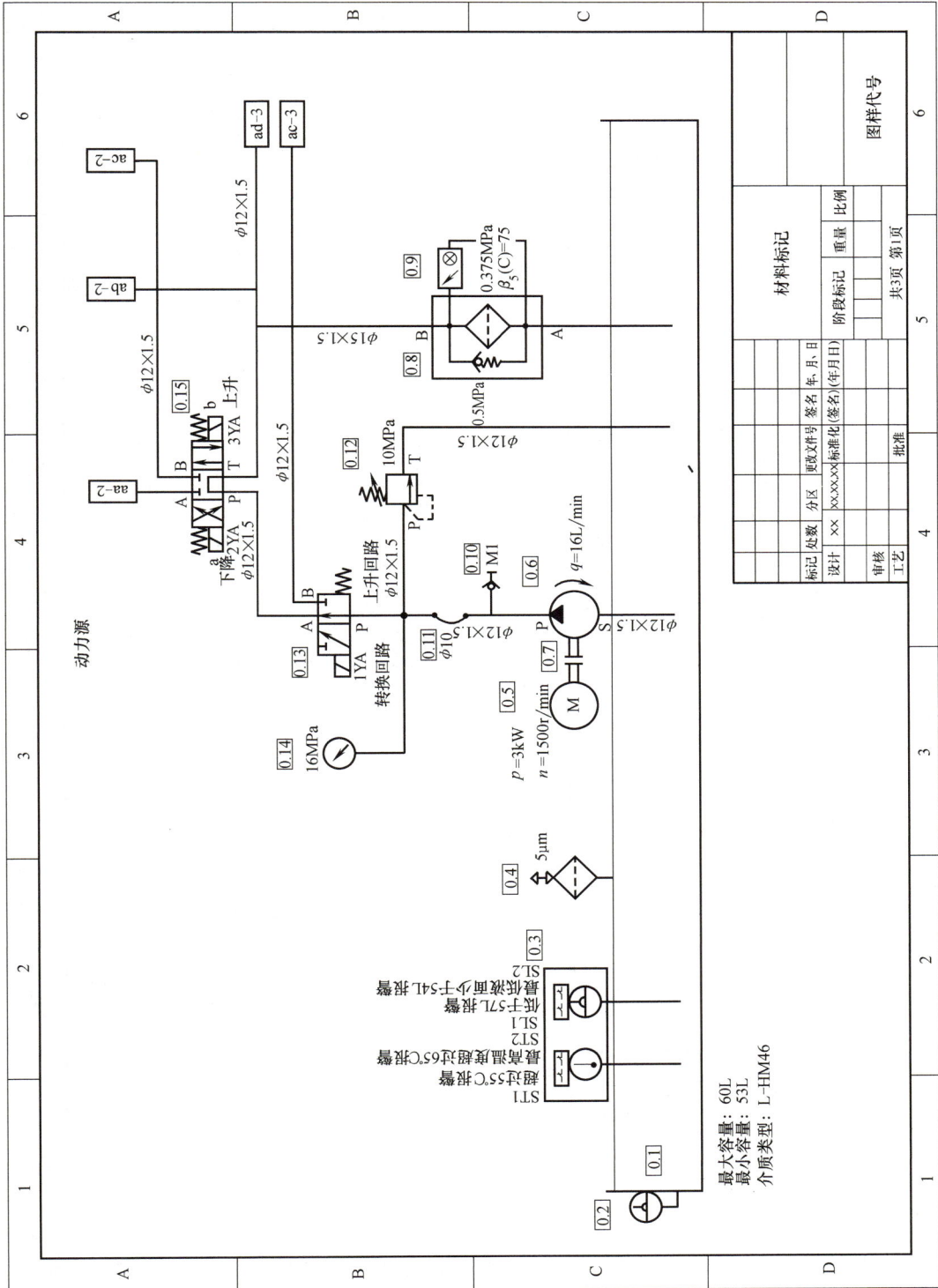

图 6-5 动力源液压回路

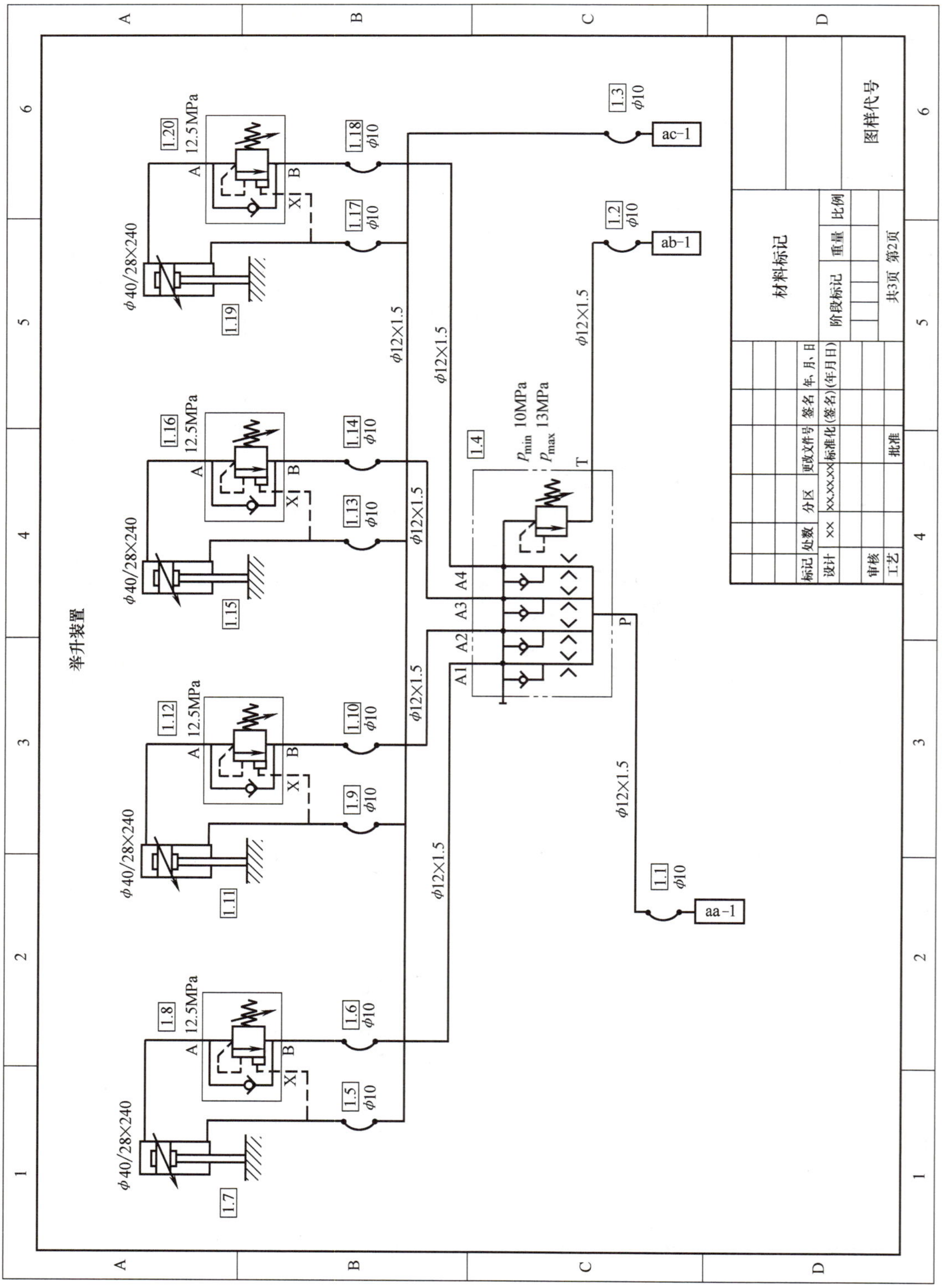

图 6-6 举升装置液压回路

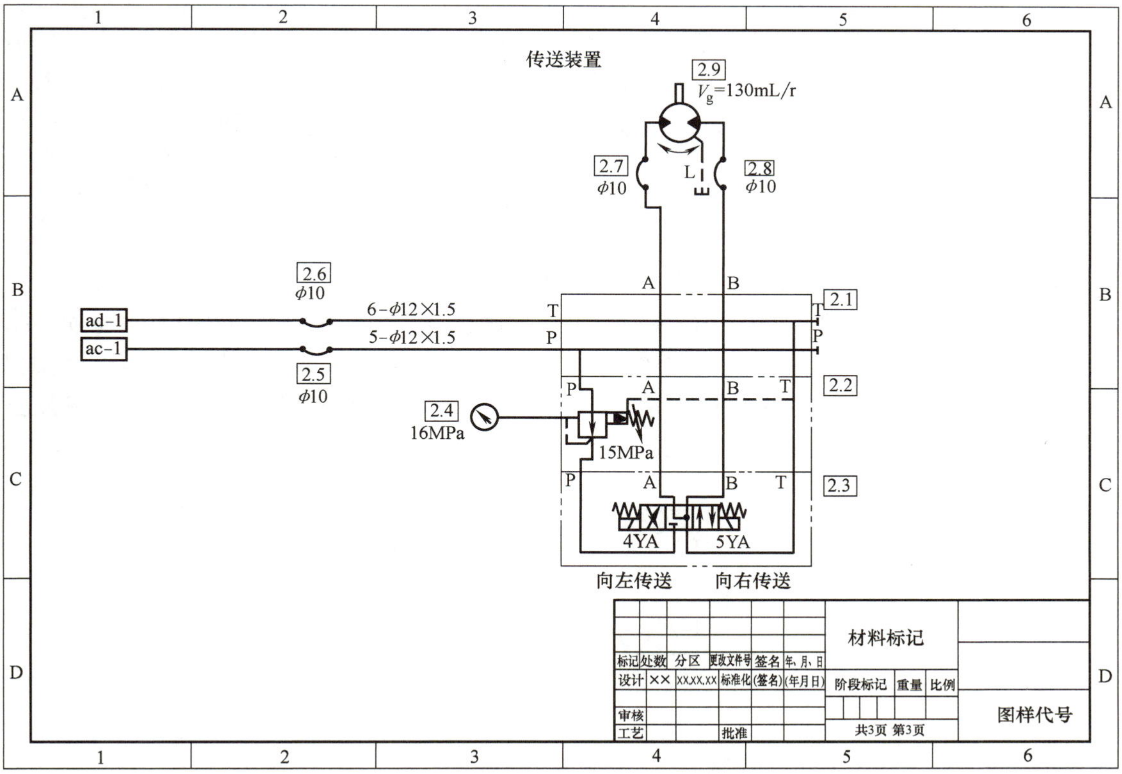

图 6-7　传送装置液压回路

3. 传送装置向左传送

进油路：油箱 0.1 →液压泵 0.6 →二位三通电磁阀（左位） 0.13 →图 6-5 标识代码 ac-3 →图 6-7 标识代码 ac-1 →减压阀 2.4 →三位四通电磁阀（左位） 2.3 → 液压马达 2.9 右油口。

回油路：液压马达 2.9 左油口→三位四通电磁阀（左位） 2.3 →图 6-7 标识代码 ad-1 →图 6-5 标识代码 ad-3 →过滤器 0.8 →油箱 0.1 。

4. 传送装置向右传送

进油路：油箱 0.1 →液压泵 0.6 →二位三通电磁阀（左位） 0.13 →图 6-5 标识代码 ac-3 →图 6-7 标识代码 ac-1 →减压阀 2.4 →三位四通电磁阀（右位） 2.3 →液压马达 2.9 左油口。

回油路：液压马达 2.9 右油口→三位四通电磁阀（右位） 2.3 →图 6-7 标识代码 ad-1 →图 6-5 标识代码 ad-3 →过滤器 0.8 →油箱 0.1 。

第五节　液压系统的控制电路

液压技术的应用已越来越广泛，其控制方式随着自动化水平的提高，也有了较大的发展。它经历了由液压逻辑元件或液压阀组成的纯液压控制，到由电气——液压技术组合的电——液控制，再到现在的 PLC 控制。纯液压控制技术越来越无法满足复杂液压系统的需求。如果采用电磁阀代替液控阀，采用按钮、继电器代替液控逻辑阀和液控组合阀，则其可操作性和效率将高于纯液压控制技术。特别是采用 PLC 控制之后，系统的自动化水平变得更高。

一、电磁控制的换向回路

1. 单作用液压缸的换向回路

如图 6-8 所示，回路中采用二位三通电磁换向阀进行换向，按下按钮 SB1，电磁铁 1YA 通电，二位三通电磁阀在右位工作，液压油进入液压缸左腔，活塞向右伸出；当松开按钮 SB1 时，电磁铁 1YA 断电，电磁阀在左位工作，活塞在弹簧力的作用下向左运动，液压缸的液压油通过电磁阀流回油箱。

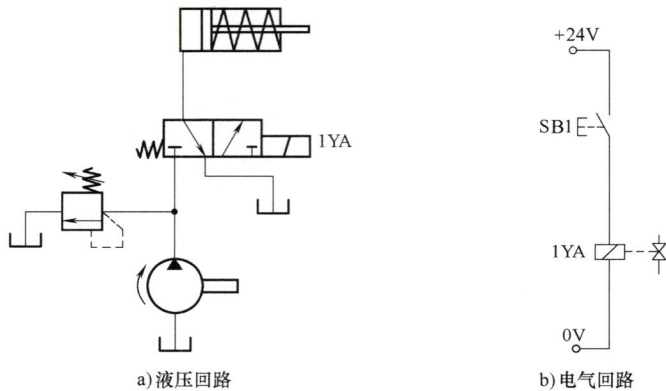

a)液压回路　　　　　　b)电气回路

图 6-8　单作用液压缸换向回路

2. 双作用液压缸的换向回路

如图 6-9 所示，采用 M 型中位机能的三位五通电磁换向阀进行换向，按下按钮 SB1，继电器 KA1 通电并自锁。图 6-9b 中的支路 3 上的常开触点 KA1 闭合，电磁铁 1YA 通电，

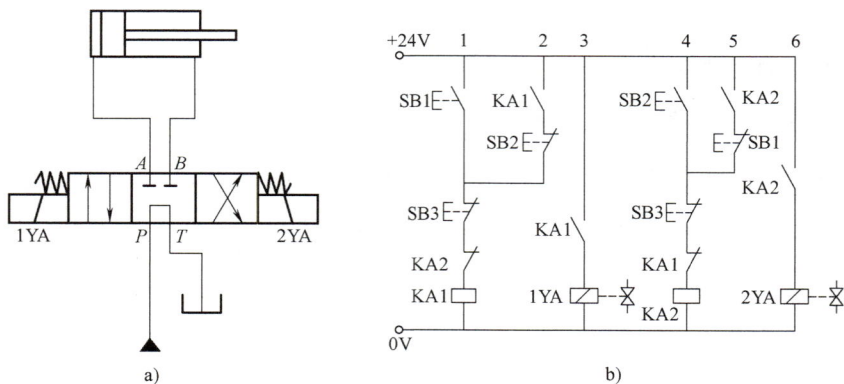

a)　　　　　　　　　　b)

图 6-9　双作用液压缸的换向回路

电磁阀在左位工作，压力油进入液压缸左腔，推动活塞向右运动，液压缸右腔的油流回油箱。

当按下按钮SB2时，继电器KA1断电，继电器KA2通电并自锁。图6-9b中的支路6上的常开触点KA2闭合，电磁铁2YA通电，电磁阀在右位工作，压力油进入液压缸右腔，推动活塞向左运动，液压缸左腔的油经换向阀流回油箱。

若按下停止按钮SB3，电磁铁1YA、2YA都断电，即为中位，此时液压缸停止运动，液压泵输出的压力油通过三位四通电磁阀的中位流回油箱，实现系统卸荷。

二、专用装配设备的液压控制系统

如图6-10所示，液压缸A用于工件的夹紧。当其夹紧压力达到3MPa时，液压缸B活塞伸出，将一圆形工件压入内孔。装配完毕后，两个液压缸的活塞同时缩回。要求两个液压缸的伸出速度可以进行调节，并且通过一个按钮启动系统，另一个按钮控制两个液压缸活塞的缩回。该系统采用压力继电器进行动作转换，设置有两个压力继电器1KP和2KP，其中压力继电器1KP用于控制液压缸A和液压缸B伸出运动的转换。压力继电器2KP用于系统完成一个工作循环后的复位。单向节流阀1和2用于速度控制。

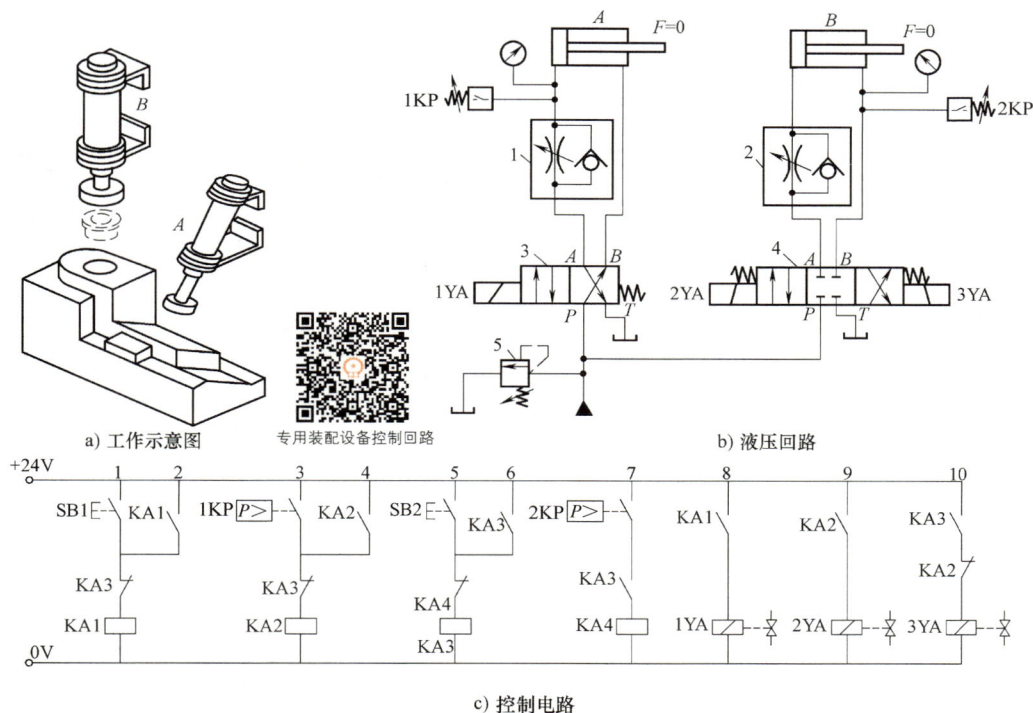

a) 工作示意图　专用装配设备控制回路　　　　　　　　b) 液压回路

c) 控制电路

图6-10　专用装配设备控制回路

1、2—单向节流阀　3—二位四通电磁换向阀　4—三位四通电磁换向阀　5—溢流阀

1）按下起动按钮SB1，继电器KA1通电并自锁，支路8的二位四通电磁换向阀3的电磁铁1YA通电，在左位工作，压力油进入液压缸A的左腔，活塞杆伸出，实现工件夹紧。

2）当液压缸 A 的夹紧力达到 3MPa 时，压力继电器 1KP 触点动作，支路 3 上的继电器 KA2 通电并自锁，支路 9 的三位四通电磁换向阀 4 的电磁铁 2YA 通电，在左位工作，压力油进入液压缸 B 的左腔，活塞杆伸出，将圆形工件压入内孔。

3）按下按钮 SB2，支路 5 上的继电器 KA3 通电并自锁。支路 1 上的常闭触点 KA3 断开，继电器 KA1 断电，支路 8 的电磁铁 1YA 断电，二位四通电磁换向阀 3 在复位弹簧的作用下，右位工作，压力油进入液压缸 A 的右腔，活塞杆缩回；同时，支路 3 的继电器 KA2 断电，支路 10 的电磁铁 3YA 通电，支路 9 上的电磁铁 2YA 断电，三位四通电磁换向阀 4 的电磁铁 3YA 通电，在右位工作，压力油进入液压缸 B 的右腔，活塞杆缩回。当液压缸 B 的活塞杆缩回到液压缸的最左端时，系统压力达到压力继电器 2KP 的设定压力时，其触点动作，支路 7 上的继电器 KA4 通电，从而支路 5 上的常闭触点 KA4 断开使继电器 KA3 断电，继电器 KA3 断电导致继电器 KA4 也断电，系统复位到按下起动按钮 SB1 前的状态，为下一次启动做准备。

本章小结

1．分析液压传动系统要从设备的功用入手，搞清楚设备对液压系统的要求，把整个系统分为若干个子系统，从子系统到基本回路再到具体的元件，逐个动作分析油路。

2．组合机床是典型的机、电、液联合控制的设备，要注意机、电、液之间的联系。

3．数控车床重点是减压回路和调速回路，控制部分是由电磁阀和 PLC 实现。

4．汽车起重机液压系统中重点是平衡回路、锁紧回路和制动回路，方向阀的 M 型中位机能的使用。

5．液压系统的控制电路是液压回路与控制电路的结合。

本章习题

1．填空题

（1）汽车起重机的两条后支腿用_____控制其收放，两条前支腿用_____控制。换向阀都采用_____中位机能，油路串联，每个缸上都配有一个双向液压锁，以保证支腿_____。

（2）图 6-4 中单向顺序阀 5 起_____作用，防止吊臂_____。

（3）图 6-4 中单向顺序阀 8 起_____作用，防止_____。

（4）图 6-4 中单向顺序阀 6 起_____作用，防止_____。

2．分析题

（1）图 6-11 所示专用钻床液压系统，能实现"快进→一工进→二工进→快退→原位停止"工作循环。试填写其电磁铁动作顺序表（见表 6-3）。

（2）分析图 6-12 中车床液压系统完成图示工作循环时，各工作阶段电磁铁动作顺序，并填入表 6-4 中。通电用"+"表示，不通电用"-"表示。

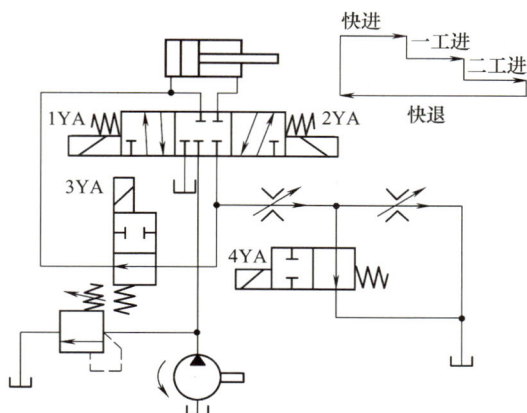

图 6-11　分析题（1）图

表 6-3　电磁铁动作顺序表 1

动作	电磁铁			
	1YA	2YA	3YA	4YA
快进				
一工进				
二工进				
快退				
原位停止				

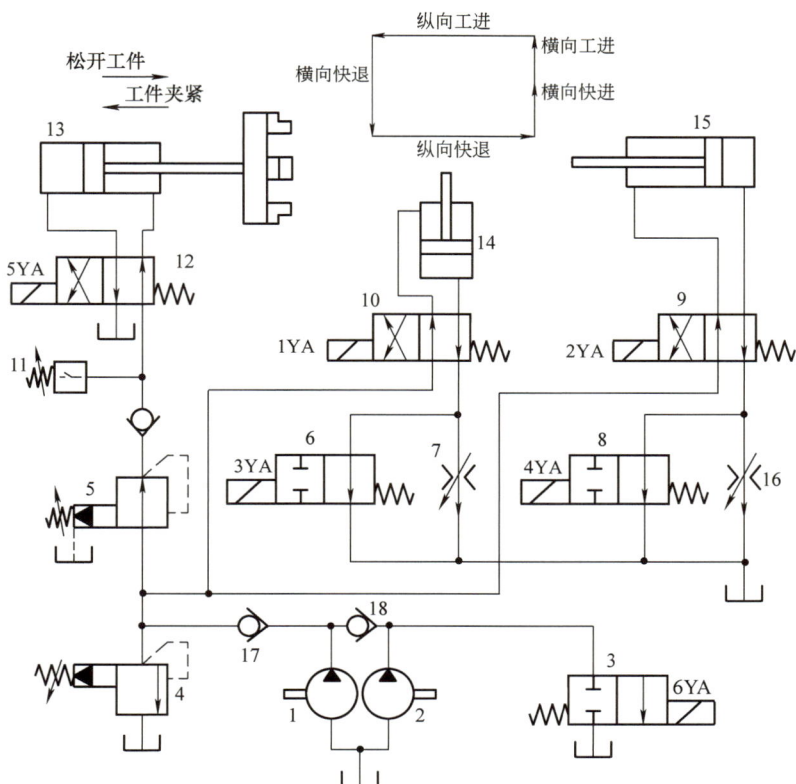

图 6-12　分析题（2）图

表 6-4　电磁铁动作顺序表 2

动作	电磁铁					
	1YA	2YA	3YA	4YA	5YA	6YA
工件夹紧						
横向快进						
横向工进						
纵向工进						
横向快退						
纵向快退						
松开工件						
原位停止						

第七章 气源装置及辅助元件

知识目标

掌握：1. 气压传动系统的原理与组成、各部分的功用。
　　　2. 气源装置的组成和工作原理。
了解：1. 气压传动系统的特点。
　　　2. 过滤器、油雾器、消声器、转换器的作用。

技能目标

1. 会选用气源装置和各种气动辅助元件。
2. 能正确使用、维护气动三联件、消声器、转换器等气动元件。

你知道吗？

　　气压传动中空气之所以能在管道中流动，并能驱动剪切机这样的机械，就是因为空气具有能量，空气经空气压缩机加压获得能量。气压传动是以空气为工作介质进行能量传递的一种传动形式，气源装置是气压传动系统的动力部分，为系统提供能源。气压传动具有节能、高效、价廉和无污染等优点，近年来在国内外发展较快。

第一节　气压传动系统

一、气压传动系统的工作原理

[实例分析]

　　图 7-1 所示为气动剪切机工作原理。图示位置为剪切前的预备状态，空气压缩机 1 产生的压缩空气→后冷却器 2→油水分离器 3→气罐 4→空气过滤器 5→调压阀 6→油雾器 7→气控换向阀 9→气缸 10。此时换向阀 A 腔的压缩空气将阀芯推到上位，使气缸上腔充压，活塞

处于下位，剪切机的剪口张开，处于预备工作状态。

当送料机构将工料 11 送入剪切机并到达规定位置时，工料将行程阀 8 的阀芯向右推，换向阀 A 腔经行程阀 8 与大气相通，换向阀阀芯在弹簧的作用下移到下位，将气缸上腔与大气连通，下腔与压缩空气连通。此时，活塞带动剪刀快速向上运动将工料切下。工料被切下后，即与行程阀脱开，行程阀复位，将排气口封死，换向阀 A 腔压力上升，阀芯上移，使气路换向。气缸上腔进压缩空气，下腔排气，活塞带动剪刀向下运动，系统又恢复到图示状态，等待第二次进料剪切。

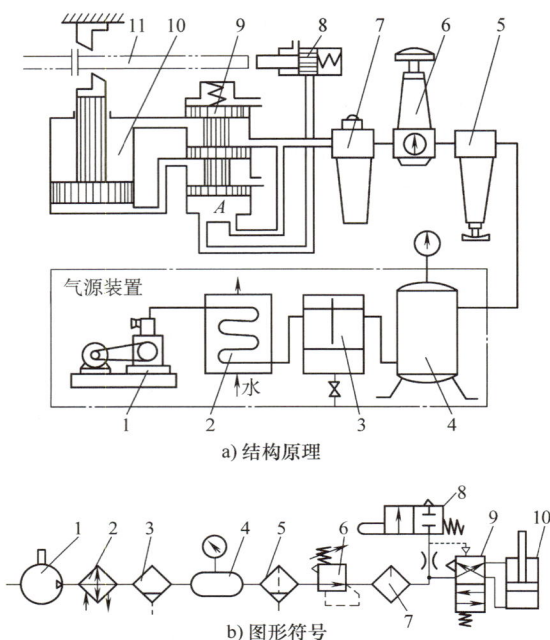

图 7-1　气动剪切机的工作原理

1—空气压缩机　2—后冷却器　3—油水分离器　4—气罐　5—空气过滤器
6—调压阀　7—油雾器　8—行程阀　9—气控换向阀　10—气缸　11—工料

二、气压传动系统的组成

1. 气压传动系统的组成

从上面实例可知气压传动系统由以下 5 个部分组成。

（1）气源装置　气源装置是压缩空气的发生装置，其主体部分是空气压缩机（简称空压机）。它将原动机（如电动机）的机械能转换为空气的压力能，并经净化装置净化，为各类气压传动设备提供洁净的压缩空气。

（2）执行元件　执行元件是气压传动系统的能量输出装置，主要为气缸和气马达，它们将压缩空气的压力能转换为机械能。

（3）控制元件　用以控制压缩空气的压力、流量、流动方向，以保证系统各执行机构具有一定的输出动力和速度的元件。即各类压力阀、流量阀、方向阀和逻辑阀等。

（4）辅助元件　过滤器、油雾器、消声器和转换器等。它们对保持系统正常、可靠、稳定和持久地工作起着十分重要的作用。

（5）工作介质 气压传动系统中所用的工作介质是空气。

2. 气压传动的特点

（1）气压传动的优点

1）工作介质为空气，来源经济方便，用过之后可直接排入大气，不污染环境。

2）由于空气流动损失小，压缩空气可集中供气，做远距离输送。

3）气压传动具有动作迅速、反应快、维护简单、管路不易堵塞的特点，且不存在介质变质、补充和更换等问题。

4）对工作环境的适应性好，可安全应用于易燃、易爆场所。

5）气压传动装置结构简单、重量轻、安装维护方便、压力等级低、使用安全。

6）气压传动系统能够实现过载自动保护。

（2）气压传动的缺点

1）由于空气具有可压缩性，所以气缸的运动速度受负载的影响比较大。

2）气压传动系统工作压力较低（一般为 $0.4\sim0.8MPa$），因而气压传动系统输出动力较小。

3）压缩空气没有自润滑性，需要另设装置进行给油润滑。

三、气压传动的工作介质

气压传动以空气作为工作介质。理论上把完全不含有蒸气的空气称为干空气。而实际上自然界中的空气都含有一定量的蒸气，这种由干空气和蒸气组成的气体称为湿空气。空气的干湿程度对系统的工作稳定性和使用寿命都有着一定的影响。若它的湿度较大，即空气中含有的蒸气较多，这样的湿空气在一定的温度和压力条件下，在系统中的局部管道和气动元件中凝结出水滴，使管道和气动元件锈蚀，严重时还可导致整个系统工作失灵。因此必须采取有效措施，减少压缩空气中所含的水分。

单位体积空气的质量称为空气的密度。气体密度与气体压力和温度有关，压力增加，空气密度增大，而温度升高，空气密度减小。体积随压力增大而减小的性质称为可压缩性，体积随温度升高而增大的性质称为膨胀性。气体的可压缩性和膨胀性都大于液体的压缩性和膨胀性，故在研究气压传动时，应予以考虑。

第二节 气源装置

气源装置是气压传动系统的重要组成部分。气源装置的作用是产生具有足够压力和流量的压缩空气，同时将其净化、处理及储存，其主体部分是空气压缩机。由于大气中常有灰尘、蒸气及油分等各种杂质成分，不能直接为设备所用，气源装置还包括气源净化装置。常见的气源净化装置有后冷却器、油水分离器、气罐、干燥器等。

图 7-2 所示为一般压缩空气站的设备布置示意图。空气压缩机 1 一般由电动机带动，其进气口装有简易空气过滤器，它能先过滤空气中的一些灰尘、杂质。后冷却器 2 用以冷却压缩空气，使汽化的水、油凝结出来。油水分离器 3 使水滴、油滴、杂质从压缩空气中分离出来，再从排油水口排出。气罐 6 用以贮存压缩空气、稳定压缩空气的压力，并除去其中的油和水，气罐中输出的压缩空气即可用于一般要求的气压传动系统。干燥器 7、8 用以进一步吸收和排除压缩空气中的水分和油分，使之变成干燥空气。空气过滤器 10 用以进一步过滤压缩空气中的灰尘、杂质。从气罐 11 输出的压缩空气可用于要求较高的气动系统（如气动仪表及射流组件组成的控制回路）。

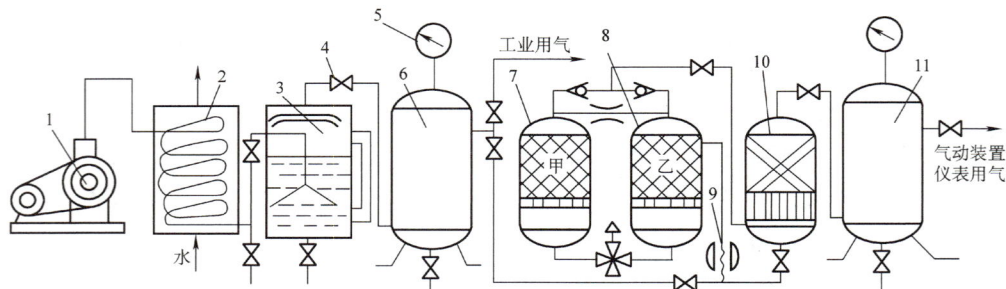

图 7-2 压缩空气站的设备布置示意图
1—空气压缩机 2—后冷却器 3—油水分离器 4—阀门 5—压力表
6、11—气罐 7、8—干燥器 9—加热器 10—空气过滤器

> **要点**
>
> 气源装置相当于液压传动中的液压泵，是由空气压缩机和气源净化装置两部分构成。

一、空气压缩机

1. 活塞式空气压缩机的工作原理

气压传动系统中最常用的空气压缩机为活塞式压缩机，图 7-3 所示为活塞式空气压缩机的工作原理、实物图和图形符号。当活塞向右移动时，气缸内活塞左腔的压力低于大气压力，吸气阀 2 开启，外界空气由于大气压的作用，进入气缸内部，即进行吸气过程；当活塞向左移动时，吸气阀在缸体内部气体的作用下关闭，缸体内部的气体随着活塞的不断左移，压力逐渐升高，这个过程称为压缩过程。当气缸内的气体压力增高到高于输气管道内的压力后，排气阀被打开，压缩空气排入管道内，这个过程称为排气过程。活塞的往复运动是由电动机带动曲柄转动，通过连杆、滑块、活塞杆转化成直线往复运动而产生的。活塞往复行程一次，即完成"吸气→压缩→排气"一个工作循环。活塞式空气压缩机常用于需要 0.3 ～ 0.7MPa 压力范围的系统。单级往复活塞式空气压缩机的压力若超过 0.6MPa，各项性能指标将急剧下降，因此，大多数空气压缩机是采用多缸，多级压缩可以提高输出压力。

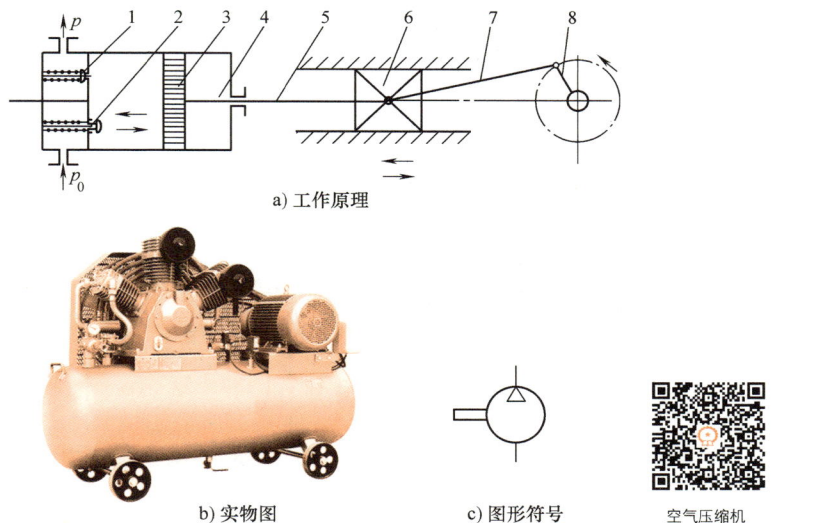

a) 工作原理

b) 实物图 c) 图形符号 空气压缩机

图 7-3 活塞式空气压缩机

1—排气阀 2—吸气阀 3—活塞 4—气缸 5—活塞杆 6—滑块 7—连杆 8—曲柄

2. 空气压缩机的选用

选择空气压缩机主要以气压传动系统所需要的工作压力和流量为依据。

（1）排气压力 一般气动系统的工作压力为 0.5 ~ 0.8MPa，选用额定排气压力为 0.7~1MPa 的空气压缩机。若气动系统中各装置对气源有不同的压力要求时，则以其中最高的工作压力为标准，并考虑系统流动损失，再加上一定的压力来选用空气压缩机的输出压力。对气动系统中某些装置要求的工作压力较低时，可采用减压方式供给。

（2）排气流量 对每台气动装置而言，执行元件通常是断续工作的，因而所需的耗气量也是断续的，并且每个耗气元件的耗气量大小也不同，因此，在供气系统中，把所有气动元件和装置在一定时间内的平均耗气量之和作为确定空气压缩机站供气量的依据，并将各元件和装置在其不同压力下的压缩空气流量转换为大气压下的自由空气流量。

根据结构特点，活塞式空气压缩机适用于压力较高的中、小流量场合；离心式空气压缩机运转平稳、排气均匀，适用于低压、大流量的场合；螺杆式空气压缩机适用于低压力的中、小流量的场合；叶片式空气压缩机适用于低、中压力的中、小流量的场合。

二、气源净化装置

1. 后冷却器

后冷却器安装在空气压缩机的出口，它的作用是将空气压缩机产生的高温压缩空气由 140~170℃降低到 40~50℃，使压缩空气中的油雾和水汽达到饱和，使其大部分析出并凝结成油滴和水滴，以便将其清除，达到初步净化压缩空气的目的。后冷却器主要有风冷式和水冷式两种。

（1）风冷式后冷却器 图 7-4 所示为风冷式后冷却器，其工作原理是：压缩空气通过管道，由风扇产生的冷空气强迫吹向管道，冷热空气在管道壁面进行热交换，风冷式后冷却器能将压缩机产生的高温压缩空气冷却到 40℃ 以下，从而有效除去空气中的水分。它具有结构紧凑、质量轻、安装空间小、便于维修、运行成本低等优点，但处理气量少。

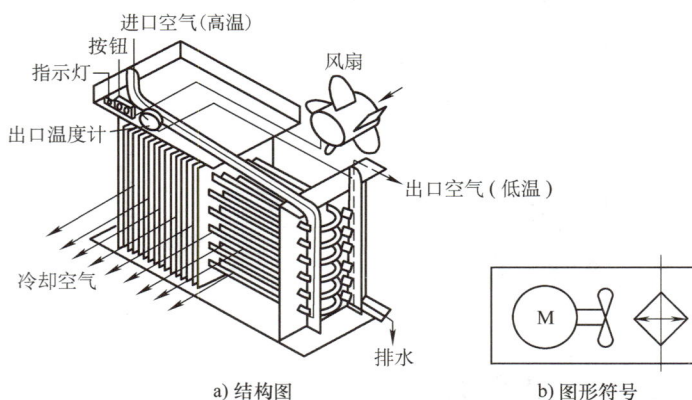

图 7-4　风冷式后冷却器

（2）水冷式后冷却器　水冷式后冷却器的结构形式有蛇管式、套管式、列管式和散热片式等。图 7-5 所示为蛇管式后冷却器，其工作原理是：压缩空气在管内流动，冷却水在管外水套中流动，沿管道壁面进行热交换。水冷式后冷却器散热面积比风冷式大许多倍、热交换均匀、效率高，具有结构简单、使用和维修方面的优点，使用较广泛。

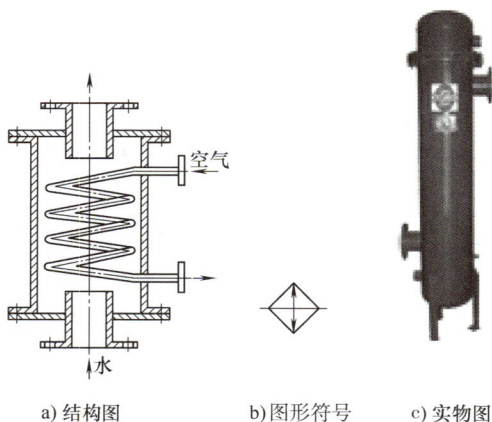

图 7-5　蛇管式后冷却器

2. 油水分离器

油水分离器安装在后冷却器后的管道上，它的作用是分离压缩空气中凝聚的灰尘、水分和油分等杂质，其结构形式有环形回转式、撞击折回式、离心旋转式、水浴式和组合式等。图 7-6 所示为撞击折回并环形回转式油水分离器。压缩空气自入口进入后，因撞击隔板而折回向下，继而又回升向上，形成回转环流，使水滴、油滴和杂质在离心力和惯性力作用下，从空气中分离析出，并沉降在底部。可以定期打开底部阀门将分离物排出。

3. 气罐

气罐的作用是：①消除排气压力波动，保证输出气流量和压力的稳定性；②当空气压缩机发生意外事故如突然停电时，气罐的压缩空气可作为应急动力源使用；③进一步分离压缩

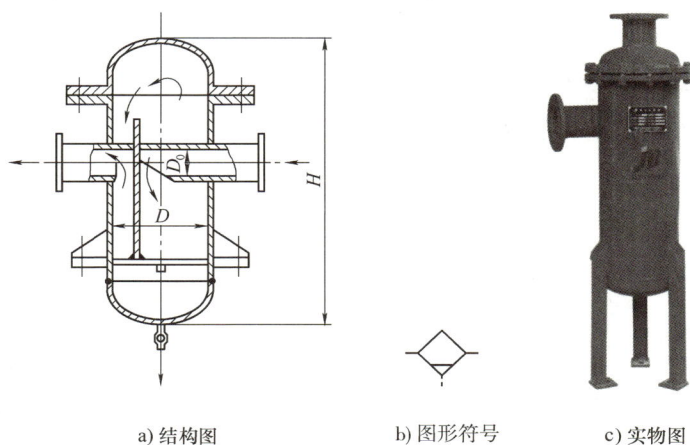

a) 结构图　　　　　　b) 图形符号　　　　c) 实物图

图 7-6 撞击折回并环形回转式油水分离器

空气中的水和油等杂质。气罐一般采用圆筒状焊接结构，有立式和卧式两种，一般以立式居多，其结构如图 7-7 所示，进气口在下，出气口在上，并尽可能加大两口之间的距离，以利于分离空气中的油水杂质。

目前在气压传动系统中后冷却器、油水分离器和气罐三者一体的结构形式已被采用，这使压缩空气站的辅助设备大为简化。

4. 空气干燥器

空气干燥器的作用是吸收和排除压缩空气中的水分、油分和杂质。从空气压缩机输出的压缩空气经过后冷却器、油水分离器和气罐的初步净化处理后能满足一般气压传动系统的使用要求。但对于一些精密机械、仪表等装置还不能满足其要求，需要进行干燥和精过滤，在工业上常用的是冷冻式和吸附式。

（1）冷冻式干燥器　它是使压缩空气冷却到露点温度，析出空气中的水分，此方法适用于处理低压大流量，并对于干燥度要求不高的压缩空气。图 7-8 所示为冷冻式压缩空气干燥机，它是根据冷冻除湿原理，将湿热的压缩空气通过与制冷剂进行热交换，使压缩空气中的气态水分凝结成液态水，通过油水分离器排出机外，从而达到除水干燥的目的。

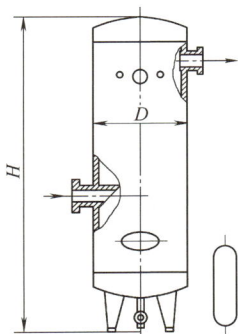

图 7-7 气罐

图 7-8 冷冻式压缩空气干燥机

（2）吸附式干燥器　它主要是利用具有吸附性能的吸附剂（如硅胶、活性氧化铝、焦炭、分子筛等物质）表面能够吸附水分的特性来清除水分的，从而达到干燥、过滤的目的。

当干燥器使用几分钟后，吸附剂吸水达到饱和状态而失去吸水能力，因此需设法除去吸附剂中的水分，使其恢复干燥状态，以便继续使用，这就是吸附剂的再生。图 7-9 所示为一种常见不加热再生式干燥器，它有两个填满吸附剂的容器 1、2，当空气从容器 2 的上部流到下部时，空气把吸附在吸附剂中的水分带走并放入大气，即实现了不需外加热源而使吸附剂再生。两容器定期地（5~10min）交换工作使吸附剂产生吸附和再生，这样可得到连续输出的干燥压缩空气。

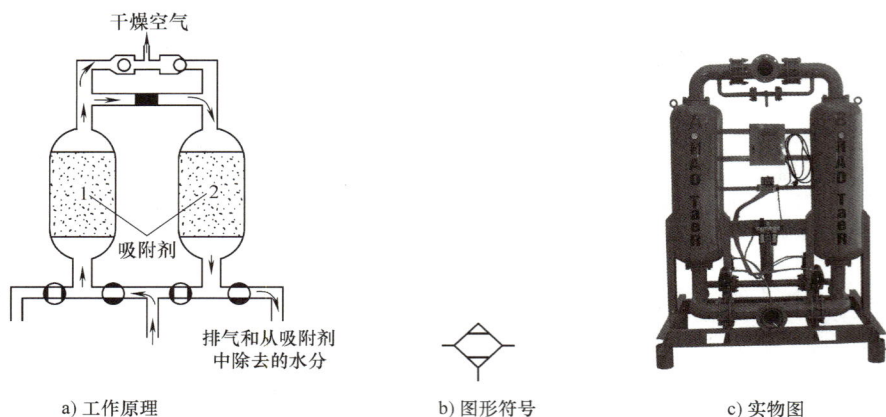

a) 工作原理   b) 图形符号   c) 实物图

图 7-9 不加热再生式干燥器

第三节 辅 助 元 件

气压系统主要辅助元件有过滤器、油雾器、消声器、转换器、管道及管接头等。由于管道及管接头与液压传动类似，这里不再重复。

一、过滤器

过滤器的作用是滤除压缩空气中的油污、水分和灰尘等杂质。不同的使用场合对气源的过滤程度要求不同，所使用的过滤器也不相同。常用的过滤器分一次过滤器、二次过滤器和高效过滤器。

1. 一次过滤器

一次过滤器也称简易过滤器，其滤灰效率为 50%~70%。它由壳体和滤芯所组成，按滤芯所采用的材料可分为纸质、织物（麻布、绒布、毛毡）、陶瓷、泡沫塑料和金属（金属网、金属屑）等过滤器。空气进入空气压缩机之前，必须经过简易空气过滤器，过滤空气中所含的一部分灰尘和杂质。空气压缩机中普遍采用纸质过滤器和金属过滤器。

2. 二次过滤器

二次过滤器的滤灰效率为 70%~90%，在空气压缩机的输出端使用的即为二次过滤器。空气过滤器属于二次过滤器。图 7-10 所示为空气过滤器，其工作原理是：压缩空气从输入口进入后，被引入旋风叶子 1，旋风叶子上有许多呈一定角度的缺口，迫使空气沿切线方向产生强烈旋转。这样，夹杂在空气中的较大水滴、油滴和灰尘等便获得较大的离心力，它们与存水杯的内壁碰撞，从空气中分离出来沉到水杯底部。然后，气体通过中间的滤芯 2，部分杂质、灰尘被滤掉。为防止气体旋转的旋涡将存水杯 3 中积存的污水卷起，在滤芯下部设有挡水板 4。为保证空气过滤器正常工作，必须及时将存水杯中的污水通过排水阀 5 排放。在某些人工排水不方便的场合，可选择自动排水式空气过滤器。存水杯由透明材料制成，便于观察其工作情况、污水高度和滤芯污染程度。

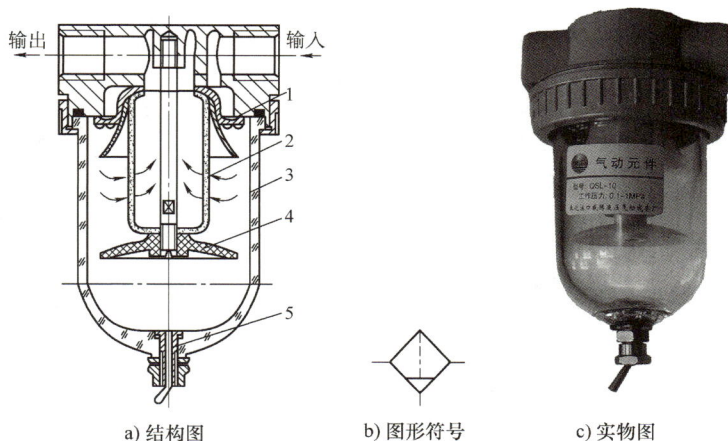

a) 结构图 b) 图形符号 c) 实物图

图 7-10 空气过滤器

1—旋风叶子 2—滤芯 3—存水杯 4—挡水板 5—排水阀

高效过滤器的过滤效率更高，其滤灰效率能达到 99%，适用于要求较高的气动传感器、检测装置和射流元件等。

二、油雾器

油雾器是一种特殊的注油装置，它以压缩空气为动力，将润滑油喷射成雾状并混合于压缩空气中，随着压缩空气进入需要润滑的部位，达到润滑气动元件的目的。其优点是方便、干净、耗油量少、润滑均匀稳定，不需要大的贮油设备等。

油雾器分一次油雾器和二次油雾器两种。一次油雾器应用很广，润滑油在油雾器中只经过一次雾化，油雾粒径为 $20\sim35\mu m$，一般输送距离在 5m 以内，适用于一般气动元件的润滑；二次油雾器是使润滑油在油雾器中经过了两次雾化，油雾粒径更均匀、更小，可达 $5\mu m$ 左右，油雾在传输中不易附壁，可输送更远的距离，适用于气马达和气动轴承等对润滑要求特别高的场合。

图 7-11a 所示为普通型油雾器（一次油雾器）的结构图。压缩空气通过入口 1 进入。喷嘴杆上的孔 2 面对气流，孔 3 背对气流。有气流输入时，截止阀 10 上下有压力差，被打开。油杯中的润滑油经吸油管 11，视油帽 8 上的节流阀 7 滴到喷嘴杆中，被气流从孔 3 中引射出去，雾化后从输出口输出。

在气源压力不大于 0.1MPa 时，该油雾器允许在不关闭气路的情况下加油。供油量随气流大小而变化。贮油杯和视油帽采用透明材料制成，便于观察。视油帽 8 上的节流阀 7 用以调节油量，可在 $0\sim200$ 滴/min 范围内调节。

油雾器安装时尽量靠近换向阀，注意进、出口不能接错；垂直设置，不可倒置或倾斜；

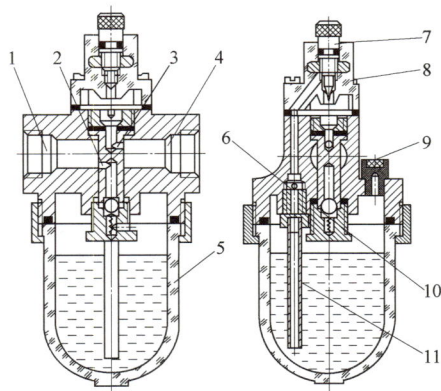

a) 结构图　　　　　　　　　　　　油雾器

b) 图形符号　　　　　　　　c) 实物图

图 7-11　普通型油雾器

1—气流入口　2、3—小孔　4—输出口　5—贮油杯　6—单向阀　7—节流阀
8—视油帽　9—旋塞　10—截止阀　11—吸油管

保持正常油面，不应过高或过低。其供油量根据使用条件的不同而不同，一般以 $10m^3$ 自由空气（标准状态下）供给 1mL 的油量为基准。图 7-11c 所示为油雾器实物图。

三、气源处理装置

空气过滤器、减压阀和油雾器组合在一起构成气源处理装置，通常称为气动三联件。空气通过气源处理装置的顺序为空气过滤器→减压阀→油雾器，不能颠倒。这是因为减压阀内部有阻尼小孔和喷嘴，这些小孔容易被杂质堵塞而造成减压阀失灵，故进入减压阀的空气要先通过空气过滤器进行过滤。图 7-12 所示为气源处理装置。在有的情况下不需要油雾器，

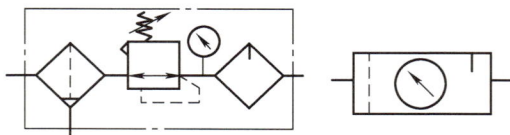

a) 实物图　　　　　　　　　　　　　　　　b) 图形符号

图 7-12　气源处理装置

而用过滤减压阀，它是过滤器和减压阀的组合，如图 7-13 所示。

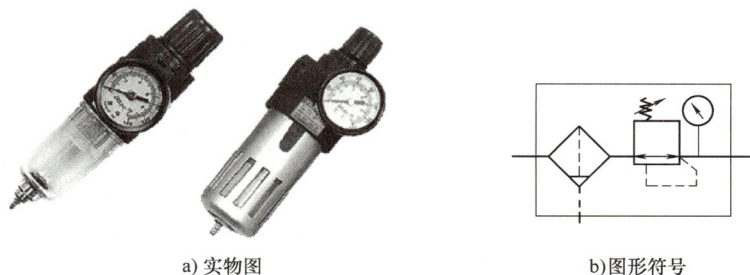

a) 实物图　　　　　　　　　　b)图形符号

图 7-13　过滤减压阀

四、消声器

在气动系统工作过程中，气缸、气马达及控制阀等气动元件在将用过的压缩空气排向大气时，由于排出气体速度很高，气体体积急剧膨胀，产生涡流，引起气体振动，会发出强烈的排气噪声，一般可达 100～120dB。这样的噪声会危害人的健康，恶化作业环境，降低工作效率。为消除和减弱这种噪声，应在换向阀的排气口安装消声器。常用的消声器有三种形式：吸收型、膨胀干涉型和膨胀干涉吸收型。

（1）吸收型消声器　主要利用吸声材料来降低噪声，在气体流动的管道内固定吸声材料，或吸声材料按一定方式在管道中排列，如图 7-14 所示。其工作原理是：当气流通过消声罩 1 时，气流受阻，可使噪声降低约 20dB。吸收型消声器主要用于消除中高频噪声，特别对刺耳的高频声波消声效果显著，在气动系统中广为应用。

（2）膨胀干涉型消声器　膨胀干涉型消声器结构很简单，相当于一段比排气孔口径大的管件。当气流通过时，让气流在管道里膨胀、扩散、反射、相互干涉而消声。主要用于消除中、低频噪声。

（3）膨胀干涉吸收型消声器　是综合上述两种消声器的特点而构成的，其结构如图 7-15 所示。工作原理是：气流由端盖上的斜孔引入，在 A 室扩散、减速、碰壁撞击后反射到 B 室，气流束互相冲撞、干涉，进一步减速，并通过消声器内壁的吸声材料排向大气。这种消声器消声效果好，低频可消声 20dB，高频可消声 45dB 左右。

a) 结构图　　　b) 图形符号　　　c)实物图

图 7-14　吸收型消声器

1—消声罩　2—连接件

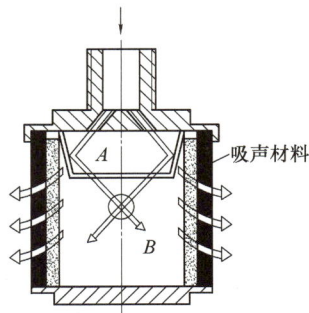

图 7-15　膨胀干涉吸收型消声器示意图

五、转换器

转换器是一种可以将电、液、气信号相互转换的辅件。常用的有气液、电气、气电转换器。

1. 气液转换器

气液转换器是一种把空气压力转换成相同液体压力的气动元件。根据气与油之间接触的状况分为隔离式与非隔离式两种结构。图 7-16 所示为非隔离式气液转换器的结构和图形符号，当压缩空气由上部输入后，经过管道的缓冲装置使压缩空气作用在液压油面上，由转换器主体下部的排油孔输出到液压缸。气液转换器一般用于气液控制回路中，使气缸可以无脉动地低速平稳运动，速度可小于 40mm/min。

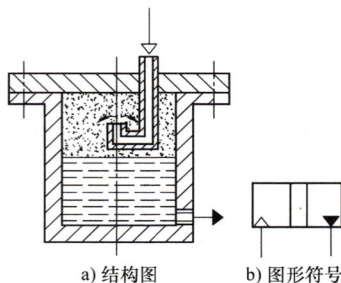

a) 结构图　　　b) 图形符号

图 7-16　非隔离式气液转换器

2. 电气转换器

图 7-17 所示为电气转换器的工作原理，是将电信号转换为气信号的元件。没有电信号时，橡胶挡板 4 在弹簧 1 的作用下向上抬起，喷嘴打开，由气源输入的气体经喷嘴排空，输出口无输出。当线圈 2 通入电流时，产生的磁场将衔铁 3 吸下，橡胶挡板将喷嘴关闭，输出口有气信号输出。

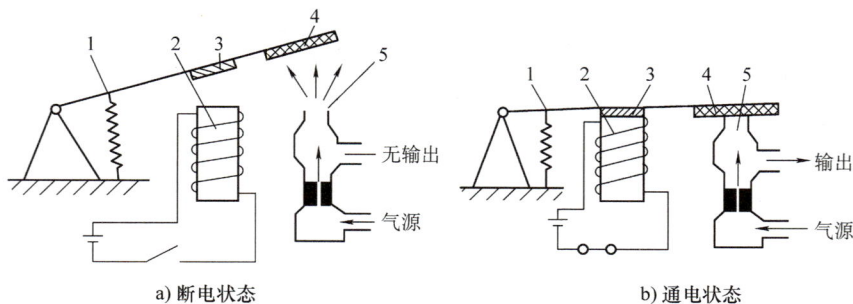

a) 断电状态　　　　　　　　　　b) 通电状态

图 7-17　电气转换器工作原理图

1—弹簧　2—线圈　3—衔铁　4—橡胶挡板　5—喷嘴

本章小结

1. 气压传动系统是以压缩空气为工作介质来实现气体压力能和机械能之间相互转换，

进行传递动力和控制信号的系统。

2. 气压传动系统由气源装置、执行元件、控制元件、辅助元件和工作介质 5 个部分组成。

3. 在气源装置中，空气压缩机是气源装置的心脏部分，是气压传动系统的动力源，它是把原动机输出的机械能转换成为气体压力能的能量转换装置。

4. 气源装置净化装置中的后冷却器、油水分离器、气罐、空气干燥器所起的作用。

5. 辅助元件还包括过滤器、油雾器、消声器、管道及管接头和其他辅助元件等，它们都是保证系统正常工作的重要元件。

6. 常用转换器有气液、电气、气电转换器。

本章习题

1. 填空题

（1）气压传动系统使用空气作为_____。理论上把完全不含有蒸气的空气称为_____。由干空气和蒸气组成的气体称为_____。

（2）单位体积空气的_____称为空气的密度。气体密度与气体压力和温度有关，压力增加，空气密度_____，而温度升高，空气的密度_____。

（3）气压传动系统主要由以下 5 个部分组成：_____、_____、_____、_____和_____。

（4）选择空气压缩机主要是确定空气压缩机的_____和_____。

（5）空气干燥器的作用是吸收和排除压缩空气中的水分、油分和杂质，是湿空气变成干空气的装置。工业上常用的干燥方法主要有_____和_____。

（6）在气压传动系统中，转换器是一种可以将电、液、气信号发生相互转换的辅件。常用的有_____、_____和_____三种。

（7）空气过滤器和_____、_____构成气源处理装置，通常称为气动三联件。

（8）二次过滤器滤灰效率为 70%~90%，在空气压缩机_____使用的即为二次过滤器。

（9）过滤器的作用是滤除压缩空气中的油污、水分和灰尘等杂质，达到系统所需要的净化程度。常用的过滤器分为_____、_____和_____。

（10）消声器主要是通过对气流的阻尼或增加排气面积等方法，来降低排气速度和排气功率，从而达到降低噪声的目的。常用的消声器有三种形式：_____、_____和_____。

（11）气压传动系统中，动力元件是_____，执行元件是_____，控制元件是_____。

2. 判断题

（1）采取有效措施减少压缩空气中所含的水分，降低进入气压传动设备的空气温度对系统是十分有利的。　　　　　　　　（　　）

（2）气体的可压缩性和膨胀性都远小于液体的可压缩性和膨胀性。（　　）

（3）与液压传动相比，气压传动具有动作迅速、反应快、维护简单、管路不易堵塞的特点，且不存在介质变质、补充和更换等问题。（　　）

（4）油雾器是一种特殊的注油装置，它以压缩空气为动力，将润滑油喷射成雾状并混合于压缩空气中，随着压缩空气进入需要润滑的部位，达到润滑气动元件的目的。（　　）

（5）气压传动是以空气为工作介质进行能量传递的一种传动形式，将机械能转变为气体的压力能。（　　）

（6）油水分离器安装在空气压缩机后的管道上，它的作用是分离压缩空气中凝聚的灰尘、水分和油分等杂质，使压缩空气得到初步净化。（　　）

3．选择题

（1）空气进入空气压缩机之前，必须经过＿＿＿＿＿＿，以滤除空气中所含的一部分灰尘和杂质。

A．简易过滤器　　　　B．二次过滤器　　　　C．高效过滤器　　　　D．空气干燥器

（2）气压传动系统中所用的工作介质是空气。气体体积随压力增大而减小的性质称为＿＿＿＿＿＿。

A．黏性　　　　　　　B．膨胀性　　　　　　C．可压缩性　　　　　D．密度

（3）气缸和气马达将压缩空气的压力能转换为机械能，在气压传动系统中属于＿＿＿＿＿＿。

A．气源装置　　　　　B．执行元件　　　　　C．控制元件　　　　　D．辅助元件

（4）在气压传动系统中，适用于低压、大流量的场合的空气压缩机是＿＿＿＿＿＿。

A．活塞式　　　　　　B．螺杆式　　　　　　C．离心式　　　　　　D．叶片式

（5）＿＿＿＿＿＿安装在后冷却器后的管道上，它的作用是分离压缩空气中凝聚的灰尘、水分和油分等杂质，使压缩空气得到初步净化。

A．油水分离器　　　　B．空气干燥器　　　　C．油雾器　　　　　　D．过滤器

（6）压缩空气站是气压系统的＿＿＿＿＿＿。

A．执行元件　　　　　B．辅助元件　　　　　C．控制装置　　　　　D．气源装置

第八章 气动执行元件

第一节 气　　缸

一、气缸的分类

气缸的种类很多，分类的方法也不同，一般按压缩空气作用在活塞端面上的作用力方向、结构、功能和安装形式来分类。

1. 按压缩空气在活塞端面作用力方向分类

（1）单作用气缸　气缸只有一个方向靠压缩空气推动，复位靠弹簧力、自重和其他外力。

（2）双作用气缸　气缸的往返运动全靠压缩空气推动。

2. 按气缸的结构特点分类

有活塞式、薄膜式、柱塞式、摆动式气缸等。

3. 按气缸的功能分类

（1）普通气缸　包括单作用式和双作用式气缸。

（2）特殊气缸　包括冲击气缸、缓冲气缸、气液阻尼缸、步进气缸、摆动气缸、回转气缸、双轴气缸、带磁性开关气缸、带阀组合气缸等。

4. 按气缸的安装形式分类

分为耳座式、法兰式、轴销式和凸缘式。

二、气缸的工作原理

1. 普通气缸

（1）单作用气缸　图8-1所示为弹簧复位式单作用气缸，压缩空气由端盖上的 P 孔进入无杆腔，推动活塞向右运动，活塞退回由复位弹簧实现。气缸右腔通过孔 O 始终与大气相通，这种气缸在夹紧装置中应用较多。

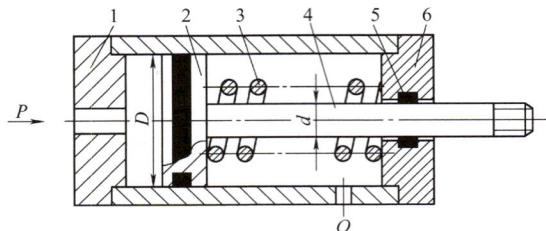

图 8-1　弹簧复位式单作用气缸

1、6—端盖　2—活塞　3—弹簧　4—活塞杆　5—密封圈

（2）双作用气缸　图8-2所示为单杆双作用气缸的结构和实物图。当右端无杆腔进气时，左端有杆腔排气，活塞杆伸出；反之，活塞杆退回。气缸主要由缸筒、活塞、活塞杆、

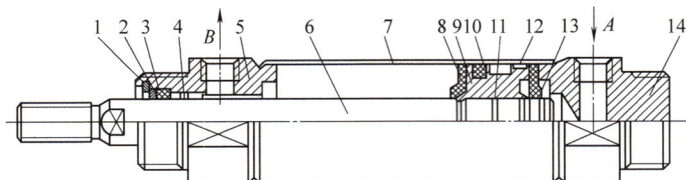

a) 结构图

b) 实物图

图 8-2　单杆双作用气缸

1—弹簧挡圈　2—防尘圈压板　3—防尘圈　4—导向套　5、14—端盖　6—活塞杆
7—缸筒　8、13—缓冲垫　9—活塞　10—活塞密封圈　11—密封圈　12—耐磨环

前后端盖及密封件和紧固件等组成。缸筒在前后缸盖之间固定连接，缸盖上开有进排气口，前缸盖上，设有密封圈、防尘圈，同时还设有导向套，以提高气缸的导向精度。活塞杆与活塞紧固相连。活塞上除有密封圈防止活塞左右两腔相互串气外，还有耐磨环以提高气缸的导向性。活塞两侧常装有橡胶垫作为缓冲垫。

2. 特殊气缸

（1）气液阻尼缸　因空气具有较大的可压缩性，一般气缸在工作载荷变化较大时，会出现"爬行"或"自走"现象，平稳性较差，如果系统工作需要较高的平稳性，可采用气液阻尼缸。气液阻尼缸由气缸和液压缸组合而成，它以压缩空气为能源，利用油液的不可压缩性和可控制流量的特点来获得活塞的平稳运动，调节活塞的运动速度。

图 8-3 所示为气液阻尼缸。它的气缸和液压缸共用同一缸体，两活塞固定在同一活塞杆上。当气缸右腔供气、左腔排气时，活塞杆伸出的同时带动液压缸活塞左移，此时液压缸左腔排油经节流阀 5 流向右腔，对活塞杆的运动起阻尼作用。调节节流阀便可控制排油速度，也控制和稳定了气缸活塞的左行速度。反向运动时，单向阀 3 开启，活塞杆可快速缩回。

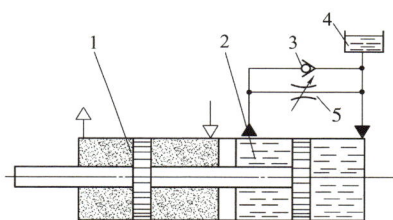

a) 结构图　　　　　　　　　　　　　　　b) 实物图

图 8-3　气液阻尼缸

1—气缸　2—液压缸　3—单向阀　4—油箱　5—节流阀

气液阻尼缸运动平稳，停位精确，噪声小；与液压缸相比，它不需要液压源，经济性好，同时具有气缸和液压缸的优点。

（2）薄膜式气缸　图 8-4 所示为薄膜式气缸，它是一种利用膜片在压缩空气作用下产生

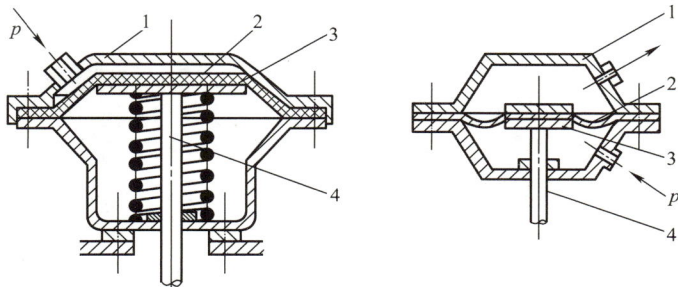

a) 单作用式　　　　　　　　　b) 双作用式　　　　　　　单作用薄膜式气缸

图 8-4　薄膜式气缸

1—缸体　2—膜片　3—膜盘　4—活塞杆

液压与气压传动　第5版

变形来推动活塞杆做直线运动的气缸。它主要由缸体 1、膜片 2、膜盘 3 及活塞杆 4 等组成，它有单作用式（图 8-4a）和双作用式（图 8-4b）两种。薄膜式气缸中的膜片有平膜片和盘形膜片两种，一般用夹织物橡胶制成，厚度为 5~6mm，也可用钢片、锡磷青铜片制成，金属膜片只用于小行程气缸中。因受膜片变形量限制，活塞位移较小，一般都不超过 50mm，且其最大行程与缸径成正比。平膜片气缸最大行程大约是缸径的 15%，盘形膜片气缸最大行程大约是缸径的 25%。

这种气缸的特点是结构紧凑、行程小、质量小、维修方便、密封性好、制造成本较低，广泛应用于化工产品的生产。

（3）冲击气缸　冲击气缸是把压缩空气的能量转化为活塞高速运动能量的一种气缸。活塞最大速度可以达到 10m/s 以上，利用此动能做功，可完成型材下料、打印、铆接、弯曲、折边、压套、破碎、高速切割等多种作业。与同尺寸的普通气缸相比，其冲击能要大上百倍。

冲击气缸有普通型和快速型两种，它们的工作原理相同，差别为快排型冲击气缸在普通型的基础上增加了快速排气结构，以获得更大的能量，图 8-5 所示为普通冲击气缸。

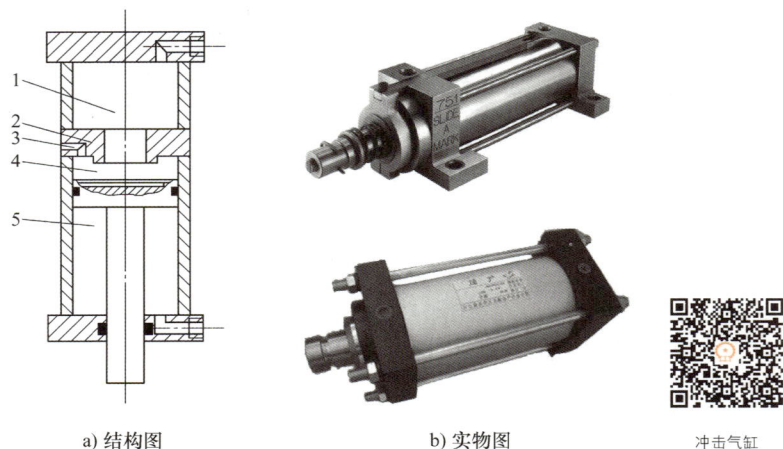

a) 结构图　　　b) 实物图　　　冲击气缸

图 8-5　普通冲击气缸
1—蓄能腔　2—中盖　3—排气小孔　4—活塞腔　5—活塞杆腔

冲击气缸在结构上分为活塞杆腔 5、活塞腔 4 和蓄能腔 1 三个工作腔，以及带有排气小孔 3 的中盖 2，冲击气缸的工作过程一般分为如下三步：

1）压缩空气进入冲击气缸活塞杆腔，蓄能腔与活塞腔通大气，活塞上移至上限位置，封住中盖上的喷嘴，中盖与活塞间的环型空间经排气小孔与大气相通。

2）蓄能腔进气，其压力逐渐上升，在与中盖喷嘴口相密封接触的活塞面上，其承受的向下输出力逐渐增大，与此同时，活塞杆腔排气，其压力逐渐变小，活塞杆腔活塞下端面上的受力逐渐减小。

3）当活塞上端输出力大于下端的输出力时，活塞立即离开喷嘴口向下运动，在喷嘴打开的瞬间，活塞腔与储能腔立刻连通，活塞上端的承压面突然增大为整个活塞面，于是活塞在巨大的压力差作用下，加速向下运动，使活塞、活塞杆等运动部件在瞬间加速达到很高的速度，获得最大冲击速度和能量。

以上三步就是冲击气缸将压力能转化为动能的一个完整工作过程。

（4）摆动气缸　摆动气缸也称摆动气马达，是一种在小于360°角度范围内做往复摆动的气动执行元件，输出力矩，使机构实现往复摆动。摆动气缸的最大摆动角度分别为90°、180°、270°三种规格。摆动气缸按结构特点分为叶片式、齿轮齿条式等。

叶片式摆动气缸分为单叶片式和双叶片式两种。单叶片式输出轴摆动角度小于360°，双叶片式输出轴摆动角小于180°。它是由叶片轴转子（输出轴）、定子、缸体和前后端盖等组成的。图8-6所示为叶片式摆动气缸，其定子和缸体固定在一起，叶片和转子连在一起，前后端盖装有滑动轴承。这种摆动气缸输出效率低。应用在夹具的回转、阀门开闭及工件转位等方面。

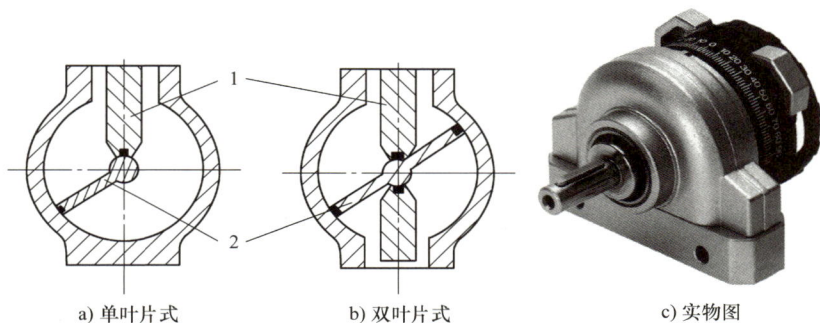

a) 单叶片式　　　b) 双叶片式　　　　c) 实物图

图 8-6　叶片式摆动气缸

1—挡块　2—叶片

在输出转矩相同的摆动气缸中，叶片式体积最小，质量最小，但制造精度要求高，较难实现理想的密封，故输出效率低，小于80%。

（5）带磁性开关气缸　带磁性开关气缸是将磁性开关装在气缸的缸筒外侧，缸筒必须是导磁性弱、隔磁性强的材料，如硬铝、不锈钢、黄铜等。在非磁性体的活塞上安装一个永久磁环，随活塞移动的磁环靠近开关时，舌簧开关的两根簧片被磁化而相互吸引，触点闭合；当磁环移开开关后，簧片失磁，触点断开。触点闭合或断开时即发出电信号，控制相应电磁阀完成切换动作。图8-7所示为带磁性开关气缸。磁性开关气缸不需在行程两端设置机

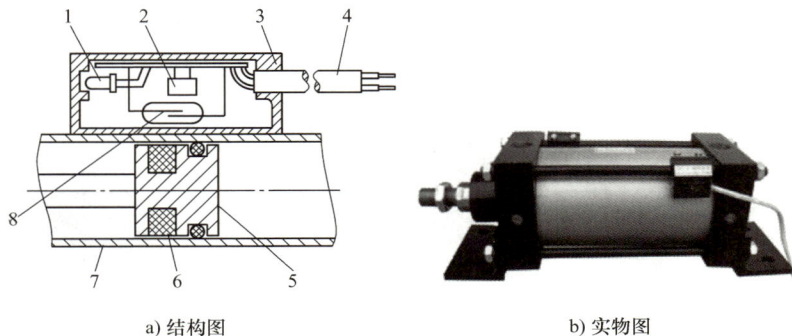

a) 结构图　　　　　　　　　b) 实物图

图 8-7　带磁性开关的气缸

1—动作指示灯　2—保护电路　3—开关外壳　4—导线　5—活塞　6—磁环　7—缸筒　8—舌簧开关

控阀或行程开关，所以使用方便、结构紧凑，同时，还具有可靠性高、寿命长、成本低、开关反应时间快等优点，故得到广泛的应用。

（6）带阀组合气缸　带阀组合气缸有多种不同组合。图 8-8 所示为带有电磁阀和单向节流阀的带阀组合气缸的结构与实物图，在前后缸盖上的进排气口上均有一个由单向节流阀和螺栓组成的组合件，通过它来调节进排气的流量，以调节气缸的运动速度。由于带阀组合气缸省掉了阀与气缸之间的管路连接，减少了管路中的耗气量，故它结构紧凑、使用方便。

（7）双轴气缸　双轴气缸具有两个活塞杆。在双活塞杆气缸中，通过连接板将两个并列的活塞杆连接起来，在定位和移动工具或零件时，这种结构可以抗扭转。与相同缸径的标准气缸相比，双轴气缸可以获得两倍的输出力，图 8-9 所示为其实物图。

（8）气动手指气缸　气动手指气缸能实现各种抓取功能，是现代气动机械手的关键部件。气动手指气缸的特点有：所有的结构都是双作用的，能实现双向抓取，可自动对中，重复精度高；在气缸两侧可安装非接触式行程检测开关；安装连接方式灵活多样；抓取力矩恒定，耗气量少。气动手指气缸有平行型、旋转型、摆动型，图 8-10a 所示为平行型气动手指气缸，图 8-10b 所示为 180°摆动型气动手指气缸。

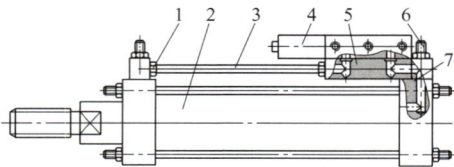

a) 结构图

b) 实物图

图 8-8　带阀组合气缸

1—管接头　2—气缸　3—尼龙管　4—电磁阀（二位五通阀）
5—换向阀底板　6—单向节流阀组合件　7—密封圈

图 8-9　双轴气缸

a) 平行型

b) 180°摆动型

图 8-10　气动手指气缸

第二节　气　马　达

气马达是将压缩空气的压力能转换成机械能的转换装置，工作时输出转速和转矩，用于驱动机构做旋转运动，相当于液压马达或电动机。

一、气马达的分类及特点

常用的气马达有叶片式、活塞式、薄膜式三种。

气马达和电动机相比，有如下特点：

1）工作安全，适用于恶劣的工作环境。在易燃、高温、振动、潮湿、粉尘等不利条件下都能正常工作。

2）有过载保护作用，不会因过载而发生烧毁。过载时气马达只会降低速度或停车，当负载减小时即能重新正常运转。

3）能够顺利实现正反转，能快速起动和停止。

4）满载连续运转，其温升较小。

5）功率范围及转速范围较宽。气马达功率小到几百瓦，大到几万瓦，转速可以从零到25000r/min 或更高。

6）单位功率尺寸小，质量小，且操纵方便，维修简单。

但气马达目前还存在速度稳定性较差、耗气量大、效率低、噪声大和易产生振动等不足。

二、叶片式气马达

叶片式气马达主要由转子、定子、叶片及壳体组成。叶片式气马达有 3～10 个叶片安装在一个偏心转子的径向沟槽中，如图 8-11a 所示。其工作原理与液压马达相同，当压缩空气从进气口 A 进入气室后，作用在叶片的外伸部分，通过叶片带动转子 2 做逆时针转动，输出转矩和转速，做完功的气体从排气口 C 排出，残余气体则经 B 排出（二次排气）；若进、排气口互换，则转子反转，输出相反方向的转矩和转速。转子转动的离心力和叶片底部的气压力、弹簧力（图中未画出）使得叶片紧密地与定子 1 的内壁相接触，以保证可靠密封，提高容积效率。

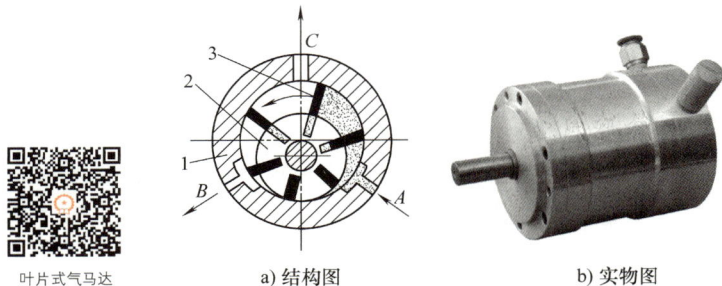

叶片式气马达　　　　a) 结构图　　　　　　b) 实物图

图 8-11　叶片式气马达
1—定子　2—转子　3—叶片

叶片式气马达主要用于风动工具，如风钻、风扳手、风砂轮、高速旋转机械及矿山机械等。

三、活塞式气马达

活塞式气马达一般有 4~6 个气缸，气缸可配置在径向和轴向位置上，据此可分为径向活塞式气马达和轴向活塞式气马达两种。图 8-12 所示为五缸径向活塞式气马达，五个气缸均匀分布在气马达壳体的圆周上，压缩空气进入配气阀后顺序推动各活塞，从而带动曲轴连续旋转。活塞式气马达转速比叶片式的低，一般是 100~1300r/min，最高是 6000r/min，但输出的转矩要比叶片式的大。活塞式气马达起动转矩和功率都比较大，结构复杂、成本高、价格贵，主要用于低速、大转矩的场合。

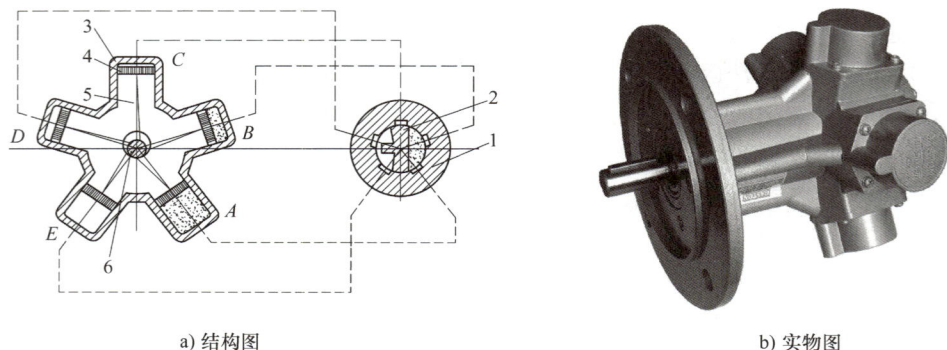

a) 结构图　　　　　　　　　　　　　　　　b) 实物图

图 8-12　五缸径向活塞式气马达

1—配气阀套　2—配气阀　3—星形缸体　4—活塞　5—气缸　6—曲轴

四、常用气马达的特点及应用范围

前面介绍的各种常用气马达的性能并不完全相同，在选择和使用时可参考表 8-1。

表 8-1　常用气马达的特点及应用

类　型	转　矩	速　度	功　率	每千瓦耗气量 /（m³/min）	特点及应用范围
叶片式	低转矩	高速度	由不足 1kW 到 13kW	小型：1.8~2.3 大型：1~1.4	制造简单、结构紧凑、低速起动转矩小，低速性能不好。适用于中小功率的机械，如手提工具、复合工具传送带、升降机等
活塞式	中、高转矩	低速和中速	由不足 1kW 到 17kW	小型：1.9~2.3 大型：1~1.4	在低速时，有较大的功率输出和较好的转矩特性。起动准确，且起动和停止特性均较叶片式好。适用载荷较大和要求低速、转矩较高的机械，如手提工具、起重机、绞车、拉管机等
薄膜式	高转矩	低速度	小于 1kW	1.2~1.4	适用于控制要求很精确、起动转矩较高和速度低的机械

本章小结

1. 气动执行元件是将压缩空气的压力能转换为机械能的能量转换装置，常用的有气缸和气马达两类。气缸驱动工作部件做直线往复运动，输出力和速度；气马达驱动工作部件做回转运动，输出转矩和转速。

2. 气缸的类型、结构、工作原理及其应用。

3. 常用气马达有叶片式、活塞式、薄膜式等类型。

本章习题

1. 填空题

（1）气动执行元件是将压缩空气的＿＿＿＿＿转换为＿＿＿＿＿的能量转换装置。

（2）气缸的种类很多，按压缩空气在活塞端面作用力方向分类，气缸可分为＿＿＿＿＿和＿＿＿＿＿。

（3）冲击气缸是把压缩空气的能量转化为＿＿＿＿＿的一种气缸。

（4）气马达是常用的气动＿＿＿＿＿，它是将气源装置输出＿＿＿＿＿的压力能转换成机械能，工作时输出＿＿＿＿＿，用于驱动机构做旋转运动。

（5）气缸按结构特征不同分为＿＿＿＿＿、＿＿＿＿＿、＿＿＿＿＿、＿＿＿＿＿气缸等。

（6）在气压传动系统中，使用比较广泛的是＿＿＿＿＿、＿＿＿＿＿和＿＿＿＿＿气马达。

2. 判断题

（1）单杆双作用气缸工作中，活塞杆伸出时的输出力小于退回时的输出力。　（　　）

（2）一般气缸在工作载荷变化较大时，会出现"爬行"或"自走"现象，平稳性较差，如果系统工作需要较高的平稳性，可采用气液阻尼缸。　（　　）

（3）叶片式气马达主要用于低速、大转矩的场合。其起动转矩和功率都比较大。
　（　　）

（4）摆动气缸是一种在小于360°角度范围内做往复摆动的气动执行元件。　（　　）

3. 选择题

（1）输入压缩空气作用在活塞一端面上，推动活塞运动，而活塞的反向运动依靠复位弹簧力、重力或其他外力来工作的这类气缸称为＿＿＿＿＿。

A. 双作用气缸　　　B. 单作用气缸　　　C. 冲击气缸　　　D. 缓冲气缸

（2）＿＿＿＿＿特点是结构紧凑，行程小、质量小、维修方便、密封性好、制造成本较低，广泛应用于化工生产过程的调节上。

A. 气液阻尼缸　　　B. 普通气缸　　　C. 薄膜式气缸　　　D. 冲击气缸

（3）＿＿＿＿＿气马达是依靠作用于气缸底部的气压，推动活塞来实现气马达转动。

A. 单叶片式　　　B. 活塞式　　　C. 齿轮齿条式　　　D. 双叶片式

（4）单叶片式摆动气缸是一种在小于＿＿＿＿＿角度范围内做往复摆动的气动执行元件。

A. 360°　　　B. 90°　　　C. 720°　　　D. 0°

第九章 气动控制阀及基本回路

知识目标

掌握：1. 各种气动控制阀的结构和工作原理。
2. 换向回路、压力控制回路和速度控制回路及应用。
3. 安全保护回路、往复动作回路。
了解：气压延时换向阀。

技能目标

1. 会分析各种气动控制阀的结构、气动回路。
2. 能设计气动回路，对气压回路进行组装。

你知道吗？

气动控制阀是控制压缩空气的流动方向、压力、流量和发送信号的重要元件。它分为压力控制阀、流量控制阀和方向控制阀三大类。利用这些元件可以相应地组成换向回路、压力控制回路和速度控制回路等基本回路。

第一节   方向控制阀及换向回路

控制气流流动方向和气路通断的元件称为方向控制阀，利用方向控制阀使执行元件改变运动方向的控制回路称为换向回路。

一、方向控制阀

按气流在阀内的流动方向不同，方向控制阀可分为单向型方向控制阀和换向型方向控制阀；按控制方式不同，分为手动控制、气动控制、电磁控制、机动控制等。

1. 单向型方向控制阀

单向型方向控制阀包括单向阀、梭阀、双压阀和快速排气阀等。

（1）单向阀 单向阀的工作原理、结构和图形符号与液压阀中的单向阀基本相同，在气动单向阀中，阀芯和阀座之间有一层胶垫（软质密封）。图 9-1 所示为单向阀的典型结构和符号，当气流由 P 口进气时，气体压力克服弹簧力和阀芯与阀体之间的摩擦力，阀芯左移，P、A 接通。当气流反向时，阀芯在 A 腔气压和弹簧力作用下右移，P、A 关闭。

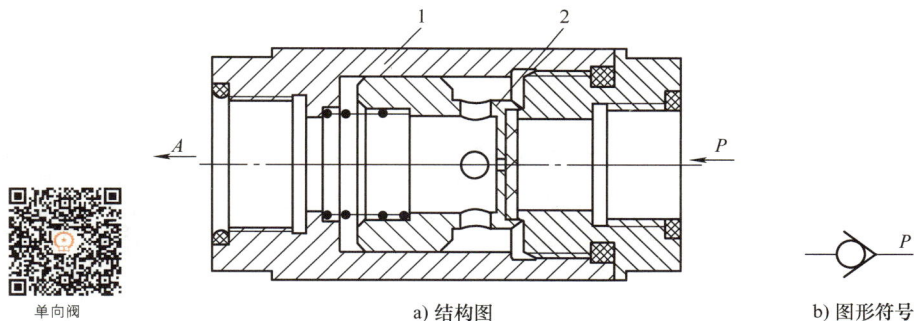

| a) 结构图 | b) 图形符号 |

图 9-1 单向阀

1—阀体 2—阀芯

（2）梭阀 梭阀相当于两个单向阀的组合。图 9-2 所示为梭阀，它有两个输入口 P_1、P_2，一个输出口 A，阀芯在两个方向上起单向阀的作用。当 P_1 进气时，阀芯将 P_2 切断，P_1 与 A 相通，A 有输出。当 P_2 进气时，阀芯将 P_1 切断，P_2 与 A 相通，A 也有输出。如 P_1 和 P_2 都有进气时，阀芯移向低压侧，使高压侧进气口与 A 相通。如两侧压力相等，先加入压力一侧与 A 相通，后加入一侧关闭。图 9-3 所示是梭阀应用回路，该回路应用梭阀实现手动和电动换向。

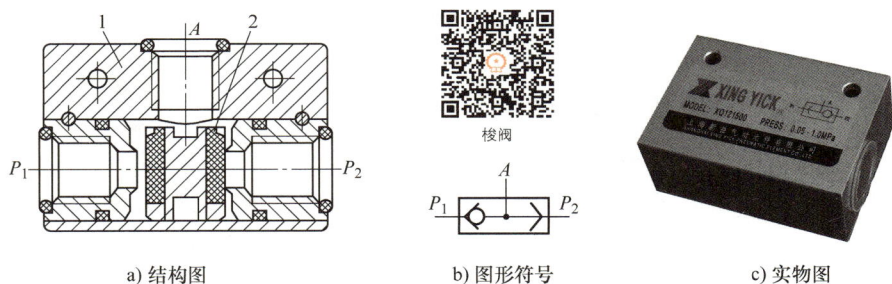

| a) 结构图 | b) 图形符号 | c) 实物图 |

图 9-2 梭阀

1—阀体 2—阀芯

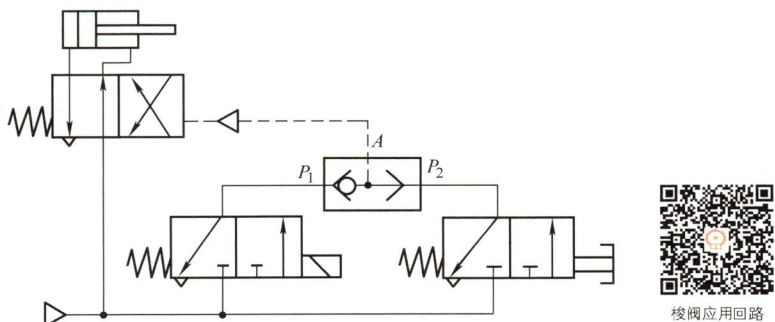

图 9-3 梭阀应用回路

（3）双压阀　它也相当于两个单向阀的组合。图9-4所示为双压阀。它有 P_1 和 P_2 两个输入口和一个输出口 A。只有当 P_1、P_2 同时有输入时，A 才有输出，否则 A 无输出；当 P_1 和 P_2 压力不等时，则关闭高压侧，低压侧与 A 相通。图9-5所示是双压阀应用回路。

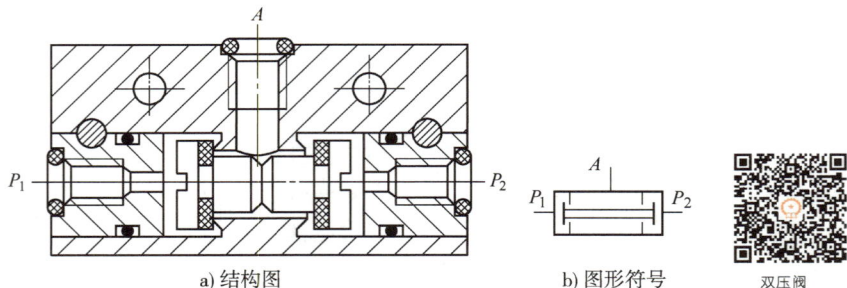

a) 结构图　　b) 图形符号　　双压阀

图 9-4　双压阀

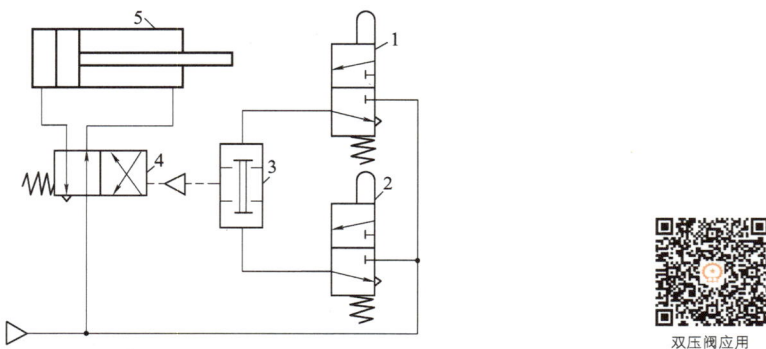

双压阀应用

图 9-5　双压阀应用回路

1、2—机动阀　3—双压阀　4—换向阀　5—气缸

（4）快速排气阀　快速排气阀简称快排阀，其作用是使气缸快速排气。图9-6所示为快速排气阀，当 P 口有输入时，膜片1向下变形，通过膜片上的孔，P 与 A 相通，同时关闭排气口 O；当 P 口没有压缩空气进入时，在 A 和 P 压差作用下，膜片向上恢复，关闭 P 口，使 A 口通过 O 口快速排气。快速排气阀常安装在气缸排气口。

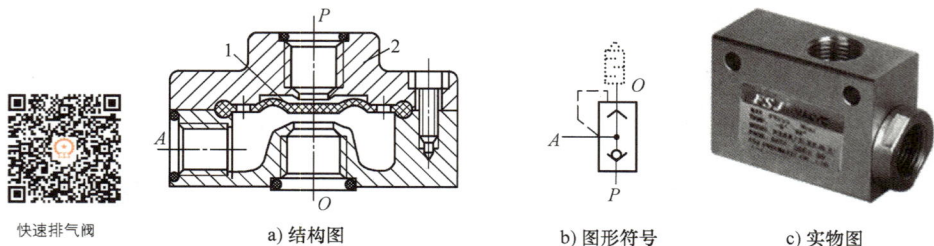

快速排气阀　　a) 结构图　　b) 图形符号　　c) 实物图

图 9-6　快速排气阀

1—膜片　2—阀体

2. 换向型方向控制阀

（1）气压控制换向阀　用气体压力来使阀芯移动换向的操作方式称为气压控制。常用的多为加压控制和差压控制。加压控制是指施加在阀芯控制端的压力逐渐升高到一定值时，使阀芯迅速移动换向的控制。差压控制是指阀芯采用气压复位或弹簧复位的情况下，利用阀芯两端受气压作用的面积不等（或两端气压不等）而产生的轴向力之差值，使阀芯迅速移动换向的控制。按阀芯结构特性可分截止式换向阀和滑阀式换向阀，滑阀式换向阀与液压换向阀的结构和工作原理基本相同。

图 9-7 所示为二位三通截止式气压控制换向阀，这种换向阀的开启和关闭是用阀的端面进行控制的。图 9-7a 所示为无控制信号时的状态，阀芯 1 在弹簧 2 作用下处于上端位置，A 与 O 相通。图 9-7b 所示为有气控信号时的状态，由于气压的作用，阀芯 1 压缩弹簧 2 下移，P 与 A 相通。

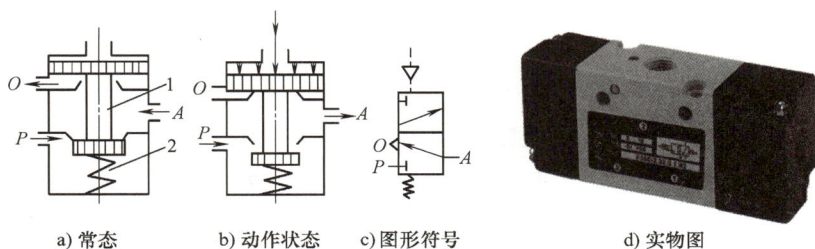

a) 常态　　　b) 动作状态　　　c) 图形符号　　　d) 实物图

图 9-7　气压控制换向阀

1—阀芯　2—弹簧

（2）电磁控制换向阀　由电磁力推动阀芯进行换向。图 9-8a 所示为二位三通单电磁控制换向阀，其处于常态，电磁铁不通电时，由于弹簧力的作用，A 与 O 相通。图 9-8b 为通电状态，阀芯被推向下端，P 与 A 相通，阀处于进气状态。图 9-8c 为图形符号，图 9-8d 所示为实物图。

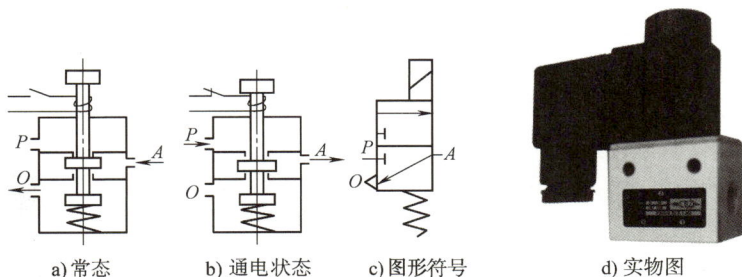

a) 常态　　　b) 通电状态　　　c) 图形符号　　　d) 实物图

图 9-8　二位三通单电磁控制换向阀

图 9-9 所示为直动式双电控二位五通换向阀，图 9-9a 所示为电磁铁 1 通电、电磁铁 2 断电时的状态，图 9-9b 所示为电磁铁 2 通电、电磁铁 1 断电时的状态。这种阀的两个电磁铁不能同时通电。

图 9-10 所示为先导式双电控二位五通换向阀，图 9-10a 所示为电磁铁 1 通电、电磁铁 3

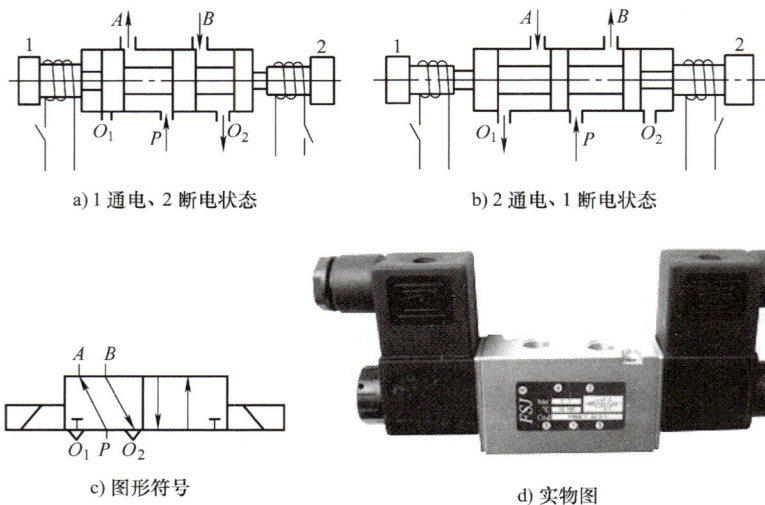

a) 1 通电、2 断电状态   b) 2 通电、1 断电状态

c) 图形符号   d) 实物图

图 9-9 直动式双电控二位五通换向阀

1、2—电磁阀

断电，主阀 K_1 腔进气，K_2 腔排气，主阀芯右移，P 与 A、B 与 O_2 接通，反之，图 9-10b 所示 K_2 腔进气，K_1 排气，主阀芯左移，P 与 B、A 与 O_1 接通。

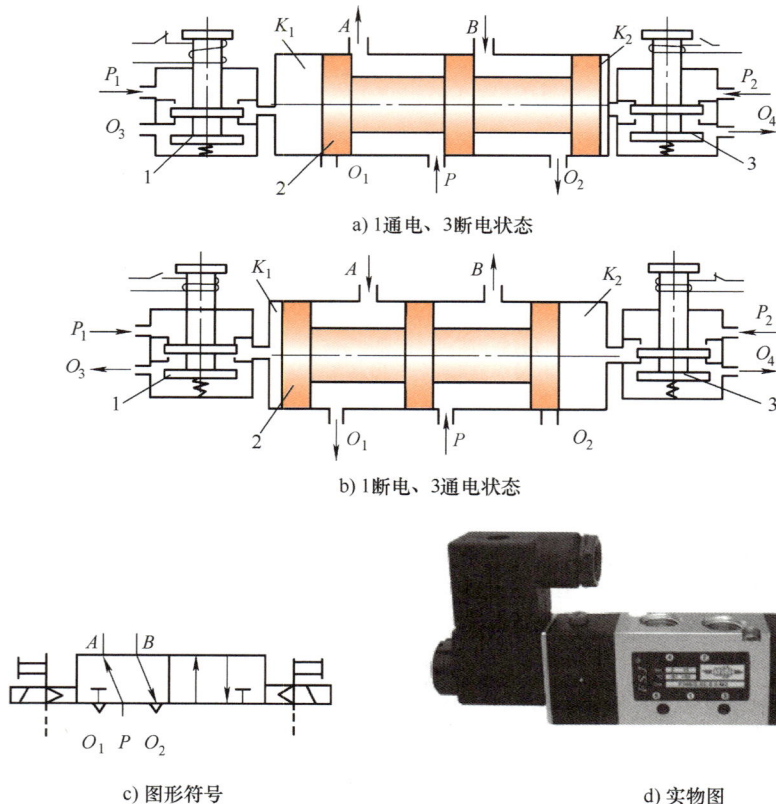

a) 1 通电、3 断电状态

b) 1 断电、3 通电状态

先导式双电控
二位五通阀

c) 图形符号   d) 实物图

图 9-10 先导式双电控二位五通换向阀

1、3—电磁先导阀 2—主阀

直动式电磁换向阀与先导式电磁换向阀有哪些异同点，适用什么场合？

（3）气压延时换向阀　延时换向阀的作用相当于时间继电器。图 9-11 所示为二位三通延时换向阀，它由延时部分和换向阀部分组成。当无气控信号时，P 与 A 断开；当有气控信号时，气体从 X 口输入经可调节流阀节流后到 a 腔内，直到腔内的气压上升到某一值时，阀芯由左向右移动，使 P 与 A 接通，A 口有输出。当气控信号消失后，腔内气压经单向阀到 X 口排出。这种阀的延时时间可在 0~20s 内调整。

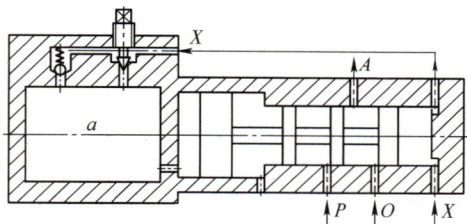

图 9-11　二位三通延时换向阀

（4）机械控制换向阀　机械控制换向阀是靠机动（行程挡块）或手动（人力）来使阀产生切换动作的，其工作原理与液压阀基本相同。机械控制换向阀如图 9-12 所示。

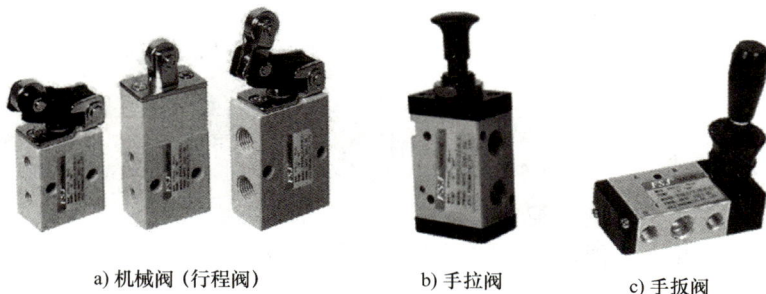

a) 机械阀（行程阀）　　b) 手拉阀　　c) 手扳阀

图 9-12　机械控制换向阀

二、换向回路

1. 单作用气缸换向回路

图 9-13 所示为单作用换向回路。在图 9-13a 所示回路中，当电磁铁通电时，气压使活塞杆伸出，当电磁铁断电时，活塞杆在弹簧作用下缩回。在图 9-13b 所示回路中，电磁铁断电后能使活塞停留在行程中任意位置，但定位精度不高。

2. 双作用气缸换向回路

在图 9-14a 所示回路中，对换向阀左右两侧分别输入控制信号，使活塞伸出和收缩。此回路不许左右两侧同时加等压控制信号。在图 9-14b 所示回路中，除控制双作用气缸换向外，还可在行程中的任意位置停止运动。

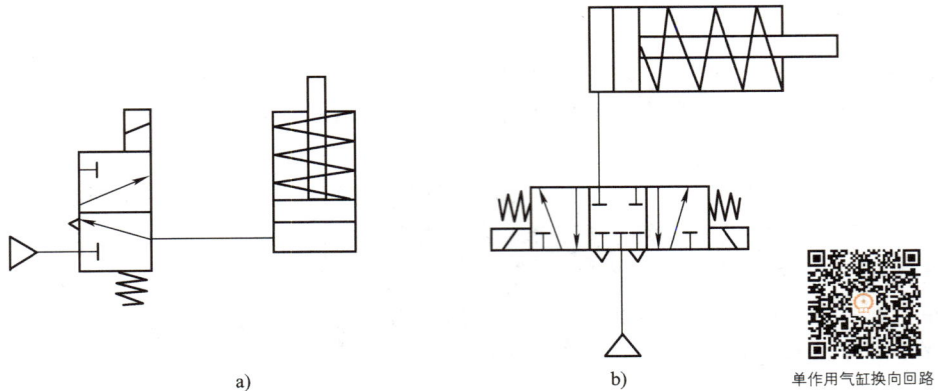

a)

b)

单作用气缸换向回路

图 9-13 单作用气缸换向回路

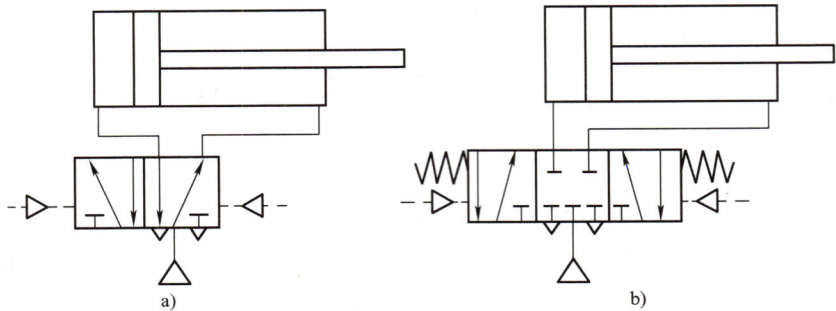

a)

b)

图 9-14 双作用气缸换向回路

第二节 压力控制阀及压力控制回路

压力控制阀主要用来控制压缩空气的压力和依靠压缩空气压力来控制执行元件动作顺序。压力控制阀按其控制功能可分为减压阀、溢流阀和顺序阀三种。

一、减压阀

减压阀又称调压阀，可分为直动式和先导式，其中先导式又分为内部先导式和外部先导式两种。

（1）直动式减压阀 图 9-15a 所示为 QTY 型直动式减压阀的结构。其工作原理如下：阀处于工作状态时，压缩空气从左端输入，经阀口 11 节流减压后再从阀出口流出。当旋转手柄 1，压缩调压弹簧 2、3 推动膜片 5 下凹，在通过阀杆 6 带动阀芯 9 下移，打开进气阀口 11，压缩空气通过阀口 11 的节流作用，使输出压力低于输入压力，以实现减压作用。与此同时，有一部分气流经阻尼孔 7 进入膜片室 12，在膜片下部产生一向上的输出力。当输出力与弹簧的作用相互平衡后，阀口开度稳定在某一值上，减压阀的出口压力便保持一定。阀口 11 开度越小，节流作用越强，压力下降也越大。

若输入压力瞬时升高，经阀口 11 以后的输出压力随之升高，使膜片室内的压力也升高，

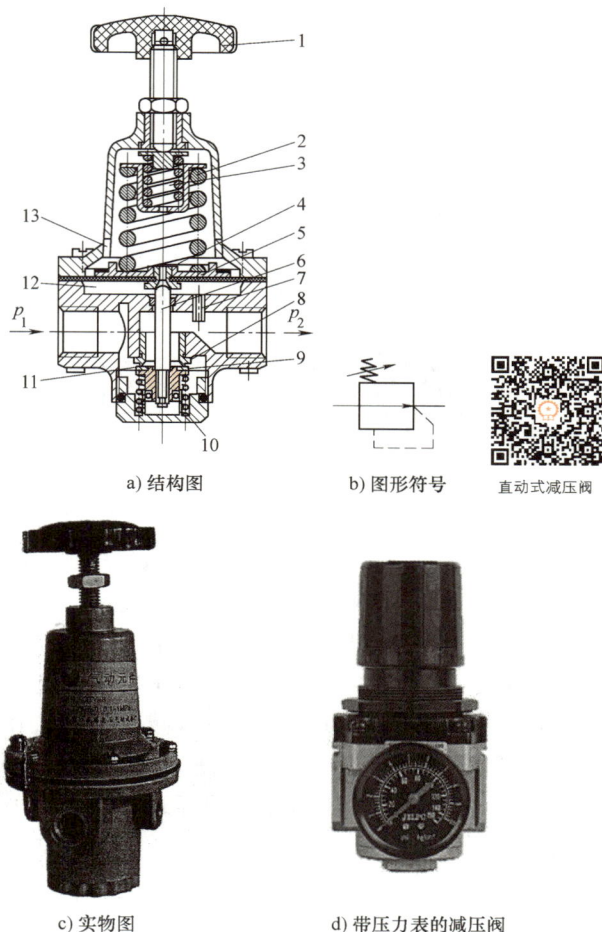

a) 结构图   b) 图形符号   直动式减压阀

c) 实物图   d) 带压力表的减压阀

图 9-15   QTY 型直动式减压阀

1—手柄 2、3—调压弹簧 4—溢流孔 5—膜片 6—阀杆 7—阻尼孔
8—阀座 9—阀芯 10—复位弹簧 11—阀口 12—膜片室 13—排气口

破坏了原有的平衡，使膜片上移，有部分气流经溢流孔 4，排气口 13 排出。在膜片上移的同时，阀芯 9 在复位弹簧 10 的作用下也随之上移，减小进气阀口 11 开度，节流作用加大，输出压力下降，直至达到膜片两端作用力重新平衡为止，输出压力基本上又回到原数值上。图 9-15b 所示为减压阀的符号。图 9-15c 所示为减压阀的实物，图 9-15d 所示为带压力表的减压阀。

相反，输入压力下降时，进气节流阀口开度增大，节流作用减小，输出压力上升，使输出压力基本回到原数值上。

（2）先导式减压阀 图 9-16a 所示为内部先导式减压阀结构图，它由先导阀和主阀两部分组成。当气流从左端流入阀体后，一部分经进气阀口 9 流向输出口，另一部分经固定节流孔 1 进入中气室 5 经喷嘴 2、挡板 3、孔道反馈至下气室 6，再经阀杆 7 中心孔及排气孔 8 排至大气。

把手柄旋到一定位置，使喷嘴挡板的距离在工作范围内，减压阀就进入工作状态。中气室 5 的压力随喷嘴与挡板间距离的减小而增大，于是推动阀芯打开进气阀口 9，立即有气流

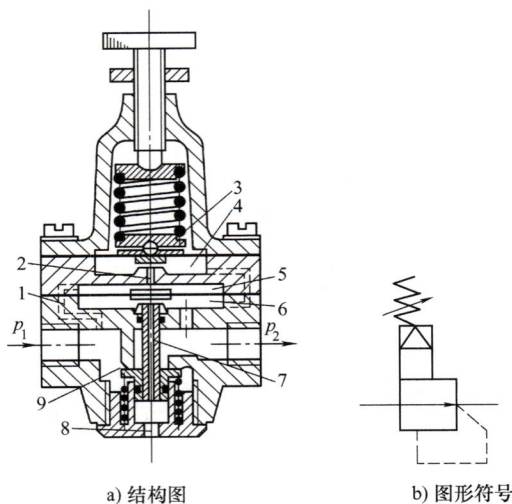

a) 结构图　　　　　b) 图形符号

图 9-16　内部先导式减压阀

1—固定节流孔　2—喷嘴　3—挡板　4—上气室　5—中气室
6—下气室　7—阀杆　8—排气孔　9—进气阀口

流到出口，同时经孔道反馈到上气室 4，与调压弹簧相平衡。

若输入压力瞬时升高，输出压力也相应升高，通过孔口的气流使下气室 6 的压力也升高，破坏了膜片原有的平衡，使阀杆 7 上升，节流阀口减小，节流作用增强，输出压力下降，使膜片两端作用力重新平衡，输出压力恢复到原来的设定值。当输出压力瞬时下降时，经喷嘴挡板的放大，也会引起中气室 5 的压力比较明显地提高，而使得阀芯下移，阀口开大，输出压力升高，并稳定到原设定值上。

（3）减压阀的应用　图 9-17a 所示回路同时输出高低压力 p_1、p_2。图 9-17b 所示是利用减压阀的高低压转换回路。

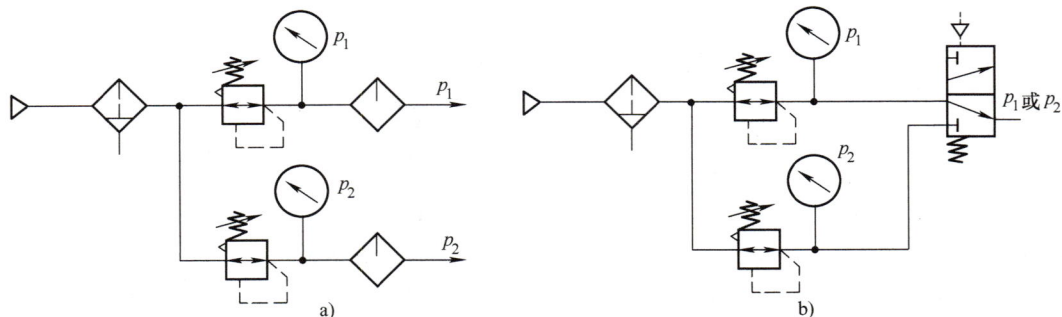

图 9-17　减压阀应用回路

二、溢流阀

（1）溢流阀的原理　溢流阀的作用是当气动系统的压力上升到设定压力时，与大气相通以保持系统的压力的设定值。图 9-18a 所示为直动式溢流阀的结构，气压作用在膜片的力小于调压弹簧的预压力时，阀处于关闭状态。当气压力升高，作用于膜片上的气压力超过了弹簧的预压力，溢流阀开启排气，系统的压力降到设定压力以下时，阀门重新关闭。阀的设定压力大小靠调压弹簧的预压缩量来实现。图 9-18b 为直动式溢流阀的图形符号。

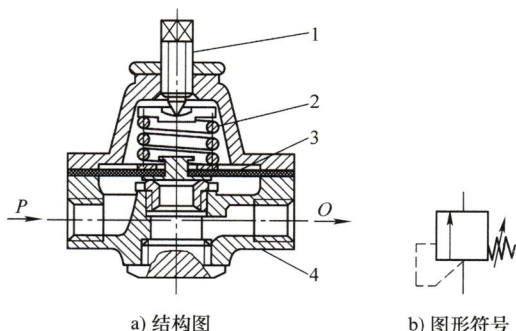

a) 结构图   b) 图形符号

图 9-18   直动式溢流阀

1—调节螺杆 2—弹簧 3—膜片 4—阀体

（2）溢流阀的应用   如图 9-19 所示为一次压力控制回路，这种回路主要使气罐输出的压力稳定在一定的范围内。常用电触点压力表 1 控制，一旦罐内压力超过规定上限时，电触点压力表内的指针碰到上触点，即控制中间继电器断电，电动机停转，空气压缩机停止运转，压力不再上升。当气罐中压力下降到预定下限时，指针碰到下触点，使中间继电器通电，电动机起动，向气罐供气。当电触点压力表或电路发生故障而失灵时，压缩机不能停止运转使气罐内压力不断上升，达到超过预定上限时，溢流阀就开启溢流，从而起安全保护作用。

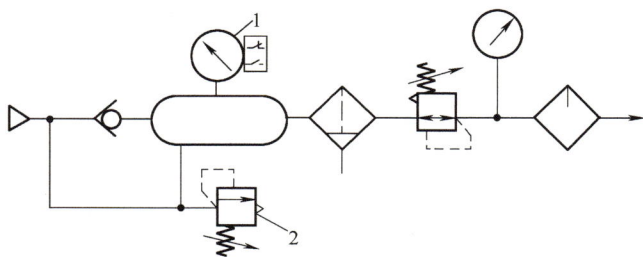

图 9-19   一次压力控制回路

1—电触点压力表 2—溢流阀

三、顺序阀

（1）单向顺序阀   图 9-20 所示为单向顺序阀的工作原理。当压缩空气由 P 口进入阀左腔 4 后，作用在活塞 3 上的力小于开启弹簧 2 上的力时，阀处于关闭状态。而当作用于活塞上的力大于弹簧力时，活塞被顶起，压缩空气经阀左腔 4 流入阀右腔 5 由 A 口流出（见图 9-20a），顺序阀开启，此时单向阀关闭。当切换气源时（见图 9-20b），阀左腔 4 压力迅速下降，顺序阀关闭，此时阀右腔 5 压力高于阀左腔 4 压力，在气体压力差作用下，打开单向阀，压缩空气由阀右腔 5 经单向阀 6 流入阀左腔 4 向外排出。图 9-20c 所示为单向顺序阀的符号。

（2）顺序阀的应用   图 9-21 所示为用顺序阀控制两个气缸顺序动作的回路。压缩空气

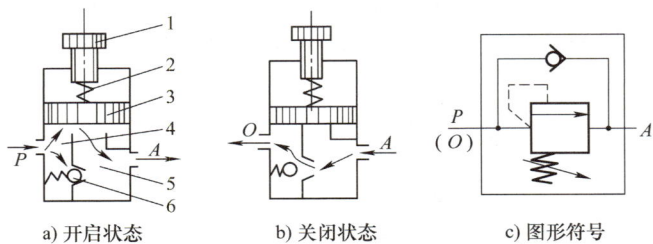

a) 开启状态　　　b) 关闭状态　　　c) 图形符号

图 9-20　单向顺序阀

1—调压手柄　2—开启弹簧　3—活塞　4—阀左腔　5—阀右腔　6—单向阀

先进入气缸 1，到达一定压力后，打开顺序阀 4，压缩空气才开始进入气缸 2 使其动作。切断气源，气缸 2 返回的气体经单向阀 3 和排气孔 O 排出。

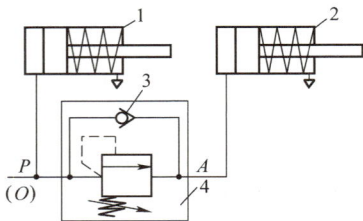

图 9-21　顺序阀的应用回路

1、2—气缸　3—单向阀　4—顺序阀

> 💡 提示
>
> 在学习减压阀、溢流阀和顺序阀时，要注意三者结构上的异同点以及分别在回路中所起的作用。

第三节　流量控制阀及速度控制回路

一、流量控制阀

流量控制阀是通过改变阀的流道截面积来实现流量控制的元件，它包括节流阀、单向节流阀和排气节流阀等。

1. 单向节流阀

单向节流阀是由单向阀和节流阀并联组合成的流量控制阀，图 9-22 所示为单向节流阀。

2. 排气节流阀

排气节流阀只能安装在气动装置的排气口处，图 9-23 所示为排气节流阀，气流进入阀内，由节流口 1 节流后经消声套 2 排出，因而它不仅能调节执行元件的运动速度，

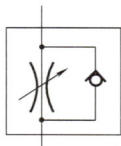

a) 实物图　　　b) 图形符号

图 9-22　单向节流阀

还能起到降低排气噪声的作用。图 9-24 所示回路中，两个排气节流阀被安装在二位五通电磁换向阀的排气口上，可控制活塞的往复运动速度。

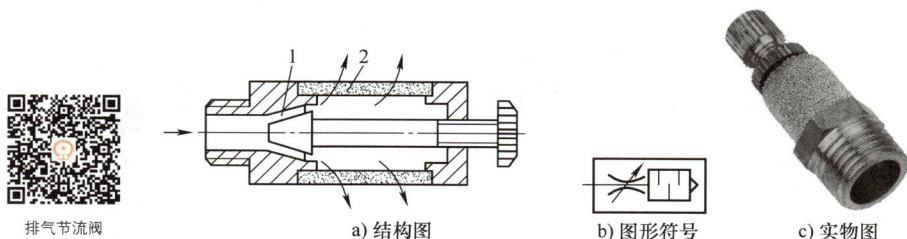

排气节流阀　　　　　　　a) 结构图　　　　　　b) 图形符号　　　c) 实物图

图 9-23　排气节流阀

1—节流口　2—消声套

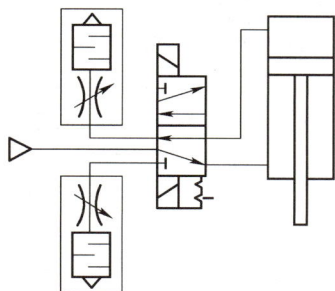

图 9-24　排气节流阀的应用回路

二、速度控制回路

速度控制回路用来调节气缸的运动速度或实现气缸的缓冲等。气缸活塞的速度控制可以采用进气节流调速和排气节流调速实现。

> **要点**
>
> 一般气动系统的功率较小，故调速方法主要是节流调速。

1. 单作用气缸的速度控制回路

图 9-25a 所示为用两个单向节流阀来分别控制活塞往复运动速度的控制回路。图 9-25b 所示为用排气节流阀调节活塞速度的控制回路，活塞向左运动时，气缸左腔通过快速排气阀排气。

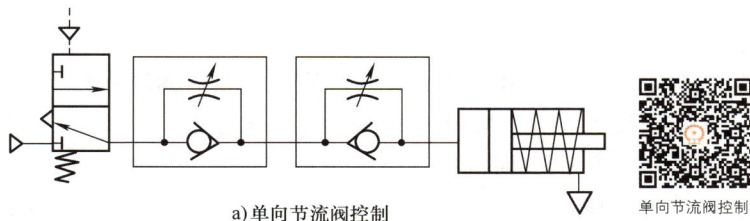

a) 单向节流阀控制　　　　　　　　　　单向节流阀控制

图 9-25　单作用气缸的速度控制回路

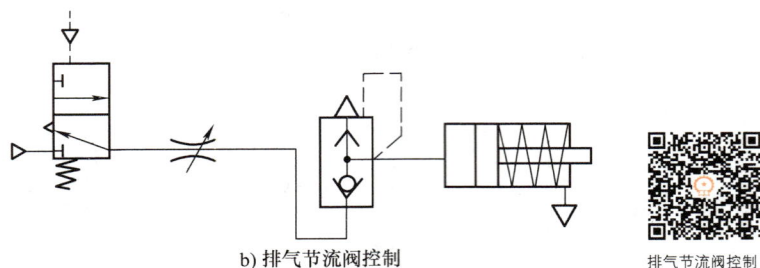

b) 排气节流阀控制

排气节流阀控制

图 9-25　单作用气缸的速度控制回路（续）

2. 双作用气缸的速度控制回路

1）双作用气缸的调速回路如图 9-26 所示。

2）缓冲回路如图 9-27 所示。当活塞向右运动时，缸右腔的气体经行程阀及三位五通阀排出，当活塞运动到末端碰到行程阀时，气体经节流阀通过三位五通阀排出，活塞运动速度得到缓冲，调整行程阀的安装位置就可改变缓冲的开始时间。此回路适合于活塞惯性力大的场合。

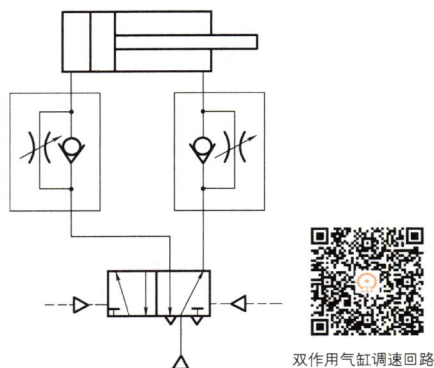

双作用气缸调速回路

图 9-26　双作用气缸的调速回路

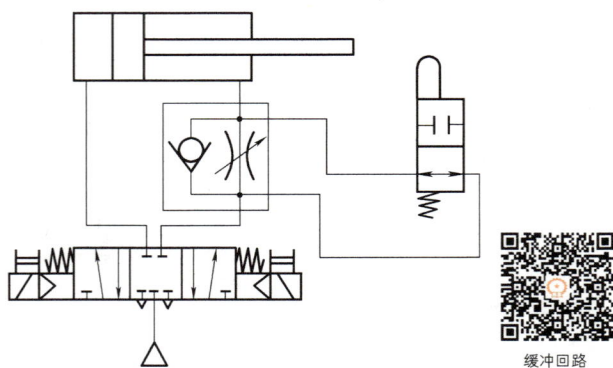

缓冲回路

图 9-27　缓冲回路

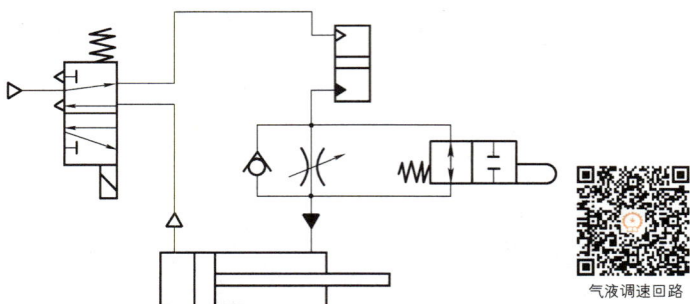

气液调速回路

图 9-28　气液调速回路

3）气液调速回路如图 9-28 所示。它是采用气液转换器的调速回路。当电磁阀通电时，气压作用在气缸无杆腔活塞上，有杆腔内的液压油经机控换向阀进入气液转换器，此时活塞杆快速伸出。当活塞杆压下机控换向阀时，有杆腔内的油液只能通过节流阀进入气液转换器，使活塞杆伸出的速度减慢。当电磁阀断电时，活塞杆将快速返回。此调速回路可实现快进、工进、快退等工况。

该回路利用气液转换器将气压变成液压，充分发挥了气动供气方便和液压速度容易控制的优点。

第四节　其他常用气动回路

一、安全保护回路

1. 互锁回路

如图 9-29 所示，主控阀的换向将受三个串联机控三通阀的控制，只有三个机控三通阀都接通时，主控阀才能换向，活塞才能动作。

2. 过载保护回路

如图 9-30 所示，当活塞向右运行过程中遇到障碍或其他原因使气缸过载时，左腔内的压力将逐渐升高，当其超过设定值时，顺序阀 3 将被打开，使换向阀 4 换向，换向阀 1、2 同时复位，气缸返回，保护设备安全。

图 9-29　互锁回路

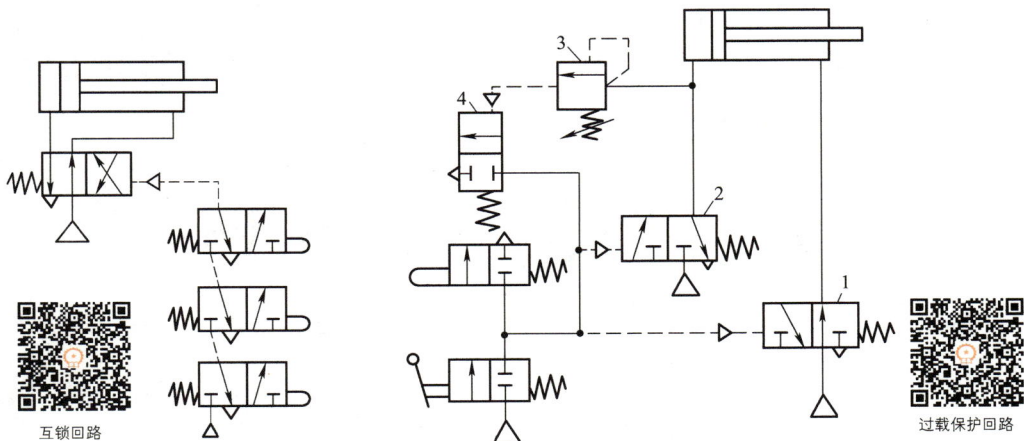

图 9-30　过载保护回路
1、2、4—换向阀　3—顺序阀

3. 双手同时操作回路

双手同时操作回路就是起动时使用两个手动阀，只有同时按动两个阀时才动作的回路。这在冲压设备中常用来避免误动作，以保护操作者的安全及设备的正常工作。图 9-31 所示是双手操作回路，为使主控阀 3 换向，操作人必须同时按下两个二位三通手动阀 1 和阀 2。

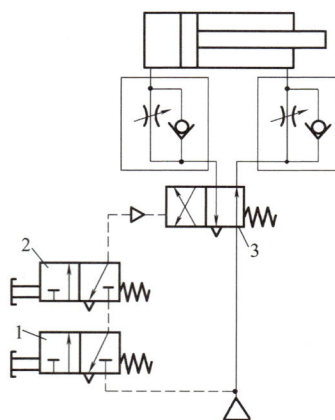

图 9-31　双手同时操作回路

1、2—二位三通手动阀　3—主控阀

在此回路中，两个手动阀必须安装在单手不能同时操作的位置上，在操作时，如任何一只手离开，则信号消失，主控阀复位，活塞杆后退。

二、往复动作回路

图 9-32 所示为三种往复动作回路，图 9-32a 为行程阀控制的单往复回路，按下手动换向阀 1 后，压缩空气使阀 3 换向，活塞杆向右伸出，当活塞杆上的挡铁碰到行程阀 2 时，阀 3 复位，活塞杆返回。图 9-32b 是压力控制的往复动作回路，当按下阀 1 的手动按钮后，阀 3 右移，气缸无杆腔进气使活塞杆伸出，同时气压还作用在顺序阀 4 上。当活塞到达终点后，无杆腔压力升高并打开顺序阀，使阀 3 又切换至右位，活塞杆就缩回。图 9-32c 是利用延时回路形成的时间控制往复动作回路。当按下行程阀 2 后，延时一段时间后，阀 3 才能换向，活塞杆再缩回。

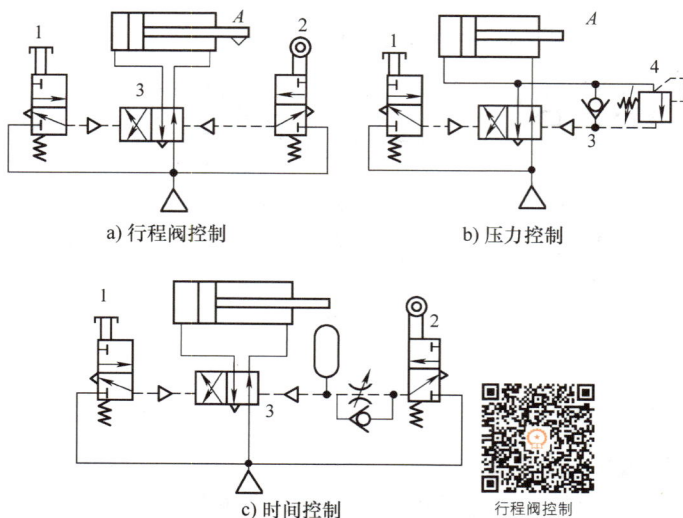

a) 行程阀控制

b) 压力控制

c) 时间控制

行程阀控制

图 9-32　往复动作回路

1—手动换向阀　2—行程阀　3—二位四通气控阀　4—顺序阀

本章小结

1. 气动控制阀主要有方向控制阀、压力控制阀和流量控制阀三大类。方向控制阀可分为单向型控制阀和换向型控制阀，压力控制阀可分为减压阀、溢流阀和顺序阀，流量控制阀可分为节流阀、单向节流阀和排气节流阀等。

2. 基本回路主要有换向回路、速度控制回路、安全保护回路、往复动作回路、压力控制回路等。

3. 组成回路的气压传动元件的名称、图形符号及作用。

本章习题

1. 填空题

（1）按照气流在阀内的流动方向，方向控制阀可分为_____和_____。

（2）按控制方式，方向控制阀可分为_____、_____、_____、_____等。

（3）压力控制阀按其控制功能可分为_____、_____和_____三种。

（4）减压阀按控制方式可分为_____和先导式，其中先导式又分为_____和_____两种。

（5）顺序阀的作用是依靠气路中_____来控制执行元件的顺序动作。顺序阀常与_____并联结合成一体，称为单向顺序阀。

（6）气动回路的调速方法主要是节流调速，活塞的运动速度控制可采用_____和_____。

（7）在气压传动中，常用的安全保护回路有_____、_____、_____等。

2. 判断题

（1）排气节流阀可调节排气量，还起到降低排气噪声的作用。（　　）

（2）图9-28中的气液转换器是一个执行元件。（　　）

（3）双压阀只要两个输入口 P_1、P_2 中有任意一个有输入时，A 就有输出。（　　）

（4）快速排气阀的功用只能快速排气，不能进气。（　　）

（5）双手操作回路，只要按动两个手动阀中任一个阀就可以使活塞运动换向。（　　）

（6）双作用气缸的速度控制回路中的缓冲回路适合于活塞惯性力大的场合。（　　）

3. 选择题

（1）在气压控制换向阀中，施加在阀芯控制端的压力逐渐升高到一定值时，使阀芯迅速沿加压方向移动的控制。这样的控制属于_____。

A. 加压控制　　　　B. 差压控制　　　　C. 时间控制　　　　D. 卸压控制

（2）图9-5中元件3是_____。

A. 梭阀　　　　　　B. 双压阀　　　　　C. 单向阀　　　　　D. 快速排气阀

（3）主控阀的换向受三个串联机控三通阀的控制，只有三个机控三通阀都接通时，主控阀才能换向。这种回路称为_____。

A. 双手操作回路　　B. 互锁回路　　　　C. 过载保护回路　　D. 延时回路

（4）图 9-32 所示为三种往复动作回路，其中_____是行程控制式。

A．图 9-32a　　　　B．图 9-32b　　　　C．图 9-32c

4．画出下列气动控制阀的图形符号

（1）先导式减压阀　（2）直动式溢流阀　（3）单向顺序阀

（4）单向节流阀　　（5）快速排气阀　　（6）气控二位三通换向阀

（7）梭阀　　　　　（8）双压阀　　　　（9）消声器

5．问答题

（1）快速排气阀有什么用途？它一般安装在什么位置？

（2）气液转换器的用途及工作原理。

（3）过载保护回路是如何起保护作用的？

（4）双手同时操作回路为什么能起保护操作者的作用？

第十章 气压传动系统实例

知识目标

掌握：1. 分析气压传动系统原理图的方法。

2. 气压传动系统原理图中回路及各元件的图形符号。

了解：气压传动系统设备的功用、特点。

技能目标

1. 会分析机电设备的气压传动系统。
2. 能掌握阅读和分析气压传动系统的步骤和方法。

你知道吗？

气压传动系统都是由一些基本的气压回路组成，如气动机械手是由气控换向回路组成，可实现自动取料、上料等动作。熟悉回路相关元件的作用，对分析、使用、维护各种气压传动系统有重要作用。气压传动技术是实现工业生产自动化和半自动化的重要方式之一。

第一节 气动机械手气压传动系统

一、概述

机械手是工业自动化设备和生产线上的重要装置之一，它可根据各种自动化设备的工作需要，按照预定的控制程序、轨迹和工艺要求实现自动取料、上料和自动换刀等功能。气动机械手是机械手的一种，它具有结构简单、动作迅速、平稳、可靠以及节能等优点。

二、气动机械手工作原理

图 10-1 所示为用于某专用设备上的气动机械手结构示意图，这种气动机械手由四个气

缸组成，可在三个象限内工作。A 缸为夹紧缸，其活塞杆退回时夹紧工件，活塞杆伸出时松开工件。B 缸为长臂伸缩缸，可实现伸出和缩回动作。C 缸为立柱升降缸。D 缸为立柱回转缸，该回转缸有两个活塞，分别装在带齿条的活塞杆两头，齿条的往复运动带动立柱上的齿轮旋转，从而实现立柱的回转。

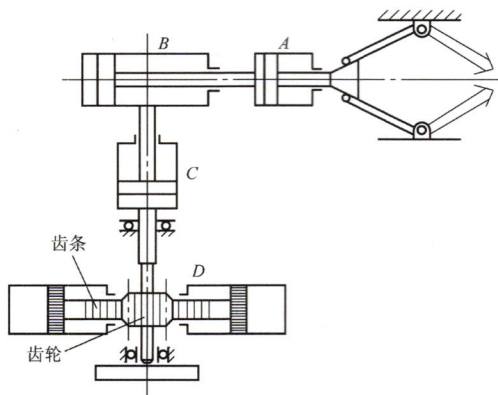

图 10-1　气动机械手结构示意图

图 10-2 所示是气动机械手的气压传动系统原理图。若要求该气动机械手的工作顺序为"立柱下降 C_0 →伸臂 B_1 →夹紧工件 A_0 →缩臂 B_0 →立柱顺时针转 D_1 →立柱上升 C_1 →放开工件 A_1 →立柱逆时针转 D_0"，则该传动系统的工作循环分析如下：

1）按下启动阀 q，主控阀 C 将处于 C_0 位，活塞杆退回，即得到 C_0。

2）当 C 缸活塞杆上的挡铁碰到 c_0，则控制气将主控阀 B 处于 B_1 位，使 B 缸活塞杆伸

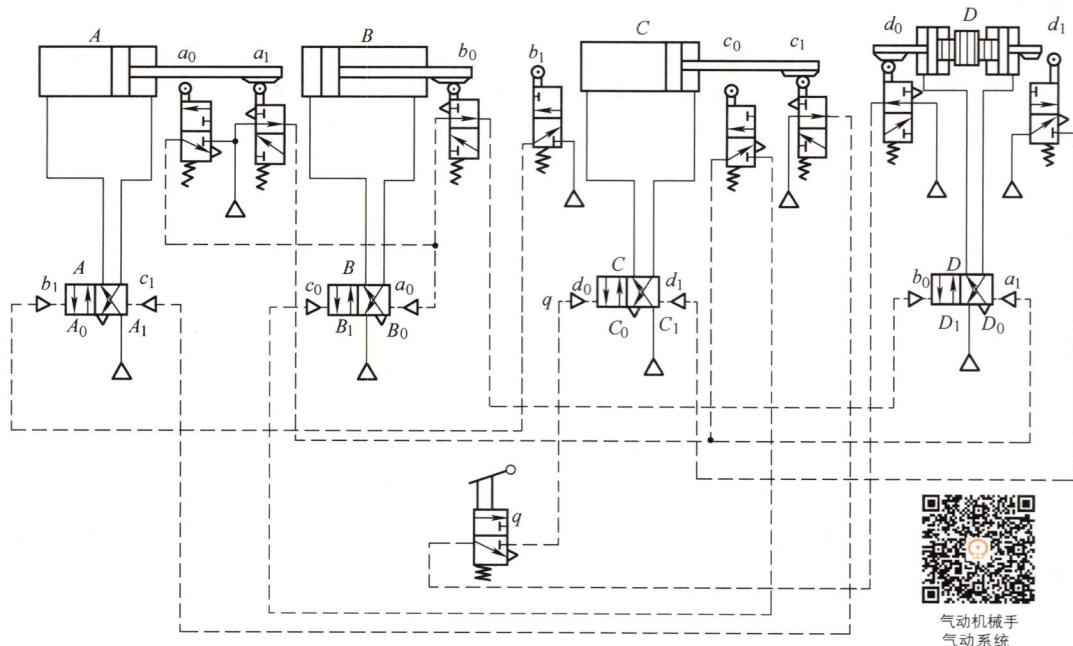

气动机械手
气动系统

图 10-2　气动机械手气压传动系统原理图

出，即得到 B_1。

3）当 B 缸活塞杆上的挡铁碰到 b_1，则控制气将主控阀 A 处于 A_0 位，使 A 缸活塞杆退回，即得到 A_0。

4）当 A 缸活塞杆上的挡铁碰到 a_0，则控制气将主控阀 B 处于 B_0 位，使 B 缸活塞杆退回，即得到 B_0。

5）当 B 缸活塞杆上的挡铁碰到 b_0，则控制气将主控阀 D 处于 D_1 位，使 D 缸活塞杆往右，即得到 D_1。

6）当 D 缸活塞杆上的挡铁碰到 d_1，则控制气将主控阀 C 处于 C_1 位，使 C 缸活塞杆伸出，即得到 C_1。

7）当 C 缸活塞杆上的挡铁碰到 c_1，则控制气将主控阀 A 处于 A_1 位，使 A 缸活塞杆伸出，即得到 A_1。

8）当 A 缸活塞杆上的挡铁碰到 a_1，则控制气将主控阀 D 处于 D_1 位，使 D 缸活塞杆往左，即得到 D_0。

9）当 D 缸活塞杆上的挡铁碰到 d_0，则控制气经启动阀 q 又使主控阀 C 处于 C_0 位，于是又开始新的一轮工作循环。

提示

分析和阅读气压传动系统原理图的步骤可归纳为以下几步：
1）首先看懂图中各气动元件的图形符号，了解它的名称及用途；
2）分析系统中各气动基本回路及功用；
3）了解系统的工作程序及程序转换的发信号元件；
4）按系统工作程序在图上逐个分析其程序动作。

第二节　数控加工中心气动换刀系统

图 10-3 所示为某数控加工中心气动换刀系统原理图，该系统在换刀过程中实现"主轴定位→主轴松刀→拔刀→向主轴锥孔吹气→插刀"动作。

工作原理如下：当数控系统发出换刀指令时，主轴停止旋转，同时 4YA 通电，压缩空气经气动三联件 1、换向阀 4、单向节流阀 5 进入主轴定位缸 A 的右腔，缸 A 的活塞左移，使主轴自动定位。定位后压下无触点开关，使 6YA 通电，压缩空气经换向阀 6、快速排气阀 8 进入气液增压器 B 的上腔，增压器的高压油使活塞伸出，实现主轴松刀，同时使 8YA 通电，压缩空气经换向阀 9、单向节流阀 11 进入缸 C 的上腔，缸 C 下腔排气，活塞下移实现拔刀。由回转刀库交换刀具，同时 1YA 通电，压缩空气经换向阀 2、单向节流阀 3 向主轴锥孔吹气。稍后 1YA 断电、2YA 通电，停止吹气，8YA 断电、7YA 通电，压缩空气经换向阀 9、单向节流阀 10 进入缸 C 的下腔，使活塞退回，主轴的机械机构使刀具夹紧。4YA 断电、3YA 通电，缸 A 的活塞在弹簧力作用下复位，回复到开始状态，换刀结束。

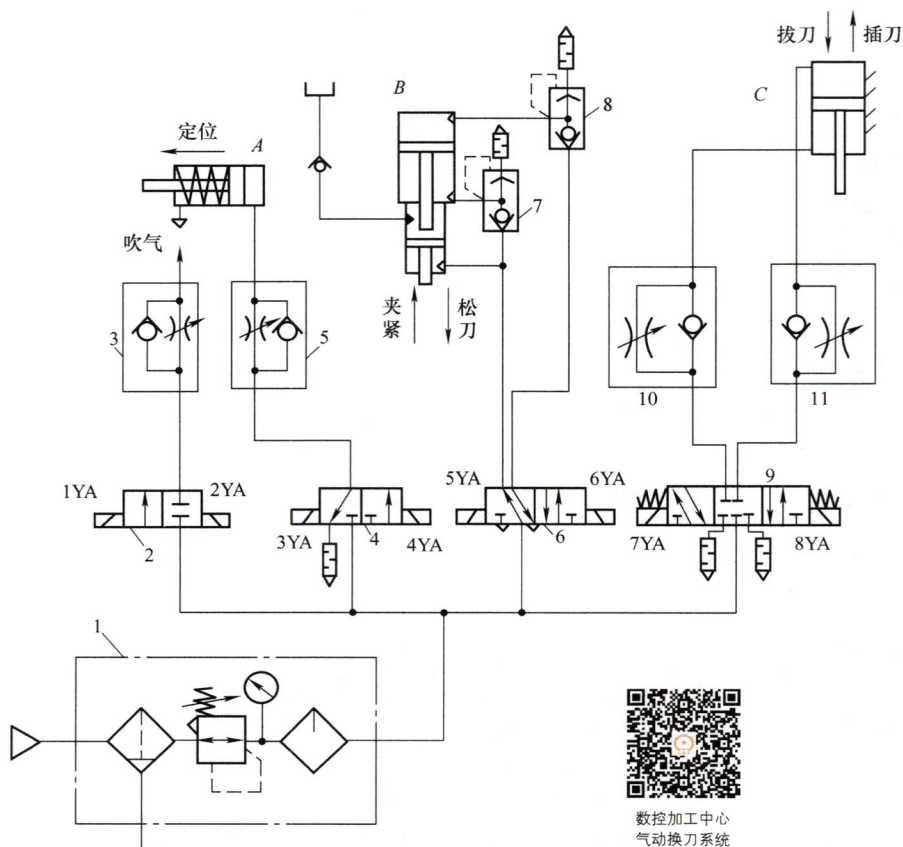

图 10-3　数控加工中心气动换刀系统原理图

1—气动三联件　2、4、6、9—换向阀　3、5—单向节流阀　7、8—快速排气阀　10、11—单向节流阀

第三节　气液动力滑台

气液动力滑台采用气液阻尼缸作为执行元件。由于在它上面可安装单轴头、动力箱或工件，因而在机床上常作为实现进给运动的部件。

图 10-4 所示为气液动力滑台气压传动系统原理图。图中阀 1、2、3 和阀 4、5、6 分别组成两个组合阀。该气液动力滑台能够完成下面两种工作循环：

1. 快进→工进→快退→停止

当手动换向阀 4 处于图示状态时，就可以实现上述循环的进给程序。其动作原理如下：当手动换向阀 3 切换至右位时，就是发出滑台进给信号，在气压作用下，气缸中活塞开始向下运动，液压缸中活塞下腔油液经行程阀 6 的左位和单向阀 7 进入液压缸活塞的上腔，实现了快进。当快进到活塞杆上的挡铁 B 切换行程阀 6（使它处于右位）后，油液只能经节流阀 5 进入活塞的上腔，调节节流阀的开度，即可调节气液阻尼缸的运动速度。所以，这时开始了工进。当工进到挡铁 C 使机控阀 2 切换至左位时，输出气信号使手动换向阀 3 切换至左

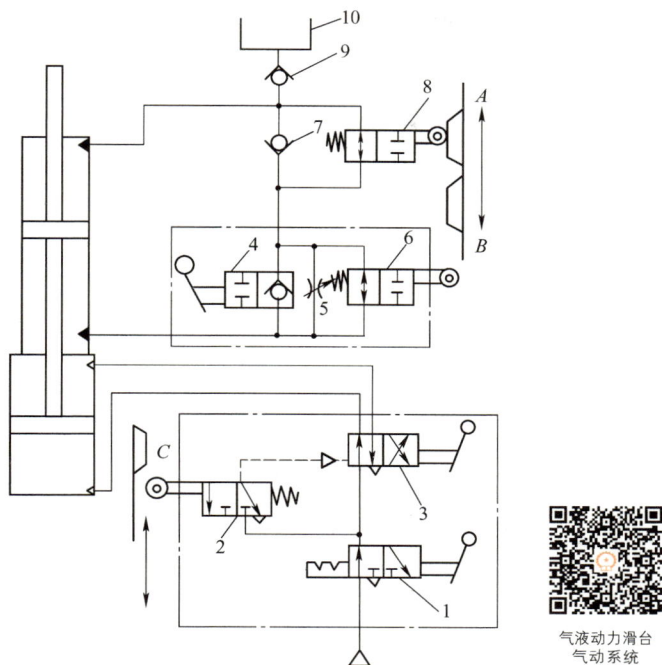

图 10-4　气液动力滑台气压传动系统原理图

1、3、4—手动换向阀　2—机控阀　5—节流阀　6、8—行程阀　7、9—单向阀　10—补油箱

位，这时气缸活塞开始向上运动，实现快退。当液压缸中活塞上腔的油液经行程阀 8 至图示位置而使油液通道被切断，活塞停止运动。所以，改变挡铁 A 的位置，就能改变"停"的位置。

2. 快进→工进→慢退→快退→停止

把手动换向阀 4 关闭（处于左位）时就可实现上述的双向进给程序。其动作原理如下：其动作循环中的"快进→工进"的动作原理与上述相同。当工进至挡铁 C 切换机控阀 2 至左位时，输出气信号使手动换向阀 3 切换至左位，气缸中活塞开始向上运动，这时液压缸中活塞上腔的油液经行程阀 8 的左位和节流阀 5 进入液压缸中活塞的下腔，即实现了慢退（反向进给）。当慢退到挡铁 B 离开行程阀 6 的顶杆而使其复位（处于左位）后，液压缸中活塞上腔的油液就经行程阀 8 的左位、再经行程阀 6 的左位进入液压缸中活塞的下腔，开始快退。当快退到挡铁 A 时，切换行程阀 8 至图示位置时，油液通路被切断，活塞停止运动。

图中补油箱 10 和单向阀 9 仅仅是为了补偿系统中的漏油而设置的，因而一般可用油杯来代替。

要点

气液动力滑台由液压回路和气动回路两大部分组成，液压部分主要是速度控制回路，气动部分主要是换向回路。

本章小结

1. 阅读和分析气压传动系统原理图的方法类似液压系统。
2. 气动机械手系统属于多缸单往复系统，该系统中动作顺序控制是重点和难点。
3. 数控加工中心气动系统是一个多缸动作系统。
4. 气液滑台系统是一个气液联合控制系统，以速度控制为主。

本章习题

1. 填空题

（1）气动机械手主控阀 A 处于_____位，使 A 缸活塞杆退回，即得到 A_0。

（2）气动机械手当 D 缸活塞杆上的挡铁碰到_____，则控制气经起动阀 q 又使_____处于 C_0 位。

（3）数控加工中心气动换刀系统，使_____通电，压缩空气经_____、单向节流阀 11 进入缸 C 的上腔，缸 C 下腔排气，活塞下移实现拔刀。

（4）气液动力滑台当工进到挡铁 C 使_____切换至左位时，输出气信号使_____切换至左位，气缸活塞开始向上运动，实现快退。

2. 问答题

（1）气动机械手气压传动系统的工作原理与系统特点是什么？

（2）数控加工中心气动换刀气压传动系统的工作原理与系统特点是什么？

（3）气液动力滑台气压传动系统的工作原理与系统特点是什么？

第十一章　液压与气压传动系统安装调试与维护

知识目标

掌握：液压与气压系统常见故障诊断及排除方法。

了解：液压与气压系统安装与调试的一般步骤和方法。

技能目标

1. 会对液压与气压系统进行维护、调试与保养。
2. 能掌握液压与气压系统常见故障诊断及排除方法。

你知道吗？

液压与气压设备若要保持长期的良好工作性能，它的安装、使用和维护尤其重要，正确地使用和维护液压与气压系统，是保证设备正常工作的条件。一台设计合理、性能优越的设备，若使用和维护方法正确，则故障就少，设备寿命长，性能稳定。

第一节　液压系统的安装调试与维护

一、液压系统的安装

液压系统是由各液压元件经管道、管接头和油路等有机地连接而成。液压系统安装的正确与否，对其工作性能有着重要的影响。

1. 安装前的准备和要求

1）技术资料的准备。液压系统的安装应遵照液压系统工作原理图，系统管道连接图和有关液压元件说明书等技术资料，安装前应对上述资料仔细分析，熟悉其内容与要求。

2）物质准备。按液压系统图、液压元件清单准备所需元件、辅件，并检查元件质量，对于仪表，必要时应校验。

2. 液压元件安装与要求

1）安装各种泵、阀时，必须注意各油口的位置，不能接错，各接口要紧固，密封可靠，不得漏气或漏油。

2）液压泵轴与电动机轴的同轴度偏差不应大于 0.1mm，两轴中心线的倾角不应大于 1°。

3）液压缸的安装应符合活塞（柱塞）的轴线与运动部件导轨面平行度的要求。

4）方向控制阀一般应水平安装，蓄能器应保持轴线垂直安装。

5）需要调整的阀类，如流量阀等，通常按顺时针方向旋转增加流量，反方向则减少。

3. 管道的安装与要求

液压管道安装一般在所连接的设备及液压元件安装完毕后进行，在管道正式安装前要进行配管试装。试装合适后，按编号将其拆下，以管道最高工作压力的 1.5~2 倍进行耐压试验。试压合格后，经酸洗后转入正式安装。

1）管道的布置要整齐，长度应尽量短，尽量少转弯。同时应便于拆装、检修、不妨碍生产人员行走。

2）泵的吸油高度一般不大于 0.5m，在吸油管口处应设置过滤器，并有足够的通流能力，吸油口和泵吸油口连接处应涂密封胶，提高吸油管的密封性。

3）回油管应插入油面以下足够的深度，以防飞溅形成气泡。

4）吸油管与回油管不能离得太近，以免将温度较高的油液吸入系统。

5）管道弯曲加工时，允许圆度为 10%，弯管半径一般应大于管道外径的 3 倍。

二、液压系统的清洗

新（或修理后）的液压设备，在液压系统安装完毕后，调试前必须对管道进行严格的清洗，以除去液压系统内部的灰尘、金属粉末、锈片、涂料等杂质。

1. 第一次清洗

先清洗油箱并用绸布擦净，然后注入油箱容量 60%~70% 的 L-HL32 油，再按图 11-1 所示的方法将溢流阀及其他阀的排油口在阀进口处临时切断，将液压缸两端的油管直接连通，使换向阀处于某换向位置，在主回油管临时接入一过滤器。起动液压泵，并通过加热装置将油液加热到 50~80℃ 进行清洗，清洗初期，用 80~100 目的网式过滤器。当达到预定清洗时间的 60% 时，换用 150 目的过滤器。为提高清洗的质量，换向阀可作一次换向，液压泵可作间歇运转，并在清洗过程中轻轻敲击油管。清洗时间视系统复杂、污染程度和所需过滤比而定，一般为十几小时。清洗结束后，应将系统中的油液全部排出，然后再次清洗油箱并用绸布擦净。

2. 第二次清洗

第二次清洗是对整个液压系统进行清洗。清洗前按正式油路接好，然后向油箱加入工作油液，再起动液压泵对系统进行清洗。清洗时间一般为 1~3h。清洗结束时过滤器上应无杂质。这次清洗后的油液可继续使用。

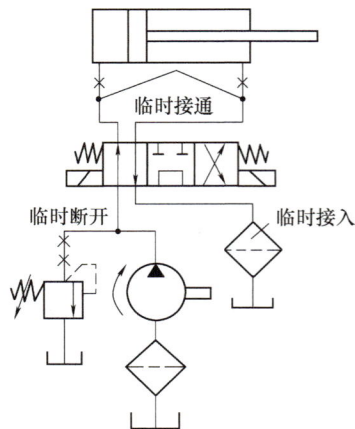

图 11-1　液压系统的清洗

三、液压系统的调试

为了确保设备安全正常运行，满足生产工艺所提出的各项要求，新设备或修理后的设备，在投入使用前，必须进行设备的运转调试。液压系统的调试和试车一般不能截然分开，往往是试中有调，调中也有试，调试分为空载调试和负载调试。

1. 空载调试

进行空载调试时，应全面检查液压系统的各个回路和液压元件、辅助元件的工作是否正常可靠。工作循环或各种动作换接是否符合要求：

1）检查各个液压元件及管道连接是否正确、可靠。

2）油箱、电动机及各个液压部件的防护装置是否完好。

3）油箱中液面高度及所用液压油是否符合要求。

4）系统中各液压部件、油管及管接头的位置是否便于安装、调节、检修。压力表等仪表是否安装在便于观察的位置，确认安装合理。

5）液压泵运转是否正常，系统运转一段时间后，油液的温升是否符合要求。

6）与电气系统的配合是否正常，调整自动工作循环动作，检查起动、换向的运行。

2. 负载调试

在空载运转正常的前提下，进行加载调试，使液压系统在设计规定的负载下工作。先在低于最大负载的一两种情况下进行试车。观察各液压元件的工作情况，是否有泄漏，工作部件的运行是否正常等。在一切正常的情况下再进行最大负载试车。最高试验压力按设计要求的系统额定压力或按实际工作对象所需的压力进行调节，不能超过规定的工作压力。

四、液压系统的使用维护

液压系统使用得当、维护保养好，可以减少故障的发生，有效地延长系统的使用寿命。对于生产中使用的液压设备，必须建立有关的使用和维护方面的制度。

1. 使用保养要求

1）操作者要熟悉液压元件控制机构的操作要领，各个调节手柄的转动方向与所控制的压力或流量大小的变化关系，严防事故发生。

2）工作中应随时注意油位和温升，一般油液的工作温度在 $30 \sim 60 \text{℃}$ 较合理，最高不超过 65℃，异常升温时，应停车检查。冬天气温低时，应使用加热器。

3）保持液压油清洁，定期检查更换，对于新使用的液压设备，使用三个月左右就应清洗油箱、更换新油。以后每隔半年至一年进行一次清洗和换油。

4）注意过滤器的使用情况，滤芯要定期清洗和更换。

5）若设备长期不用，应将各调节手柄全部放松，防止弹簧产生永久变形。

2. 系统的维护

（1）日常检查　日常检查是减少液压系统故障的重要环节，主要指操作者在使用中经常通过目视、耳听及手触等比较简单的方法，在泵起动前、后和停止运转前检查油量、油温、压力、泄漏、振动等。出现不正常现象应停机检查原因，及时排除。

（2）定期检查　主要内容是检查液压油，并根据情况定期更换，对主要液压元件定期进行性能测定；检查润滑管路是否正常，定期更换密封件，清洗、更换滤芯。定期检查的时间一般与过滤器检修间隔时间相同，大约三个月。

五、液压系统的故障分析与排除

1. 故障诊断步骤

机电设备是由机械、电气、液压等装置组成，系统的故障分析要考虑各方面因素的综合影响，而且液压系统的故障不能直接观察到，故当系统发生故障后，判断故障原因是比较困难的，一般按以下步骤进行故障诊断：

1）熟悉性能和资料。在查找故障原因前，先要了解设备的性能、运动要求及有关的技术参数。

2）翻阅技术档案。对照技术档案，判断本次故障现象是否与以往记载的故障现象相似，还是新故障。

3）全面了解故障状况，到现场向操作者询问设备出现故障前后的工作状况与异常现象，产生故障的部位，同时要了解过去是否发生类似情况。

4）确认阶段，根据液压系统图以及电气控制原理图，深入了解元件的作用及其安装位置，进行综合分析，从而确定故障的部位或元件。

5）故障处理完后，应认真总结，并将本次故障的部位及排除方法作为资料纳入设备技术档案。

2. 故障诊断方法

设备故障诊断一般为简单诊断和精密诊断。

（1）简单诊断法可分为"六看三听"

1）六看。

一看速度：看执行元件运动速度有无变化和异常现象。

二看压力：看液压系统中各测压点的压力值大小，有无波动现象。

三看油液：观察油液是否清洁，是否变质，油液表面是否有泡沫，油量是否满足要求。

四看泄漏：看液压管道各接头处，阀板结合处，液压缸端盖处，液压泵轴伸出处是否有渗漏、滴漏和出现油垢现象。

五看振动：看液压缸活塞杆或工作台等运动部件工作时有无跳动现象。

六看产品：根据加工出来的产品质量，判断运动机构的工作状态、系统的工作压力和流量的稳定性。

2）三听。

一听噪声：听泵和系统工作时的噪声是否过大，溢流阀等元件是否有尖叫声。

二听冲击声：听工作台液压缸换向时冲击声是否过大，液压缸活塞是否有撞击缸底的声音，换向阀换向时是否有撞击端盖的声音。

三听敲击声：听液压泵运转时是否有敲击声。

（2）精密诊断 精密诊断技术又称为客观诊断，它采用各种监测仪器进行定量分析，从而找出故障的原因。如自动线的液压设备，在有关部位和各执行元件中装设有监测仪器（压力、流量、位置、速度、温度等传感器），在自动线运行过程中，监测仪器可检测到技术状况，并在屏幕上显示出来。

要点

设备的液压系统出现的故障大致有五类：漏油、发热、振动、压力不稳定和噪声。发生故障时，要用上面的方法全面分析，也可对照表11-1~表11-6进行分析。

3. 液压系统的故障排除（见表11-1~表11-6）

表11-1　系统产生噪声的原因及其排除方法

故　障	原　因	排 除 方 法
液压泵吸空引起连续不断的嗡嗡声并伴随杂声	液压泵本身或其进油管路密封不良、漏气	更换密封元件，拧紧连接螺母
	油箱油量不足	将油箱油量加至油标处
	液压泵进油管口过滤器堵塞	清洗过滤器
	油箱不透空气	清理空气过滤器
	油液黏度过大	更换合适黏度的油液
液压泵故障造成杂声	轴向间隙因磨损而增大，输油量不足	修磨轴向间隙
	泵内轴承、叶片等元件损坏或精度变差	拆开检修并更换已损坏零件
控制阀处发出有规律或无规律的吱嗡、吱嗡的刺耳噪声	调节弹簧永久变形、扭曲或损坏	更换弹簧
	阀座磨损、密封不良	修研阀座
	阀芯拉毛、变形、移动不灵活甚至卡死	修研阀芯、去毛刺、使阀芯移动灵活
	阻尼小孔被堵塞	清洗、疏通阻尼孔
	阀芯与阀孔配合间隙大，高低压油互通	研磨阀孔，重配新阀芯
	阀开口小、流速高、产生空穴现象	应尽量减小进、出口压差
机械振动引起噪声	液压泵与电动机安装不同轴	重新安装更换柔性联轴器
	油管振动或互相撞击	适当加设支承管夹
	电动机轴承磨损严重	更换电动机轴承
液压冲击声	液压缸缓冲装置失灵	进行检修和调整
	背压阀调整压力变动	进行检查、调整
	电液换向阀端的单向节流阀故障	调节节流螺钉、检修单向阀

表11-2　系统运转不起来或压力提不高的原因及其排除方法

故障部位	原　因	排 除 方 法
液压泵电动机	电动机线接反	调换电动机接线
	电动机功率不足，转速不够高	检查电压、电流大小
液压泵	泵进、出油口接反	调换吸、压油管位置
	泵吸油不畅、漏气	见表11-1
	泵轴向、径向间隙过大	检修液压泵
	泵体缺陷造成高、低压腔互通	更换液压泵
	叶片泵叶片与定子内表面接触不良或卡死	检修叶片及修研定子内表面
	柱塞泵柱塞卡死	检修柱塞泵

（续）

故 障 部 位	原　　因	排 除 方 法
控制阀	压力阀主阀芯或锥阀芯卡死在开口位置	清洗、检修压力阀，使阀芯移动灵活
	压力阀弹簧断裂或永久变形	更换弹簧
	某阀泄漏严重以至高、低压油路连通	检修阀，更换已损坏的密封件
	控制阀阻尼孔被堵塞	清洗、疏通阻尼孔
	控制阀的油口接反或接错	检查并纠正接错的管路
液压油	黏度过高，吸不进或吸油不足	用指定黏度的液压油
	黏度过低，泄漏太多	用指定黏度的液压油

表 11-3　运动部件速度达不到或不运动的原因及其排除方法

故 障 部 位	原　　因	排 除 方 法
液压泵	泵供油不足、压力不足	见表 11-1、表 11-2
控制阀	压力阀卡死，进、回油路连通	见表 11-2
	流量阀的节流小孔被堵塞	清洗、疏通节流孔
	液压阀卡在互通位置	检修液压阀
液压缸	装配精度或安装精度超差	检查、保证达到规定的精度
	活塞密封圈损坏、缸内泄漏严重	更换密封圈
	间隙密封的活塞、缸壁磨损过大，内泄漏多	修研缸内孔，重配新活塞
	缸盖处密封圈摩擦力过大	适当调松压盖螺钉
	活塞杆处密封圈磨损严重或损坏	调紧压盖螺钉或更换密封圈
导轨	导轨无润滑油或润滑不充分，摩擦阻力大	调节润滑油量和压力，使润滑充分
	导轨的楔铁、压板调得过紧	重新调整楔铁、压板，使松紧合适

表 11-4　运动部件产生爬行的原因及其排除方法

故 障 部 位	原　　因	排 除 方 法
控制阀	流量阀的节流口处有污物，通油量不均匀	检修或清洗流量阀
液压缸	活塞式液压缸端盖密封圈压得太死	调整压盖螺钉（不漏油即可）
	液压缸中进入的空气未排净	利用排气装置排气
导轨	接触精度不好，摩擦力不均匀	检修导轨
	润滑油不足或选用不当	调节润滑油量，选用适合的润滑油
	温度高使油的黏度变小、油膜破坏	检查油温高的原因并排除

表 11-5　运动部件换向时的故障及其排除方法

故　　障	原　　因	排 除 方 法
换向有冲击	活塞杆与运动部件连接不牢固	检查并紧固连接螺栓
	不在缸端部换向，缓冲装置不起作用	在油路上设背压阀
	电液换向阀中的节流螺钉松动	检查、调整节流螺钉
	电液换向阀中的单向阀卡住或密封不良	检查及修研单向阀
换向冲击量大	节流阀口有污物，运动部件速度不均	清洗流量阀节流口
	换向阀芯移动速度变化	检查电液换向阀节流螺钉
	油温高，油的黏度下降	检查油温升高的原因并排除
	导轨润滑油量过多，运动部件"漂浮"	调节润滑油压力或流量
	系统泄漏油多，进入空气	严防泄漏，排除空气

表 11-6　工作循环不能正确实现的原因及应采取的措施

故　障	原　因	排除方法
液压回路间互相干扰	同一个泵供油的各液压缸压力、流量差别大	改用不同泵供油或用控制阀（单向阀、减压阀、顺序阀等）使油路互不干扰
	主油路与控制油路用同一泵供油，当主油路卸荷时，控制油路压力太低	在主油路上设控制阀，使控制油路始终有一定压力，能正常工作
控制信号不能正确发出	行程开关、压力继电器开关接触不良	检修各开关
	某些元件的机械部分卡住（如弹簧、杠杆）	检修有关机械结构部分
控制信号不能正确执行	电压过低，弹簧过软或过硬使电磁阀失灵	检查电路的电压，检修电磁阀
	行程挡块位置不对或未紧牢固	检查挡块位置并将其紧固

第二节　气压系统的安装调试与维护

一、气压系统的安装调试

1. 管道的安装

安装前应检查管道，管道中不应有粉尘及其他杂质，导管外表面及两端接头应完好，加工后的几何形状应符合要求。经检查合格的管道需吹风后才能安装。安装时按管路系统图中标明的安装、固定方法，并符合气压系统中管路安装的注意事项。

2. 元件的安装

1）安装前应对元件进行清洗，必要时进行密封试验。

2）各类阀体上的箭头方向或标记，要符合气流流动的方向。

3）动密封圈不要装得太紧，尤其是 U 形密封圈，否则阻力过大。

4）移动缸的中心线与负载作用力的中心线要同心，否则引起侧向力，使密封件加速磨损，活塞杆弯曲。

5）各种自动控制仪表、自动控制器、压力继电器等，在安装前应进行校验。

3. 气压系统的调试

（1）调试前的准备

1）要熟悉说明书等有关技术资料，全面了解系统的原理、结构、性能及操作方法。

2）了解需要调整的元件在设备上的实际位置、操作方法及调节手柄的旋向。

3）准备好调试的工具及仪表。

（2）空载运行　空载运行不得少于 2h，观察压力、流量、温度的变化。

（3）负载试运行　负载试运行应分段加载，运行不得少于 3h，分别测出有关数据，记入试车记录。

二、气压系统的使用维护

气压系统的使用与保养分为日常维护、定期检查及系统大修。具体注意以下几个方面：

1）日常维护需对冷凝水和系统润滑进行管理。

2）开车前后要放掉系统中的冷凝水。

3）随时注意压缩空气的清洁度，对过滤器的滤芯要定期清洗。

4）定期给油雾器加油。

5）开车前检查各调节手柄是否在正确位置，行程阀、行程开关、挡块的位置是否正确、牢固。对活塞杆、导轨等外露部分的配合表面进行擦拭后方能开车。

6）长期不使用时，应将各手柄放松，以免弹簧失效而影响元件的性能。

7）间隔三个月需定期检修，一年应进行大修。

8）对受压容器应定期检验，漏气、漏油、噪声等要进行防治。

三、气压系统的故障诊断与排除

气压系统常见故障、原因及排除方法见表11-7～表11-12。

表11-7 减压阀常见故障及其排除方法

故　障	原　因	排除方法
二次压力上升	阀弹簧损坏	更换阀弹簧
	阀座有伤痕，阀座橡胶剥离	更换阀体
	阀体中夹入灰尘，阀导向部分黏附异物	清洗、检查过滤器
	阀芯导向部分和阀体的O形密封圈收缩、膨胀	更换O形密封圈
压力降很大（流量不足）	阀口径小	使用口径大的减压阀
	阀下部积存冷凝水；阀内混入异物	清洗、检查过滤器
向外漏气（阀的溢流孔处泄漏）	溢流阀座有伤痕（溢流式）	更换溢流阀座
	膜片破裂	更换膜片
	二次压力升高	参看二次压力上升栏
	二次侧背压增加	检查二次侧的装置回路
异常振动	弹簧的弹力减弱，弹簧错位	把弹簧调整到正常位置，更换弹力减弱的弹簧
	阀体的中心，阀杆的中心错位	检查并调整位置偏差
	因空气消耗量周期变化使阀不断开启、关闭，与减压阀引起共振	和制造厂协商
虽已松开手柄，二次侧空气也不溢流	溢流阀座孔堵塞	清洗并检查过滤器
	使用非溢流式调压阀	非溢流式调压阀松开手柄也不溢流。因此需要在二次侧安装溢流阀
阀体泄漏	密封件损伤	更换密封件
	弹簧松弛	调整弹簧刚度

表 11-8　溢流阀常见故障及其排除方法

故　障	原　因	排 除 方 法
压力虽已上升，但不溢流	阀内部孔堵塞	清洗
	阀芯导向部分进入异物	
压力虽没有超过设定值，但在二次侧却溢出空气	阀内进入异物	清洗
	阀座损伤	更换阀座
	调压弹簧损坏	更换调压弹簧
溢流时发生振动（主要发生在膜片式阀，其启闭压力差较小）	压力上升速度很慢，溢流阀流量大，引起阀振动	二次侧安装针阀微调溢流量，使其与压力上升量匹配
	因从压力上升源到溢流阀之间被节流，阀前部压力上升慢而引起振动	增大压力上升源到溢流阀的管道口径
从阀体和阀盖向外漏气	膜片破裂（膜片式）	更换膜片
	密封件损伤	更换密封件

表 11-9　方向阀常见故障及其排除方法

故　障	原　因	排 除 方 法
不能换向	阀的滑动阻力大，润滑不良	进行润滑
	O 形密封圈变形	更换密封圈
	粉尘卡住滑动部分	清除粉尘
	弹簧损坏	更换弹簧
	阀操纵力小	检查阀操作部分
	活塞密封圈磨损	更换密封圈
阀产生振动	空气压力低（先导式）	提高操纵压力，采用直动式
	电源电压低（电磁阀）	提高电源电压，使用低电压线圈
交流电磁铁有蜂鸣声	块状活动铁心密封不良	检查铁心接触和密封性，必要时更换铁心组件
	粉尘进入块状、层叠型铁心的滑动部分，使活动铁心不能密切接触	清除粉尘
	层叠活动铁心的铆钉脱落，铁心叠层分开不能吸合	更换活动铁心
	短路环损坏	更换固定铁心
	电源电压低	提高电源电压
	外部导线拉得太紧	引线加长
电磁铁动作时间偏差大，或有时不能动作	活动铁心锈蚀，不能移动；在温度高的环境中使用气动元件时，由于密封不完善而向磁铁部分泄漏空气	铁心除锈，修理好对外部的密封，更换铁心组件
	电源电压低	提高电源电压或使用符合电压的线圈
	粉尘等进入活动铁心的滑动部分，使运动状况恶化	清除粉尘

（续）

故　　障	原　　因	排 除 方 法
线圈烧毁	环境温度高	按产品规定温度范围使用
	快速循环使用时	使用高级电磁阀
	因为吸引时电流大，单位时间耗电多，温度升高，使绝缘损坏而短路	使用气动逻辑回路
	粉尘夹在阀和铁心之间，不能吸引活动铁心	清除粉尘
	线圈上残余电压	使用正常电源电压，使用符合电压的线圈
切断电源活动铁心不能退回	粉尘夹入活动铁心滑动部分	清除粉尘

表 11-10　气缸常见故障及其排除方法

故　　障	原　　因	排 除 方 法
外泄漏： 活塞杆与密封衬套间漏气 气缸体与端盖间漏气 从缓冲装置的调节螺钉处漏气	衬套密封圈磨损，润滑油不足	更换衬套密封圈
	活塞杆偏心	重新安装，使活塞杆不受偏心负荷
	活塞杆有伤痕	更换活塞杆
	活塞杆与密封衬套的配合面内有杂质	除去杂质、安装防尘盖
	密封圈损坏	更换密封圈
内泄漏： 活塞两端串气	活塞密封圈损坏	更换活塞密封圈
	润滑不良，活塞被卡住	重新安装，使活塞杆不受偏心负荷
	活塞配合面有缺陷，杂质挤入密封圈	缺陷严重者更换零件，除去杂质
输出力不足，动作不平稳	润滑不良	调节或更换油雾器
	活塞或活塞杆卡住	检查安装情况，清除偏心，视缺陷大小再决定排除故障办法
	气缸体内表面有锈蚀或缺陷	加强对过滤器和油水分离器的管理
	进入了冷凝水，杂质	定期排放污水
缓冲效果不好	缓冲部分的密封圈密封性能差	更换密封圈
	调节螺钉损坏	更换调节螺钉
	气缸速度太快	研究缓冲机构的结构是否合适
损伤： 活塞杆折断 端盖损坏	有偏心负荷	调整安装位置，清除偏心，使轴销摆角一致
	摆动气缸安装销的摆动面与负荷摆动面不一致；摆动轴销的摆动角过大负荷很大，摆动速度又快	确定合理的摆动速度
	有冲击装置的冲击加到活塞杆上，活塞杆承受负荷的冲击；气缸的速度太快	冲击不得加在活塞杆上，设置缓冲装置
	缓冲机构不起作用	修理或更换缓冲机构

表 11-11 过滤器常见故障及其排除方法

故 障	原 因	排 除 方 法
压力降过大	使用过细的滤芯	更换适当的滤芯
	过滤器的流量范围太小	更换流量范围大的过滤器
	流量超过过滤器的容量	更换大容量的过滤器
	过滤器滤芯堵塞	用净化液清洗（必要时更换）滤芯
从输出端逸出冷凝水	未及时排出冷凝水	养成定期排水习惯或安装自动排水器
	自动排水器发生故障	修理（必要时更换）
输出端出现异物	滤清器滤芯破损	更换滤芯
	滤芯密封不严	更换滤芯的密封，紧固滤芯
	用有机溶剂清洗塑料件	用清洁的热水或煤油清洗
塑料水杯破损	在有有机溶剂的环境中使用	使用不受有机溶剂侵蚀的材料（如使用金属杯）
	空气压缩机输出某种焦油	更换空气压缩机的润滑油，使用无油压缩机
	压缩机从空气中吸入对塑料有害的物质	使用金属杯
漏气	密封不良	更换密封件
	因物理（冲击）、化学原因使塑料产生裂痕	参看塑料杯破损栏
	泄水阀，自动排水器失灵	修理（必要时更换）

表 11-12 油雾器常见故障及其排除方法

故 障	原 因	排 除 方 法
油不能滴下	没有产生油滴下落所需的压差	加上文丘里管或换成小的油雾器
	油雾器反向安装	改变安装方向
	油道堵塞	拆卸，进行修理
	油杯未加压	因通往油杯的空气通道堵塞，需拆卸修理
油杯未加压	通往油杯的空气通道堵塞	拆卸修理
	油杯大、油雾器使用频繁	加大通往油杯空气通孔，使用快速循环式油雾器
油滴数不能减少	油量调整螺钉失效	检修油量调整螺钉
空气向外泄漏	油杯破损	更换油杯
	密封不良	检修密封
	观察玻璃破损	更换观察玻璃
油杯破损	用有机溶剂清洗	更换油杯，使用金属杯或耐有机溶剂杯
	周围存在有机溶剂	与有机溶剂隔离

本章小结

1. 液压元件的安装与要求，清洗方法。
2. 液压系统调试与试车中注意事项。
3. 液压系统的使用与维护的方法。
4. 气压系统的安装与调试。
5. 液压系统与气压系统的故障分析与排除。

本章习题

1. 填空题

（1）安装各种泵、阀时，必须注意各油口的位置，不能_____，各接口_____，密封可靠，不得_____或_____。

（2）泵的吸油高度一般不大于_____，在吸油管口处应设置过滤器，并有足够的通流能力，吸油口和泵吸油口连接处应_____，提高吸油管的密封性。

（3）一般液压系统的调试分为_____试车和_____试车两步。

（4）液压系统的日常检查是在泵起动前、后和停止运转前检查_____、_____、_____、_____、_____等。

（5）一般液压设备油液的工作温度在_____较合理，最高不超过_____。

2. 问答题

（1）液压系统换油时，为什么要清洗系统？

（2）液压系统定期检查有哪些内容？

（3）控制液压油的工作温度有何意义？

（4）分析液压系统压力提不高的原因是什么？

（5）液压系统调试应如何进行？

（6）气压系统压力降过大的原因有哪些？

附　录

附录 A　实验指导书

实验 1　液压系统压力形成

一、实验目的

（1）了解液压系统中工作压力形成的原理。

（2）学会分析液压系统中工作压力与负载的关系。

（3）掌握液压系统中压力传递的原理。

二、实验要求

要求测试下列内容，并完成实验报告。

（1）密封阻力对液压缸工作压力的影响。

（2）外加负载对液压缸工作压力的影响。

（3）多缸并联时，各缸所加负载不同时，对液压缸工作压力的影响。

（4）以上各种情况下，液压系统工作压力的变化。

三、实验器材（建议）

QCS002B 型液压试验台。

实验 2　液压泵的拆装

一、实验目的

（1）通过对液压泵的拆装，进一步了解泵的类型、结构、组成和工作原理。

（2）通过拆装实验，培养学生的实践技能和分析问题的能力，初步掌握装配技术要求。

二、实验要求

通过拆装液压泵，分析、搞清以下问题。

（1）液压泵的密封腔是怎样形成的？工作过程中密封腔是如何变化的？

（2）液压泵有无泄漏？如何减小泄漏？

（3）在拆卸过程中，要做好拆卸记录，实行"谁拆卸、谁装配。"

三、实验器材

（1）实物：建议选用 CB-B 型和中高压齿轮泵、YB 型叶片泵、YBX 或 VPVC 型限压式变量叶片泵、SCY14—1 型轴向柱塞泵。

（2）拆装工具：内六角扳手、固定扳手、油盆、螺钉旋具、卡簧钳等。

四、实验步骤

1. 齿轮泵

（1）拆卸顺序　先拆前端盖上的螺钉和定位销，使泵体与前、后端盖分离，拆下主动轴及主动齿轮、从动轴及从动齿轮。

在拆卸过程中，注意观察泵体内孔与齿轮的结构和相互配合关系，如进、出油口的位置和尺寸，泄油槽的形状和位置等，并分析其作用，遇到元件卡住时，不要乱敲硬砸。

（2）装配要领　装配前清洗各零件，将轴与端盖之间、齿轮与泵体之间的配合表面涂润滑油，然后按拆卸时的反向顺序装配，也就是先拆的部件后安装，后拆的部件先安装。安装完后泵应转动灵活，没有卡死现象。

2. YB 型叶片泵

（1）拆卸顺序　拆下前端盖上的螺钉，取下端盖，拆下前泵体；再拆下两个配油盘、定子、转子、叶片和传动轴，使它们与后泵体脱离。

在拆卸过程中注意：由于左右配油盘、定子、转子、叶片之间及轴与轴承之间是预先组成一体的，不能分离的部分不要强拆。

观察定子、转子、叶片和配油盘的安装位置，观察定子内表面的形状，叶片槽的斜角和倾斜方向。配油盘的形状，吸油口和压油口、环形槽、槽底孔，分析其作用。

（2）装配要领　装配前清洗各部件，按拆卸时的反向顺序装配，安装完后泵应转动灵活，没有卡死现象。

3. 限压式变量叶片泵

（1）拆卸顺序　松开固定螺钉，拆下弹簧压盖，取出调压弹簧及弹簧座；松开固定螺钉，拆下柱塞压盖，取出柱塞；松开固定螺钉，拆下滑块压盖，取出上、下滑块及滚钉；松开固定螺钉，拆下传动轴左、右盖，取出配油盘、定子、转子、传动轴组件等。

（2）装配要领　装配前要清洗各零件、装配时与拆卸的顺序相反。

4. 斜盘式轴向柱塞泵

（1）拆卸顺序　拆卸前泵体上的螺钉、销，分离前泵体与中间泵体；再拆变量机构上的螺钉，分离中间泵体与变量机构。

拆卸前泵体部分：拆下端盖，再拆下传动轴、前轴承及轴承套等。

拆下中间泵体部分：拆下回程盘及其上的柱塞，取出弹簧、钢球、内套以及外套等，卸下缸体、配油盘。

拆卸变量机构部分：拆下斜盘，拆掉手轮上的销，拆掉手轮；拆掉两端的螺钉，卸掉端盖，取出丝杠、变量活塞等。

在拆卸过程中，注意旋转手轮时，斜盘倾角的变化。观察柱塞球头部与滑履之间的连接形式，滑履与柱塞之间的相互滑动情况。观察配油盘的结构，找出吸油口、压油口环形卸压槽，分析两个通孔的作用。

（2）装配要领　装配前要清洗各零件，将柱塞等零件的配合面涂润滑油，按照拆卸时的反向顺序装配。安装完后泵应转动灵活，没有卡死现象。

实验3　液压控制阀的拆装

一、实验目的

（1）通过对液压控制阀的拆装，加深对控制阀工作原理和结构的认识。

（2）要求学生进一步了解控制阀的用途、控制方式、连接方式和装配技术要求。

（3）分析对比压力阀、流量阀和方向阀的共性和特点。为今后选用和维护液压控制阀打下基础。

二、实验要求

液压控制阀品种、型号多，它们的共性是靠改变阀口的开度、阀口流道面积或阀口通断等，来达到控制油液压力、流量和油流方向的目的。其结构主要分三部分：阀体、阀芯和控制机构。实验选型要与教材内容对应起来，选择一些常见、典型的中高压控制阀进行拆装。

（1）首先按液压控制阀的工作原理，将整个阀分解成几个部分，分析各部分的具体结构，找出哪些可以拆卸连接，哪些不可以拆卸连接。

（2）分析液压阀中主要零件的相互配合精度、装配精度和技术要求。

（3）密封是液压元件解决泄漏问题最主要的手段。明确对密封装置的基本要求，熟悉所用密封的类型以及拆装密封元件时应注意的事项。

（4）液压阀在装配过程中，零、部件的清洗对保证装配质量和延长元件使用寿命均有重要意义，在装配前必须进行严格的清洗。

三、实验器材

（1）实物　常用的液压控制阀，建议结合第五章的内容，选择典型的方向控制阀、压力控制阀和流量控制阀。

（2）工具　内六角扳手、固定扳手、耐油橡胶板、油盆、螺钉旋具、卡簧钳。

四、实验步骤

1. 方向控制阀拆装（以三位四通手动换向阀为例）

（1）拆卸顺序　拆卸前转动手柄，体会左右换向的手感，抽掉手柄连接板上的开口销，取下手柄。拧下右端盖上的螺钉，卸下右端盖取出弹簧、套筒和钢球。拆开左端盖与阀体的连接，然后从阀体内取出阀芯。

在拆卸过程中，注意观察阀芯与阀体的结构和相互配合关系，并结合结构图分析换向原理。思考是几位几通阀？是何种滑阀机能？

（2）装配要领　装配前清洗各零件，将阀芯、定位件等零件的配合面涂润滑油，然后按拆卸时的反向顺序装配。

2. 压力控制阀的拆装（以Y型先导式溢流阀为例）

（1）拆卸顺序　拆卸前应清洗阀的外表面，观察阀的外形，转动调节手柄，体会手感。拧下螺钉，拆开主阀和先导阀的连接，取出主阀弹簧和主阀芯。拧下先导阀上的手柄和远控口螺塞。旋下阀盖，主阀芯和先导阀座是压入阀体的，不用拆。用光滑的挑针把密封圈撬出，并检查其弹性和尺寸精度，如有磨损和老化应及时更换。

在拆卸过程中，详细观察先导阀芯和主阀芯的结构、主阀芯阻尼孔的大小，进、出油口和泄油口的位置。

（2）装配要领 装配前清洗各零件，将配合零件表面涂润滑油，然后按拆卸时的反顺序装配，但应注意以下事项：

1）检查各零件的油孔、油路是否畅通，有无尘屑。

2）将调压弹簧安放在先导阀芯的圆柱面上，然后一起推入先导阀体。

3）主阀芯装入主阀体后，应运动自如。先导阀与主阀体的止口、平面应完全贴合后，才能用螺钉连接。

3. 流量控制阀的拆装（以调速阀为例）

（1）拆卸顺序 先拆卸调速阀中的节流阀，再拆卸减压阀的螺钉，取出减压阀的弹簧和阀芯，在拆卸过程中，注意观察阀芯的结构，各油孔、油道的作用。

（2）装配要领 装配前，清洗各零件，将阀芯及配合零件的表面涂润滑油，然后按拆卸时的反向顺序装配。

实验 4　液压基本回路实验

一、实验目的

（1）通过液压基本回路的连接，加深理解液压基本回路的组成和工作原理。

（2）了解液压基本回路功用及元件的调试方法。

二、实验器材（建议）

可根据具体条件选择下列 1~2 种设备：

（1）QCS008B 型液压试验台。

（2）QCS014B 型液压试验台。

（3）THPYC—1A 型液压传动实训装置。

三、实验步骤

（1）选择液压基本回路，分析所选用基本回路的工作原理，找出相应的液压元件。

（2）在合适的位置固定液压元件，对照液压回路图进行连接。采用电磁控制时，还要连接控制电路。

（3）自己检查所连接的液压回路，如有控制电路，还要检查控制电路，两者都连接正确，再请实验老师检查，然后起动液压泵，观察液压回路运行情况。

（4）按液压回路的功能，调节控制阀的手柄，或对电磁控制的回路进行通电或断电，观察液压回路的运行状况是否实现了回路的功能。

（5）如回路没有实现应有的功能，分析原因，解决遇到的问题。

（6）完成实验并经实验老师检查后，关闭电源，拆下管线和元件，放回原位。

四、液压基本回路

液压基本回路种类很多，除了本书中所讲述的液压回路外，此处还提供了附图 A-1～附图 A-9 液压回路，供实验时选用。

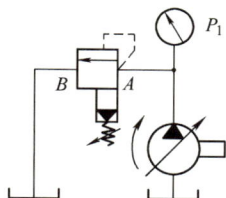

附图 A-1　单级调压回路

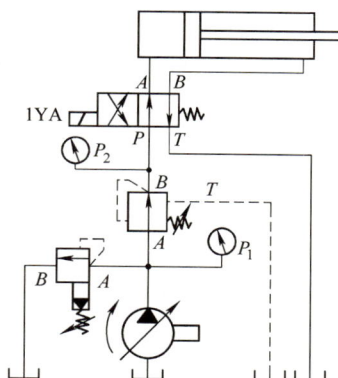

附图 A-2　减压回路

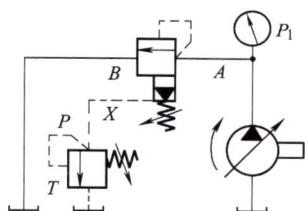

附图 A-3　远程调压回路

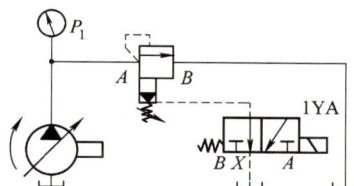

附图 A-4　卸荷回路

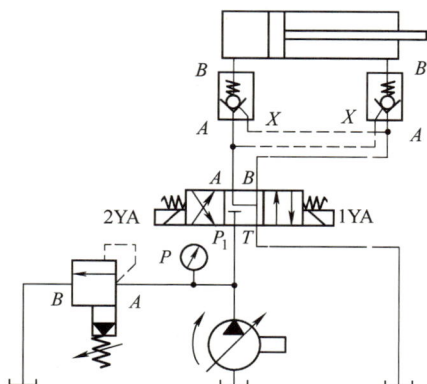

附图 A-5　锁紧回路

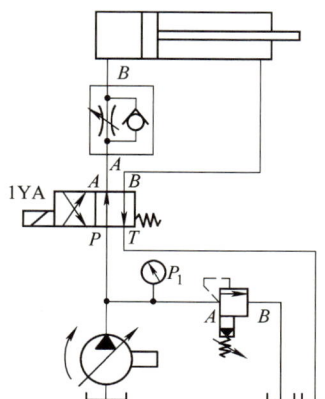

附图 A-6　进油节流调速回路

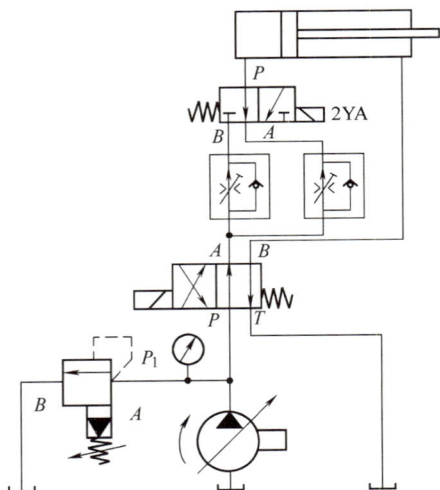

附图 A-7　调速阀并联调速回路

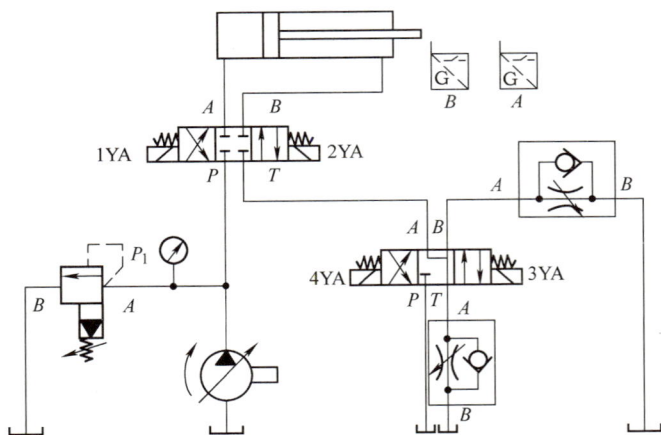

附图 A-8　快进转换工进回路

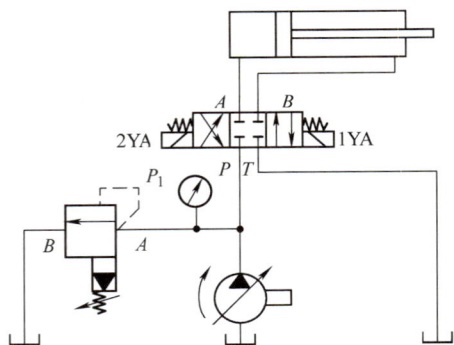

a) 回路图

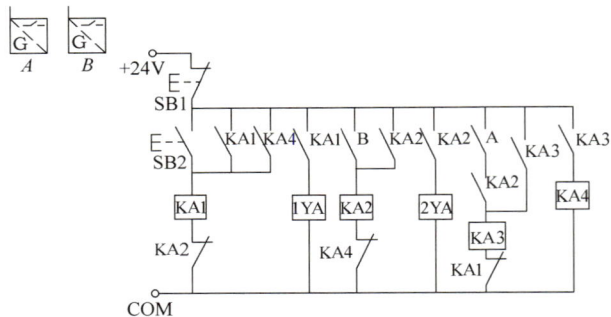

b) 控制电路图

附图 A-9　往复动作回路

实验 5　气源装置和气动元件认识

一、实验目的

（1）通过认识气源装置，熟悉各类气动元件。

（2）学会正确使用和保养气源装置。

二、实验器材

空气压缩机、后冷却器、油水分离器、气动三联件、气罐、调压阀、气缸、控制阀。

三、实验步骤

1. 空气压缩机

（1）仔细观察空气压缩机的外形，分析其工作原理。

（2）在实验老师指导下，连接系统的气管，接通电源，观察空气压缩机的运转情况。

2. 后冷却器

（1）仔细观察后冷却器的外形，分析其工作原理。

（2）在实验老师指导下，在空气压缩机输出口连接后冷却器，运行空气压缩机，观察后冷却器的运转情况。

（3）使用温度计检测空气压缩机输出口的空气温度，判断后冷却器的工作情况。

3. 油水分离器

（1）仔细观察油水分离器的外形，对照图 7-6，分析其工作原理。

（2）在实验老师指导下，在后冷却器输出口连接油水分离器，运行空气压缩机，观察油水分离器的运转情况。

4. 气罐、干燥器

（1）对照图 7-7 和图 7-9，观察气罐和干燥器的外形。

（2）分析气罐哪个是进口和出口。

5. 气动三联件、过滤器

（1）仔细观察气动三联件的外形，分析气动三联件的组成，搞清楚哪个是过滤器、减压阀和油雾器，找出气动三联件的进口和出口。

（2）仔细观察过滤器的外形，如条件允许可拆开过滤器，观察其内部结构。

6. 气缸

（1）对照图 8-1 认识单作用气缸。

（2）对照图 8-2 认识双作用气缸。

7. 控制阀

（1）对照第九章的相应控制阀的图，认识梭阀、直动式电磁换向阀、先导式电磁换向阀、手动阀、调压阀、排气节流阀、单向节流阀等。

（2）了解控制阀的作用。

实验 6　气压传动基本回路实验

一、实验目的

（1）通过实验，熟悉气动元件及在系统中的作用。

（2）通过气动回路的连接，掌握气动回路的组成和工作原理，逐步学会回路的分析、连接与调试。

二、实验器材

（1）THPQD—1 型气动与 PLC 实训装置。

（2）气压传动实验台。

三、实验步骤

（1）确定气动基本回路，分析气动回路工作原理。对照回路的气动元件符号，找到所需的气动元件。

（2）把所需的气动元件卡在铝材台面上合适的位置，按照回路图，用气管将它们连接在一起。

（3）自己仔细检查，并经实验老师检查确认无误后，打开气泵的放气阀，使压缩空气进入气动三联件。调节气动三联件中的减压阀，得到一个压力值（系统压力）。

（4）按回路功能，如回路采用手动控制，旋转手动阀使之换位。如采用电磁阀控制，就可以通电或断电。观察气压回路的运行状况是否实现了回路的功能。

（5）如回路没有实现应有的功能，分析问题所在，排除后，再次运行回路。

（6）完成实验并经实验老师检查后，关闭电源，拆下管线和元件，放回原位。

四、气动回路

气动基本回路很多，除了本教材所讲述的回路外，此处提供附图 A-10～附图 A-21 控制回路，供实验时选用。

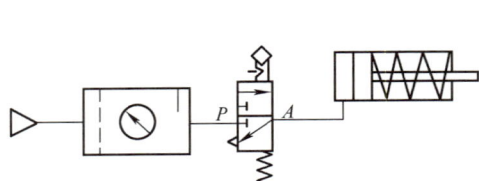

附图 A-10　换向回路 1　　　　　　　　　　附图 A-11　换向回路 2

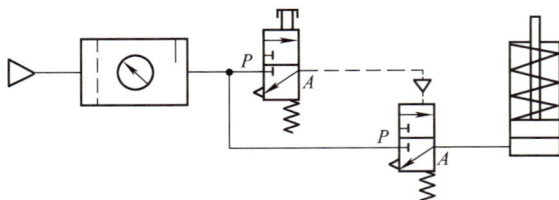

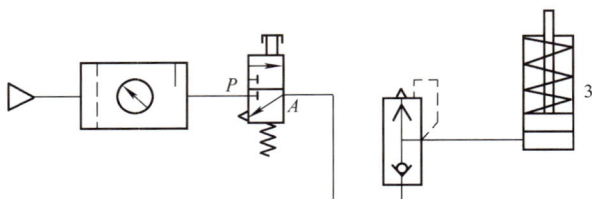

附图 A-12　换向回路 3

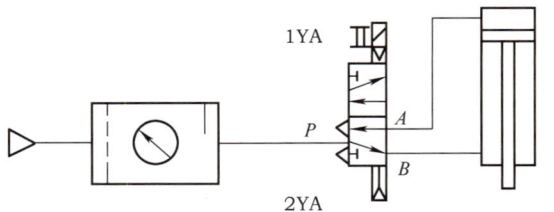

附图 A-13　换向回路 4

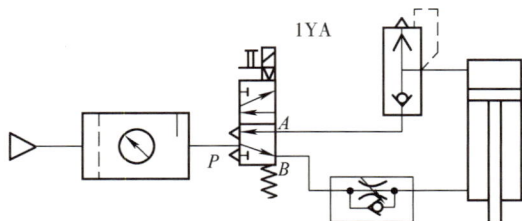

附图 A-14　慢进快退调速回路

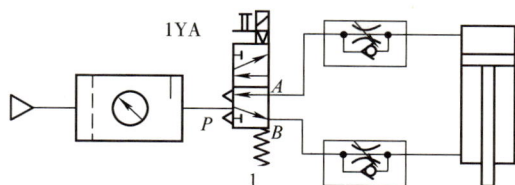

附图 A-15　排气调速回路

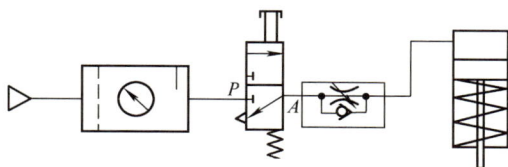

附图 A-16　进气调速回路

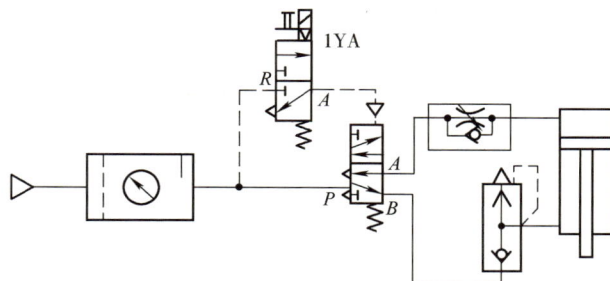

附图 A-17　快进慢退调速回路

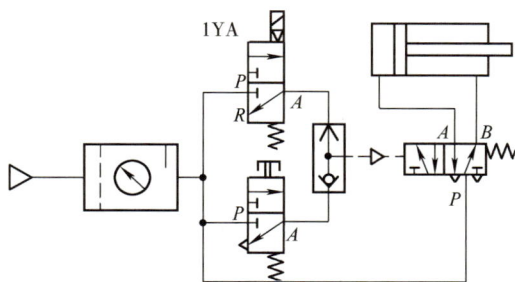

附图 A-18　手动电动选用回路

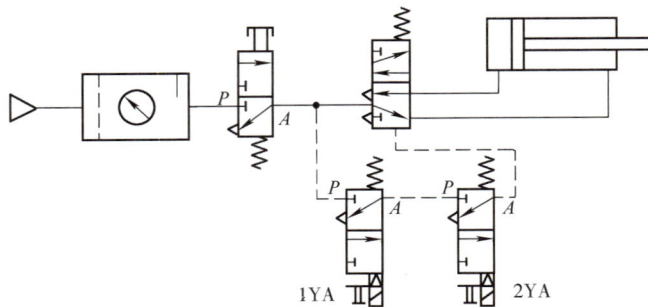

附图 A-19　互锁保护回路

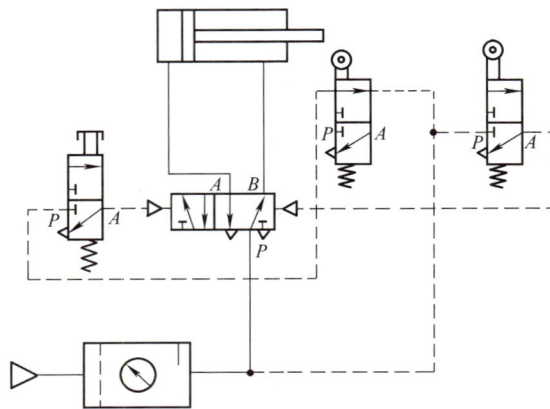

附图 A-20　连续往返控制回路

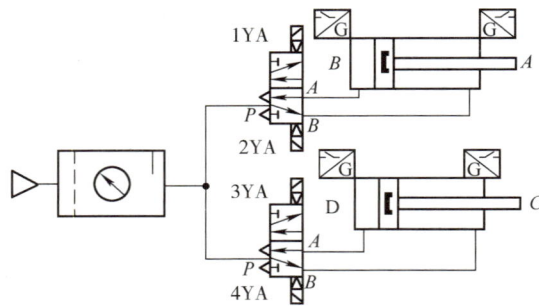

a) 回路图

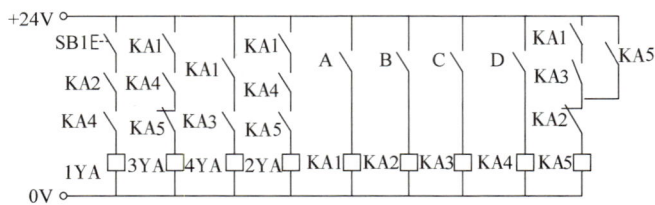

b) 控制电路图

附图 A-21　双缸顺序动作回路，以"3 进→4 进→4 退→3 退"为例

附录 B 常用液压与气动元件图形符号

（摘自 GB/T 786.1—2021）

表 B-1 图形符号基本要素、应用规则

符号名称或用途	图 形 符 号	符号名称或用途	图 形 符 号
工作管路	 0.1M	控制管路、泄油管路、放气管路	 0.1M
组合元件线	 0.1M	软管总成	
位于溢流阀内的控制管路	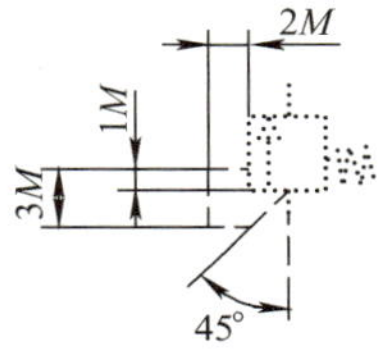 2M 1M 3M 45°	先导式减压阀内的控制管路	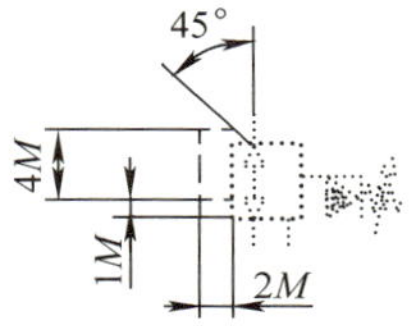 45° 4M 1M 2M
位于减压阀内的控制管路	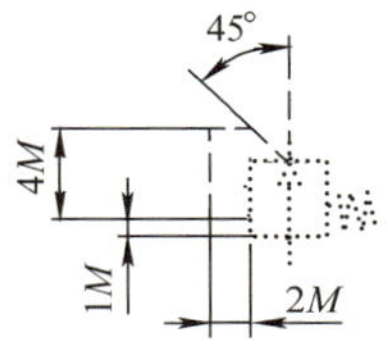 45° 4M 1M 2M	控制机构应画在矩形或长方形图的右侧，除非两侧都有	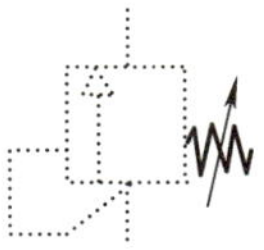
压力阀符号的基本位置由流动方向决定，供油口通常画在底部	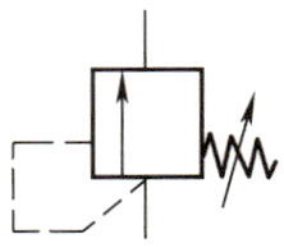	流体流过阀的路径和方向	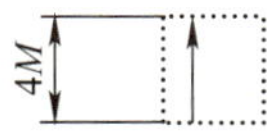 4M
管路的连接	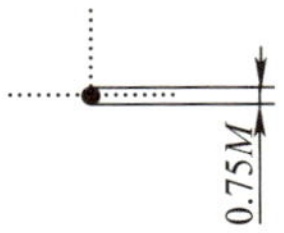 0.75M	流体流过阀的路径和方向	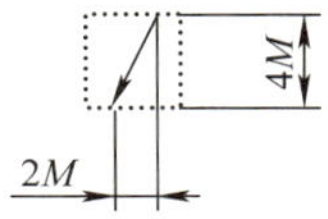 4M 2M
单向阀座（小、大规格）	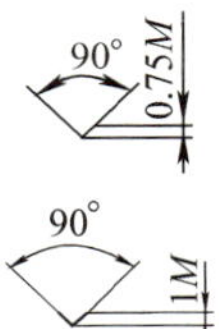 90° 0.75M 90° 1M	单向阀运动部分（小、大规格）	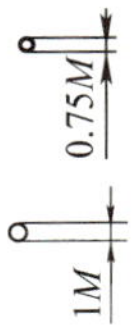 0.75M 1M

（续）

符号名称或用途	图 形 符 号	符号名称或用途	图 形 符 号
节流阀节流口 小、大规格	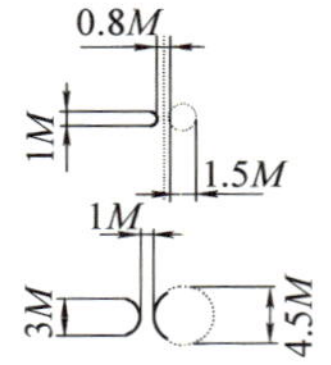	调速阀节流口 小、大规格	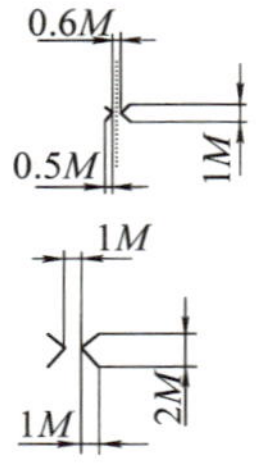
不带单向阀的快换接头，断开状态	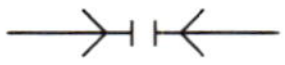	带双单向单向阀的快换接头，断开状态	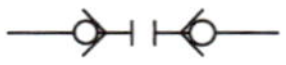
控制管路或泄油管路接口	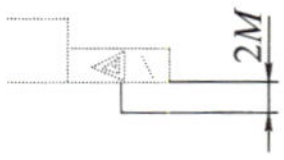	液体流动方向	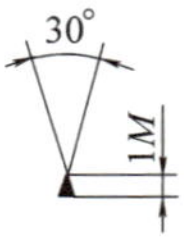
多路旋转接头两边接口都有 2M 间隔，图中数字可自定义并扩展	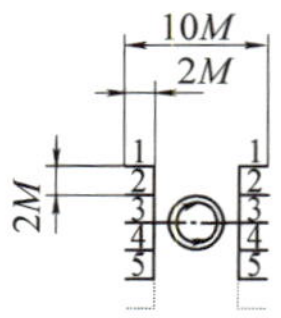	活塞应距缸端盖 1M 以上，连接油口距缸符号末端应在 0.5M 以上	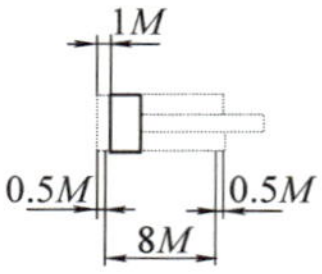
顺时针方向旋转指示箭头	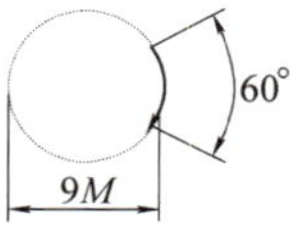	双向旋转指示箭头	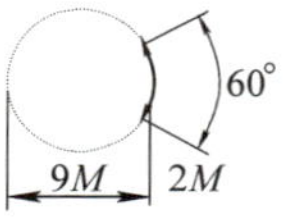
弹簧（缸用）	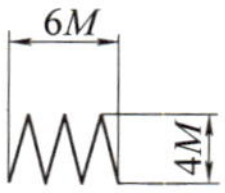	控制元件：弹簧	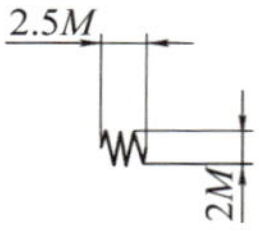
* *—输出信号 *—输入信号		输入信号	F—流量； G—位置或长度测量； L—液位； P—压力或真空； S—速度或频率； T—温度； W—质量或力
泵的驱动轴位于左边（首选位置）或右边，且可延长 2M 的倍数	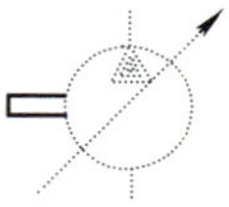	马达的轴位于右边（首选位置）也可置于左边	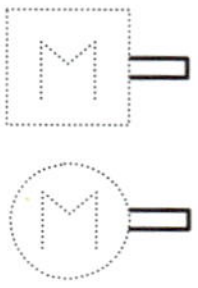
气压源	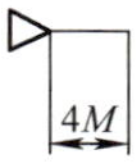	液压源	

表 B-2　控制方式

符号名称或用途	图形符号	符号名称或用途	图形符号
带分离把手和定位销的控制机构		使用步进电动机的控制机构	
带有定位装置的推或拉的控制机构		单向行程操作的滚轮杠杆	
电气先导控制机构		电液先导控制卸压	
单作用电磁铁，动作背向阀芯　单作用电磁铁，动作指向阀芯		单作用电磁铁，动作背离阀芯，连续控制　单作用电磁铁，动作指向阀芯，连续控制	
双作用电磁铁控制，动作指向或背离阀芯		可调行程限制装置的顶杆	
气压复位，外部压力源		手动锁紧控制机构	

表 B-3　方向阀

符号名称或用途	图形符号	符号名称或用途	图形符号
单向阀		先导式液控单向阀，带复位弹簧	
梭阀（或门）		双压阀（与门）	
二位二通方向阀，推压控制机构，弹簧复位，常闭		二位三通方向阀，滚轮杠杆控制，弹簧复位	
二位二通方向阀，电磁阀操作，弹簧复位，常开		三位四通方向阀，电磁铁操作先导阀，液压操作主阀，外部先导供油，弹簧对中	
二位四通方向阀，电磁铁操作，弹簧复位		三位四通方向阀，弹簧对中，双电磁铁直接操作	
二位三通方向阀，单电磁铁操作，弹簧复位，定位销式手动定位		三位四通方向阀，液压控制，弹簧对中	

（续）

符号名称或用途	图 形 符 号	符号名称或用途	图 形 符 号
二位四通方向阀，双电磁铁操作，定位销式（脉冲阀）		三位五通方向阀，定位销式各位置杠杆控制	
二位三通液压电磁换向座阀，（二位三通电磁球阀）		二位五通气动方向阀，单作用电磁铁，外部供气先导，手动操作，弹簧复位	
直动式比例方向阀		双单向阀，先导式	
二位五通方向阀，踏板控制		快速排气阀	
先导式伺服阀，带主级和先导级的闭环位置控制，集成电子器件，外部先导供油和回油		延时控制气动阀	

表 B-4　压力阀

符号名称或用途	图 形 符 号	符号名称或用途	图 形 符 号
直动式溢流阀		气动内部流向可逆调压阀	
直动式减压阀，外泄式		气动外部控制顺序阀	
先导式减压阀，外泄式		直动式比例溢流阀	
电磁溢流阀，先导式		直动式比例溢流阀，电磁力直接作用于阀芯上，集成电子器件	
单向顺序阀		比例溢流阀，先导控制，带电磁铁位置反馈	

表 B-5　泵、马达

符号名称或用途	图形符号	符号名称或用途	图形符号
变量泵		双向流动，带外泄油路的单向变量泵	
空气压缩机		单向旋转的定量泵或马达	
双向变量泵或马达单元，双向流动，带外泄油路		双向摆动缸，限制摆动角度	
单向变量泵，先导控制，压力补偿，带外泄油路		单作用半摆动缸	
连续增压器，将气体压力 p_1 转换为较高的液体压力 p_2		真空泵	
气马达		双向定量摆动气马达	

表 B-6　流量阀

符号名称或用途	图形符号	符号名称或用途	图形符号
可调节流阀		可调单向节流阀	
单向调速阀，可调节		三通流量阀，可调节，将输入流量分为固定流量和剩余流量	
流量阀，滚轮杠杆操作，弹簧复位		直控式比例流量阀	
分流阀		集流阀	

表 B-7　插装阀

符号名称或用途	图形符号	符号名称或用途	图形符号
压力和方向控制插装阀插件，阀座结构，面积比例 1∶1	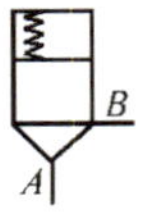	方向控制插装阀插件，带节流端的座阀结构，面积比例≤0.7	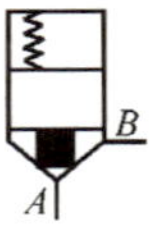
方向控制插装阀插件，带节流端的座阀结构，面积比例>0.7	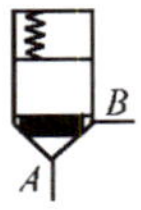	方向控制插装阀插件，座阀结构，面积比例≤0.7	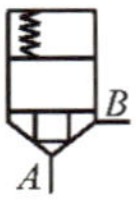
方向控制插装阀插件，座阀结构，面积比例>0.7	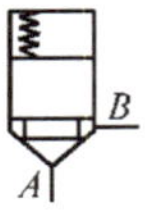	方向阀控制阀插件，单向流动，座阀结构，内部先导供油，带可替换的节流孔	
带溢流和限制保护功能的阀芯插件，滑阀结构，常闭	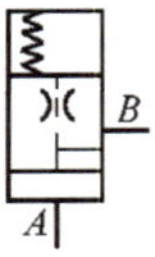	减压插装阀插件，滑阀结构，常开，带集成的单向阀	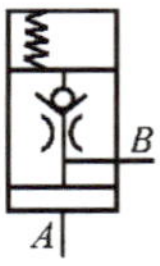
带先导端口的控制盖	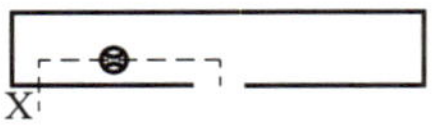	带先导端口的控制盖，带可调节行程的限位器和遥控端口	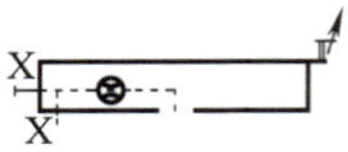
带溢流功能的控制盖	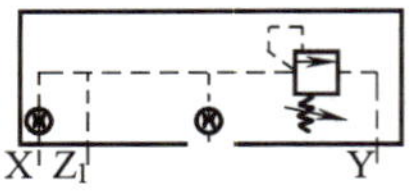	带行程限制器的二通插装阀	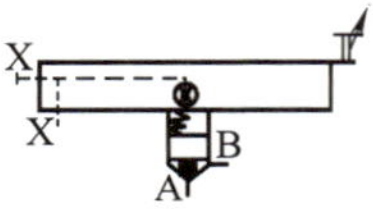

表 B-8　缸

符号名称或用途	图形符号	符号名称或用途	图形符号
单作用单杆缸	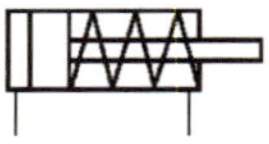	双作用单杆缸	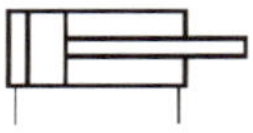
双作用双杆缸，活塞杆直径不同，双侧缓冲，右侧带调节	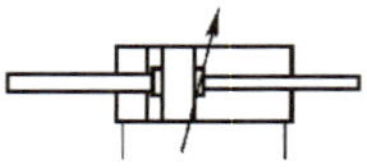	带行程限制器的双作用膜片缸	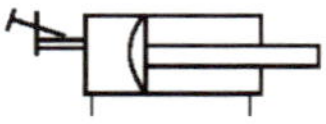
柱塞缸	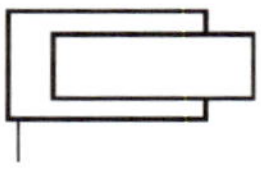	活塞杆终端带缓冲的单作用膜片缸，排气不连接	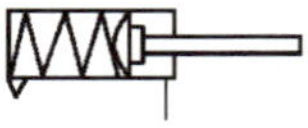
单作用伸缩缸	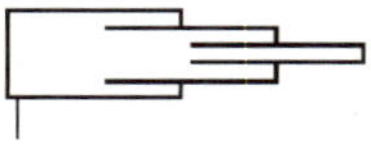	双作用伸缩缸	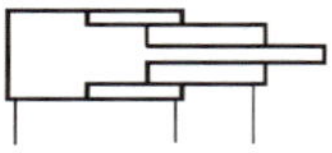
行程两端定位的双作用缸	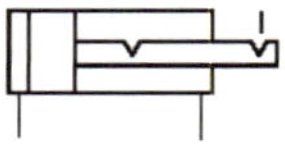	双作用磁性无杆缸，仅在右边终端位置切换	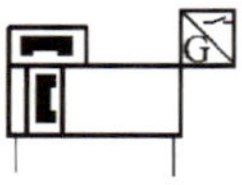

（续）

符号名称或用途	图形符号	符号名称或用途	图形符号
双杆双作用缸，左终点带内部限位开关，内部机械控制、右终点有外部限位开关，由活塞杆触发	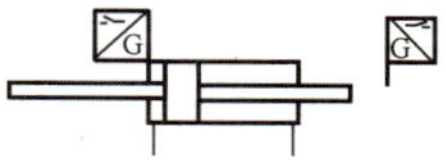	单作用气液转换器	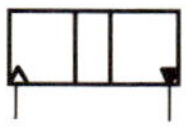
永磁活塞双作用夹具	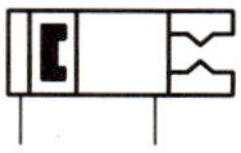	单作用增压器	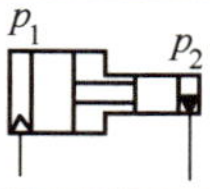

表 B-9　附件

符号名称或用途	图形符号	符号名称或用途	图形符号
可调节的机械电子压力继电器		输出开关信号，可电子调节的压力转换器	
温度计		流量计	
压力表		过滤器	
离心式分离器		带光学阻塞指示器的过滤器	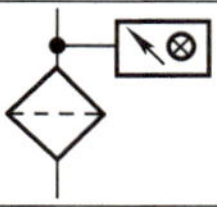
气源处理装置（气动三联件）上图为详细的示意图，下图为简化图	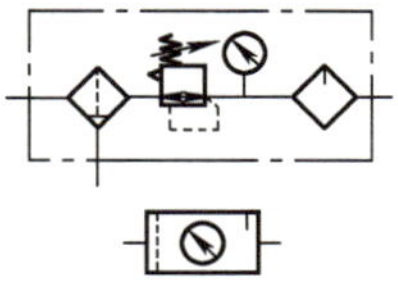	不带压力表的过滤调压阀	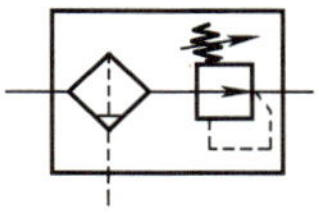
手动排水流体分离器		带手动排水分离器的过滤器	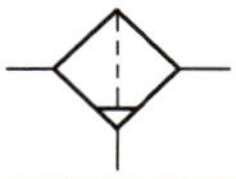
自动排水流体分离器	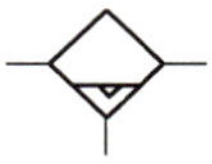	吸附式过滤器	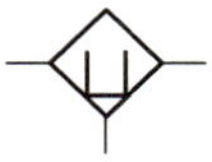
空气干燥器		油雾器	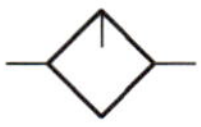
气罐		手动排水油雾器	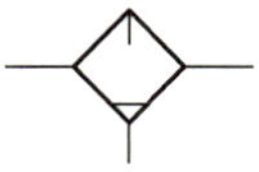
隔膜式充气蓄能器		气囊式蓄能器	
活塞式充气蓄能器	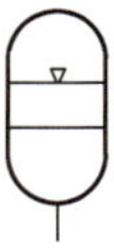	气瓶	

参 考 文 献

[1] 朱洪涛. 液压与气压传动 [M]. 北京：清华大学出版社，2005.

[2] 张世亮. 液压与气压传动 [M]. 北京：机械工业出版社，2006.

[3] 赵波，王宏元. 液压与气动技术 [M]. 5 版. 北京：机械工业出版社，2020.

[4] 吴卫荣. 气动技术 [M]. 北京：中国轻工业出版社，2005.

[5] 马振福. 液压与气压传动 [M]. 3 版. 北京：机械工业出版社，2020.

[6] 赵家文. 液压与气动应用技术 [M]. 苏州：苏州大学出版社，2004.

[7] 张宏友. 液压与气动技术 [M]. 6 版. 大连：大连理工大学出版社，2022.

[8] 宋晓松. 液压与气压传动 [M]. 北京：科学出版社，2007.

[9] 宋锦春，张志伟. 液压与气压传动 [M]. 2 版. 北京：科学出版社，2011.

[10] 左健民. 液压与气压传动 [M]. 5 版. 北京：机械工业出版社，2016.

[11] 廖友军，余金伟. 液压传动与气动技术 [M]. 北京：北京邮电大学出版社，2012.

[12] 屈圭. 液压与气压传动 [M]. 2 版. 北京：机械工业出版社，2014.